KB188583

과학 시대의 신앙

일러두기

1. 원서에서 강조의 목적으로 사용된 이탤릭 체는 볼드 체로 표기했다.

2. 본문 하단에 있는 각주는 옮긴이가 이해를 돕기 위해 추가한 '역주'이며, 원서의 주는 원서와 마찬가지로 후주(1,2,3)로 처리했다.

3. 'God'을 번역함에 있어서, 과학자들의 초월적·궁극적 실재를 의미하는 곳에서는 '신'으로, 성경과 기독교의 야훼를 의미하는 곳에서는 '하나님'으로 번역했다(이 둘의 구분이 원칙상 불가능해서 혼용된 곳이 있다).

4. 호트가 강조하는 세 번째 입장인 'Convergence'를 '대화'로 번역했다. 직역하면 '수렴'에 더 가깝지만, 호트가 시도하는 과학과 신앙의 대화는 어느 한 점으로 수렴해가는 '통합'의 의미가 아니라, 공존하며 상호 영향을 주고받는 '대화'의 의미에 더 가깝기 때문이다. Convergence 입장은 호트가 이전의 책 《과학과 종교, 상생의 길을 가다》에서 분류한 네 가지 입장(갈등·분리·접촉·지지) 중 '접촉(Contact)'과 '지지(Confirmation)' 입장을 아우르는 개념이다.

5. 'mindless'를 '비정신적인'으로 번역했다. 일반적으로 사용되는 용어는 아니지만, 정신(mind)과 대비되며 등장하기에 의미를 명확하게 하기 위해서다. 또한 본문에 등장하는 nonconscious(비의식적인), unintelligent(비지성적인)와도 구분할 필요가 있다.

Original title: Science and Faith:
A New Introduction by John F. Haught
Copyright © 2012 by John F. Haught All rights reserved.
Published by Paulist Press, 997 Macarthur Blvd, Mahwah, NJ07430
This Korean edition was published by DURIBAN Publishing Company in 2021 by
arrangement with Paulist Press, Inc. through KCC(Korea Copyright Center Inc.), Seoul.

본 도서는 2019년 정부 지원으로 한국연구재단의 지원을 받아 수행된 연구임(NRF-2019S1A5A803431)

첨단과학 사회에서 신앙인이 고민해야 할 12가지 질문

과학 시대의 신앙

존 호트 지음 | 장재호 옮김

SCIENCE
AND
FAITH

이 책은 이전에 쓴 책《과학과 종교, 상생의 길을 가다》에서 다뤘던 몇 개의 주제들을 다시 가져왔다. 하지만 이전 책을 단순히 개정한 것이 아니라, 완전히 바꾼 새로운 작품이다. 이 책은 새로운 질문들을 소개하고, 새로운 것들을 다뤘다. 몇몇 장들의 제목, 정의, 인용과 가끔씩 등장하는 필수적인 표현들은 이전 책에서 사용된 것들이지만, 내용, 대화 방식과 전체적인 구성은 새로운 것이다. 예를 들면, '종교'라는 모호한 개념보다 '신앙'과 '신학'에 초점을 두었다. 이 책은 또한 '새로운 우주 이야기'와 생명의 '드라마'에 대한 나의 관심이 증가하며 만들어진 산물이다. 책 내용은 또한 진화와 신앙에 대한 수많은 질문들 중 보다 최근의 대화를 포함하며, 새로운 무신론에 대한 최근의 연구도 포함한다. 이 책은 그동안 출간된 다음의 책들에서 보다 자세히 제시된 생각들을 압축해 다루고 있다(《Making Sence of Evolution(진화의 이해)》, 《God and the New Atheism(신과 새로운 무신론)》, 《다윈 이후의 하느님God after Darwin》, 《Is Nature Enough? Meaning and Truth in Age of Science(자연은 충분한가? 과학 시대의 의미와 진리)》). 독자들이 본문에서 언급된 주제들을 보다 풍부하게 토론하기 위해서는 이 책들을 참고하면 도움이 될 것이다.

또한 이 책의 논의 방식은 보다 전투적이고 날카롭다. **과학과 신앙**
이라는 주제는 설명적이기보다는 도발적이다. 그것은 독자들에게
즉시, 그리고 열정적으로 우리 시대의 가장 중요한 대화 중의 하나인
본 주제에 참여하라고 초대하는 것이다. 이를 위해 나는 이 책에서,
이전에 썼던 책들보다 더 다양한 독자들이 읽을 수 있도록, 신앙과
과학의 풍성한 대화를 시도할 것이다.

"여호와 우리 주여 주의 이름이 온 땅에 어찌 그리 아름다운지요
주의 영광이 하늘을 덮었나이다"(시편 8:1)

과학과 신학의 대화는 최근 몇 십 년간 여러 학자들에 의해 상당히
활발하게 전개되었는데, 그중 존 호트의 공헌을 빼놓을 수 없다. 호
트는 20여 권의 책을 저술했는데, 특히 1995년에 저술한《과학과 종
교, 상생의 길을 가다》는 이안 바버Ian Barbour의《과학이 종교를 만날
때》(2000)와 더불어 과학과 종교의 대화 방법론을 정립한 책으로 평
가된다. 호트는 과학과 종교의 대화를 '갈등, 분리, 접촉, 지지'의 네
가지 유형으로 정리했고, 이에 영향을 받은 바버는 '갈등, 독립, 대화,
통합'의 네 가지 유형으로 정리했다. 바버의 갈등과 독립 유형은 호
트의 갈등과 분리 유형에 각각 상응하며, 바버의 대화, 통합 유형은
호트의 접촉, 지지 유형과 유기적 관계를 맺고 있다.

이후에 호트는《다윈 이후의 하느님》(2000),《신과 진화에 관한
101가지 질문》(2001),《다윈 안의 신》(2003)을 저술했고(이상 한국어
번역), 그 이후에도《The Promise of Nature: Ecology and Cosmic
Purpose》(2004),《Is Nature Enough?: Meaning and Truth in

the Age of Science》(2006), 《God and the New Atheism: A Critical Response to Dawkins, Harris, and Hitchens》(2007), 《Christianity and Science: Toward a Theology of Nature》(2007), 《Making Sense of Evolution: Darwin, God and the Drama of Life》(2010) 등을 저술했다.

호트는 2013년에 그동안 자신이 강조해온 내용들을 비교적 쉬운 언어로, 그리고 '신앙'에 초점을 맞춰서 이 책을 저술했다. 1995년의 책《과학과 종교, 상생의 길을 가다》와 일부의 주제들은 겹치는 것도 있지만, 종교보다는 신앙에 초점을 맞춰 재구성했고, 이전의 책에 등장하지 않는 '기적', '지능', '사후 세계', '외계인' 등의 주제를 추가하며 과학과 신학·신앙의 대화의 폭을 넓히고자 시도했다. 또한 종교와 과학의 관계에 대한 유형도 갈등, 분리, 대화의 세 유형으로 단순화시켰다. 호트의 이전 책들보다 이 책은 과학과 신학·신앙의 대화에 관심이 있는 분들이 보다 쉽게 다가갈 수 있는 책이자, 동시에 보다 흥미로운 주제들로 구성된 책이라고 볼 수 있다.

그동안의 과학과 신학의 대화는 영국을 중심으로 한 과학자들이 주류를 이루었다. 아서 피콕(생화학), 존 폴킹혼(물리학), 알리스터 맥그라스(분자생물학)를 포함해, 나의 지도 교수였던 마크 해리스(물리학)도 과학자다. 과학을 주전공으로 하며 과학과 신학의 대화를 시도했던 이들은 과학신학 분야가 정립되기까지 많은 공헌을 했다. 하지만 이들과는 다르게, 호트는 신학자로서 신학과 신앙의 관점에서 과학과 대화를 시도하면서, 보다 풍성한 신학적 의미를 드러낸 학자다.

특히 진화의 과정을 '우주적 드라마'의 차원에서 이해하려는 시도와, 과학과 신학의 대화가 신학의 풍성함에 도움이 되는 것은 물론, 과학의 발전에도 동력을 부여한다는 주장은 과학신학 분야에 큰 기여를 했다고 평가할 수 있다(각 장의 '대화' 부분 참고).

사실, 과학과 종교, 과학과 신학의 대화는 아직도 한국에서는 낯선 주제다. 성서문자주의에 근간한 일부 기독교인들은 현대 과학의 성과를 부정하는 반면, 유물론적 과학주의자들은 과학이 모든 것을 설명할 수 있다고 간주하며, 종교적 가치를 무시하고 있다. 호트는 이 책에서 성서문자주의자들의 주장이 성서적이 아니라는 점, 그리고 과학주의자들의 주장이 과학이 아니라는 점을 자세히 논증하고 있다. 제기될 수 있는 여러 민감한 주제들을 설명하면서, 호트는 진정한 신앙과 과학은 충분히 대화가 가능함을 보여주고 있다.

과학과 신학의 대화에 관한 책들이 최근 많이 출간되고 있지만, 이 책은 이 분야에 처음으로 발을 들여놓는 분들에게 도움이 되는 책이다. 호트는 과학 시대를 살아가는 신앙인들이 제기할 만한 질문들을 모아 비교적 쉽고 논리적으로 설명하고 있다. 본 책을 통해 과학 시대의 신앙인들이 자신들의 신앙과 과학이 어떻게 조화될 수 있는지에 대한 생각을 넓혀가는 계기가 되길 소원한다. 또한 과학주의에 빠져 신앙의 가치에 대해 무관심한 사람들이 신학·신앙이 과학과 충돌하지 않는다는 점을 발견하고, 나아가 신학과 신앙이 갖는 중요한 가치를 깨닫기를 소원한다.

이 책을 번역하느라 연구실에서 여러 날 밤을 지새웠지만, 얼마나 저자의 의도를 잘 드러냈으며, 얼마나 가독성이 높게 번역했는지에 대한 판단은 독자들의 몫이다. 매끄럽게 옮기지 못한 부분이 있다면, 독자들에게 양해를 구한다. 바쁜 중에도 이 책의 추천사를 써 주신 서울대 우종학 교수님과 장신대 김정형 교수님께 감사드린다. 이 책이 번역되기 전, 원서로 수업을 할 때, 일부를 번역해서 발제해 수업에 도움을 준 김성배, 박예원 학생에게 감사의 마음을 전한다. 감신대 이후정 총장님을 비롯한 모든 교수님들과 학생들, 언제나 큰 힘이 되어 주시는 아현중앙교회 이선균 목사님, 그리고 늘 관심과 사랑을 베풀어 주시는 양가 부모님(장용운 장로/임정희 권사, 전영배 목사/권순조 사모)께 감사드린다. 무엇보다도 번역하는 동안 가장의 역할을 제대로 못해, 만 3살, 1살 아들(세빛, 하빛)을 돌보느라 고생한 아내(전소은)에게 미안함과 사랑의 마음을 전하고 싶다.

2021년 9월
냉천동 연구실에서
장재호

차례

서론

우주 역사
이야기

과학자들은 물리적 우주가 약 137억 년 전에 시작되었다고 간주한다. 인간의 상상력으로는 이 시간이 얼마나 긴지 알 수 없으니, 다음과 같이 상상해보자. 즉, 우주의 생성 이야기가 30권짜리 전집으로 기록되었다고 가정해보자. 각각의 책은 450쪽으로 구성되었고, 책의 각 쪽은 우주 역사의 100만 년을 나타낸다. 우주는 책 1권의 1쪽에서 빅뱅과 함께 시작된다. 그러다 21권에 이르면 생명과 정신이 없는 무생물들이 등장한다. 분명히 생명은 우주에서 서둘러 출현하지 않았다. 태양계의 출현은 40~50억 년 전으로, 21권의 시작 무렵에 등장한다. 38억 년 전인 22권에서 지구에 생명이 출현한다. 29권의 끝에 이르기까지 여전히 생명은 비교적 단순하고, 대부분 단세포로 구성되어 있다. 5~6억 년 전쯤 유명한 캄브리아 대폭발Cambrian Explosion이 발생했다. 캄브리아기 동안 수백 년에 걸쳐 생명은 '갑자기' 이전보다 훨씬 더 복잡해지기 시작한다. 공룡은 마지막 권인 30권의 중반 이후에 등장해서 385쪽에서 멸종한다.

30권의 385쪽에 이르러서야 포유류는 대규모로 번성하기 시작하고, 비교적 가속도로 수많은 종으로 진화한다. 첫 원숭이는 약 3,500만 년 전에 등장한다. 인류의 조상은 30권의 뒤에서 4~5쪽에

각 권 = 450쪽
각 페이지 = 100만 년

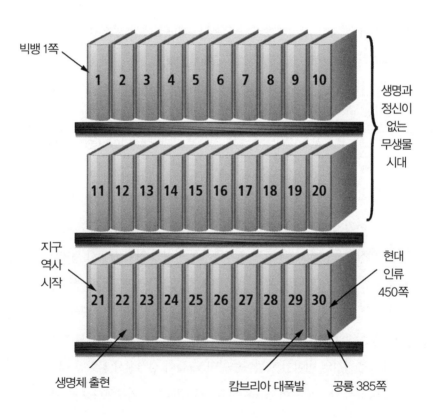

빅뱅 1쪽

1 2 3 4 5 6 7 8 9 10

생명과
정신이
없는
무생물
시대

11 12 13 14 15 16 17 18 19 20

지구
역사
시작

21 22 23 24 25 26 27 28 29 30

현대
인류
450쪽

생명체 출현

캄브리아 대폭발   공룡 385쪽

모습을 드러내며, 해부학적으로 현대 인류는 대략 마지막 권, 마지막 쪽의 아래에서 다섯 번째 줄에서야 등장한다. 적어도 우리가 사는 지구에서는 이때에 이르러서야 반성적 사고, 도덕에 대한 열망, 종교적 갈망이 등장한다.[1]

만약 여러분이 오늘날 과학 교육을 받은 사람이라면, 여러분은 이미 이 우주 이야기의 핵심이 무엇인지, 목적이 무엇인지, 의미가 무엇인지에 대해 궁금해할지도 모른다. 책 1권에서 발생한 일들과 30권의 450쪽에서 일어난 일들, 그리고 이후의 책에 기록될 일들을 서로 묶어주는 서사적 맥락은 무엇인가? 책 전체는 어떤 종합적인 의미를 만들어낼 수 있는가?

종교는 대부분의 사람들이 전통적으로 세계에서 일어나는 일들의 의미를 이해하고자 시도했던 중요한 방법이었다. 그러나 오늘날 신자들은 이 새롭게 발견된 우주 이야기를 어떻게 이해하고 있는가? 이 이야기가 어떤 종교적인 의미를 지니고 있는가? 현재 많은 신실한 신자들은 우주에 대한 새로운 과학적 사실에 어떤 특별한 의미나 중요한 의미가 없다고 생각한다. 일부 신자들은 자연과학과 종교적 믿음 사이에 해결될 수 없는 모순이 존재한다고 생각한다. 일부의 전통적 신앙을 가진 신자들은 우주에 대한 새로운 과학 이야기를 이상하고 충격적인 이야기로 받아들이며, 그들이 성서에서 읽었던 내용과 상당히 다르게 보이는 우주론과 진화생물학을 거부한다. 다른 부류의 신자들은 새로운 우주 이야기new cosmic story가 흥미로울 뿐만 아니라 사실이라고 여기지만, 그것이 신학적으로 중요하지 않다고 여긴다. 그들은 과학이 실제로 어떤 새로운 질문도 야기하지 않는다고 생각한다. 마지막으로, 일부의 사람들은 새로운 우주 이야기가 하나님과 인간의 운명에 대해, 그리고 우주가 무엇인지에 대한 새로운 사상들을 생각하게 만드는 기회를 제공한다고 생각한다.

그렇다면 과학은 신앙과 양립할 수 있는가? 과학 법칙은 인격적 신의 존재를 부인하지 않는가? 다윈Charles Darwin 이후에 신적 섭리를 실제로 믿을 수 있는가? 기적은 실제로 일어나는가? 우주는 창조되었는가, 아니면 '우연히 일어난' 일인가? 생명은 화학으로 환원 가능하지 않는가? 여러분의 정신은 여러분의 뇌의 작용에 불과한가? 우주는 목적을 가지고 있는가? 만약 우리가 결국 외계 생명체와 외계인을 발견한다면 이를 신학적으로 어떻게 받아들여야 하는가?

이 책은 이러한 질문들에 대해 과학의 영향을 받은 사람들이 응답할 만한 세 가지 입장을 담고 있다. 첫 번째 응답은 자연과학과 신앙이 서로 배타적이라는 주장이다. 이 주장을 **갈등**conflict 입장이라고 부를 것이다. 갈등 입장에는 양극단을 달리는 두 개의 주요 그룹이 있다. 첫째 그룹은 자연과학이 모든 종교적 주장들을 신뢰할 수 없게 만들었다고 믿는 과학적 회의론자들이다. 둘째 그룹은 빅뱅 우주론과 생물학적 진화와 같은 과학적 이론들을 받아들이기를 거부하는 보수적 신앙인들이다.

하지만 이 책의 갈등 입장에서는 과학적 방법과 발견들이 이제 종교적 신앙과 신학을 쓸모없게 만들었다고 주장하는 과학적 무신론자들만을 언급할 것이다. 갈등 입장의 대표자들은 리처드 도킨스Richard Dawkins, 대니얼 데닛Daniel Dennett, 샘 해리스Sam Harris, 크리스토퍼 히친스Christopher Hitchens 같은 소위 새로운 무신론자들New Atheists을 포함한다. 이 새로운 무신론자들은 그들이 출간한 책들을 통해 현대 과학이 합리적인 사람들로 하여금 신의 존재를 상상도 할 수 없게 만들었다는 믿음을 가장 요란하게 표현했다. (비록 갈등 입장에 이들만 있는 것은 아니지만) 그들은 문화적·지적 대화로 최근에 유명하기 때문에 갈등 입장을 다루는 부분에서 새로운 무신론자들의 목소리를 주로 언급할 것이다. '신앙'을 반대하는 이들의 입장이 '경멸contempt'에 더 가깝겠지만, 대부분의 과학적 회의론자들은 신에 대한 무신론자들의 독설과 혐오에 공감하지 않는다. 그럼에도 불구하고, 과학적 회의론자들은 과학이 홀로 인간의 정신을 진리에 이르게 할 수 있다는 확고한 믿음이 있다는 점에서, 새로운 무신론자들과 공통점이 있다.

두 번째 입장은 과학과 신앙이 서로 다른 수준의 실재 또는 서로 다른 차원의 실재와 각각 관계를 맺는다는 것이다. 이 입장에 따르면, 과학과 신학은 완벽히 다른 종류의 질문을 제기하기에, 서로 대립한다는 말은 이치에 맞지 않는다. 이 입장을 **분리**contrast 입장으로 명명할 것인데, 분리 입장은 자연과학의 주장과 신앙·신학의 주장 사이에 어떤 실제적 충돌도 존재할 수 없다고 본다. 분리 입장은 신앙과 과학이 어떤 공통의 목적을 향해 경쟁하고 있지 않기에, 서로 충돌할 수 없다고 주장하는 것이다. 아마 여러분이 이 입장으로 마음이 기울어질 수도 있겠지만, 여러분만 그런 것은 아니다.

세 번째는 **대화**convergence 입장이다. 이 입장은 '공명consonance', '협력cooperation', '접촉contact' 또는 '대화conversation'로 불릴 수도 있다. 대화 입장은 종교적 신앙과 자연과학이 세계를 다른 방식으로 이해한다고 보는 분리 입장에 동의하지만, 신앙과 과학이 필연적으로 상호 소통한다고 본다. 그리고 이런 상호 소통을 장려한다. 이 입장의 목적은 과학과 신앙이 각각의 정체성을 유지한 채, 공유하는 이해와 진리를 추구하며 서로 밀접히 관계를 맺는 것이다. 대화 입장은 과학의 발견들이 신앙에 중요한 영향을 미친다고 여긴다. 즉, 과학적 발견들은 신 개념과 삶의 의미에 대한 우리의 생각에 중요한 변화를 가져올 수 있다는 것이다. 대화 입장에서 보면 과학과 신앙이 서로 혼합되지만 않는다면, 홀로 존재할 때보다 실재에 대한 더욱 풍부한 관점을 제공할 수 있다.

이어지는 각 장에서 이 세 가지 입장(갈등, 분리, 대화)이 앞에서 제기한 질문들에 어떻게 응답하는지를 보게 될 것이다.

신앙faith이란 무엇인가?

우리는 과학을 모든 복잡한 종교들에 연결시키고자 하는 것이 아니라-이는 불가능한 일이다-신神을 믿는 **신앙**을 고백하고, 이 신앙을 '신학'으로 알려진 형태로 해석하는 종교 전통에 초점을 맞추려는 것이다. 대부분의 독자들은 이미 자연과학에 대해 어느 정도 알고 있을 것이다. 하지만 '**신앙**'과 '**신학**'에 대해서는 어떠한가? 이 책에서 신앙과 신학이라는 용어는 유신론theism적 믿음과 사고를 말한다. '유신론'은 아브라함 전통의 종교들, 즉 유대교, 기독교, 이슬람교와 관계된 인격적인 신을 믿는 종교적 믿음을 말한다. 이 종교 전통들은 서로 상당히 다르지만, 모두 유일한 신을 믿는 믿음을 고백하는 유일신교다. 또한 이 종교들은 모두 성서의 〈창세기〉 첫 부분에 등장하는 아브라함의 후손임을 주장한다. 성서학자들은 일반적으로 아브람(후에 아브라함으로 개명)이라고 불린 한 사람이 기원전 2000년경 고대 근동에 살았다는 것에 동의한다. 유대교, 기독교, 이슬람교는 모두 아브라함의 하나님을 받아들이는 신앙을 고백한다.

아브라함 종교에서 말하는 하나님의 가장 큰 특징은, 성서에서 묘사되듯이, 언약을 제정하고 실행하시는 하나님이라는 것이다. 막다른 길만이 존재하는 것 같아 보일 때에도 항상 새로운 미래를 가져오시는 분으로 기대되는 하나님이다. 고대 히브리인들이 '야훼Yahweh'라고 불렀고, 후에 이슬람교인들이 '알라Allah'라고 불렀던 아브라함의 하나님은 또한 우주를 창조하시고 보존하시는 분으로 일컬어진다. 유신론적 신앙은 하나님이 길 잃은 사람들을 측은히 여겨 구원하시고, 가난하고 억눌린 사람들에게 정의로움을 드러내시며, 타락한 자들을 용서하시는 분이라고 믿는다. 각각의 유일신 전통은 약간의 차이만이 있을 뿐 신에 대한 이런 내용을 공유한다. 그러나 이 책은 신을 포괄적 의미에서 다룰 것이며, 세 아브라함 전통들이 이 책의 각 장에서 대화의 장으로 들어갈 것이다.

현대 세계에 접어들면서 많은 사람들이 아브라함의 하나님을 믿는 신앙이 자연과학과 양립할 수 있는지에 대해 의문을 제기해왔는데, 이것은 기독교만이 아니라 유대교와 이슬람교에서도 상당히 중요한 이슈다. 여러분도 가끔은 이와 같은 의심을 품었을 것이다. 자연과학이 '유일신 종교들'이 예배의 대상으로 고백하는 약속하시고, 사랑하시며, 창조하시고, 인격적이시며, 구원하시는 하나님의 존재를 믿는 믿음과 양립할 수 있는가? '신앙'이라는 주제로 다루지만, 앞으로 다룰 대화들은 보통 '신학'으로 알려진, 신에 대한 상당히 이론적이고 철학적인 논의들이 포함될 것이다. 여러분은 과학 시대에도 여전히 타당한 신학이 존재한다고 생각하는가? 이 책은 여러분이 이 질문에 대해 숙고할 때 고려할 수 있는 세 가지 주요한 가능성을 간결하게 설명할 것이다.

종교와 과학의 폭넓은 대화를 위해서는 불교, 힌두교, 도교, 그리고 다른 위대한 전통들에 대해서도 말할 필요가 있다. 그러나 이 책은 신학적인 주제들에 초점을 맞출 것이다. 따라서 우리는 자연과학이 유대교, 기독교, 이슬람교에서 말하는 인격적인 신 개념을 배제하는지를 묻지 않을 수 없다. 누군가는 종교를 '신비감a sense of mystery'으로 폭넓게 이해할 수도 있을 것이다. 신비감을 갖는 것은 모든 종교적 인식의 중요한 부분이다. 그러나 여기에서 제기하는 대화를 위해서는 '신비'가 너무 모호한 개념이다. 더군다나 신비감을 갖는 것은 많은 과학적 회의론자들에게 거의 논란거리가 되지 못할 뿐만 아니라, 무신론자들을 포함해 과학 교육을 받을 사람들로부터 중대한 저항을 거의 불러일으키지도 않는다. 인격적 신 개념을 거부했던 아인슈타인Albert Einstein조차도 우주의 이해 불가능한 신비를 인정하며, 스스로 종교적인 사람이라고 고백했다. 그러나 아인슈타인은 기도에 응답하는 인격적이고 상호작용하는 신 개념이 과학과는 양립할 수 없다고 주장했다. 아인슈타인에 의하면 유대교, 기독교, 이슬람교의 하나님이 실제로 존재한다면, 이 하나님은 필요하다면 언제든 자연의 변화 불가능한 법칙들을 깨거나 중단시킬 수 있어야 한다. 그러나 과학은 자연 법칙들이 변할 수 없다는 가정에 의존하기 때문에, 아인슈타인은 인격적 신에 대한 믿음이 과학과 양립할 수 없다고 주장했다.

아마도 여러분의 과학적 지식은 이미 여러분을 신앙과 신학으로부터 돌아서게 만들었을지도 모른다. 새로운 무신론자들과 현대의 회의론자들처럼, 과학 교육은 아마 여러분을 이전의 믿음으로부터 멀어지게 했을 수도 있다. 또는 현대의 과학적 발견들이 하나님에 대한 개념을 이전보다 더욱 매혹적이고 흥미롭게 만들었다는 것을 발견했을 수도 있다. 또는 이 모든 것에 대한 판단을 보류했을 수도 있다. 현재의 여러분의 생각이 무엇이든지간에, 이 책에서 과학 시대에 유신론적 신앙을 이해하는 세 가지 방법들을 주의 깊게 살펴보는 것은 유익할 것이다.

1장

신앙은 과학과
대립하는가?

과학과 신앙이라는 단어를 들을 때, 우리는 즉시 이 둘의 격렬한 대립의 역사를 떠올리게 된다. 하지만 과학과 신앙의 만남이 끝없는 전쟁만을 의미하지는 않는다. 이 책에서 말하는 '신앙faith'은 인격적이고 교감하는 아브라함 종교 전통(유대교, 기독교, 이슬람교)의 하나님에 대한 믿음을 의미한다는 것을 전제하며, 우리는 과학을 신앙과 연결지어 이해하는 사람들의 입장을 다음의 세 가지로 분류해볼 수 있다.

1. 갈등Conflict : 과학과 신앙은 반대되며, 화해할 수 없다.
2. 분리Contrast : 과학과 신앙은 구별되지만, 서로 대립하지는 않는다. 과학과 신앙은 철저히 다른 질문들에 대답을 하고 있으므로, 둘 사이에 어떤 갈등도 존재할 수 없다. 과학과 신앙 사이에 경쟁이 존재하는 것이 아니기 때문에, 어떤 실제적인 갈등도 존재할 수 없다.
3. 대화Convergence : 과학과 신앙은 서로 다른 종류의 질문을 제기하기 때문에 구별된다. 하지만 과학과 신앙은 여전히 생산적으로 소통할 수 있다. 대화 입장은 갈등 입장과 분리 입장을 넘어 더 풍부하고 더 조화로운 관점으로 이동하기를 시도하는 것이

자, 과학과 신앙 사이에 계속적인 대화를 위한 충분한 여지를 남기는 것이다. 특히 대화 입장은 서론에서 언급한 것처럼, 새로운 우주 이야기에 대한 신학적 함의에 초점을 맞춘다. 이제 보다 자세하게 각각의 입장에 대해 알아보자.

갈등

오늘날 대부분의 지식인들은 신앙이 과학과 양립할 수 없다고 확신한다. 예를 들면, 시카고 대학교의 진화학자인 제리 코인Jerry Coyne은 찰스 다윈의 진화 이론이 신에 대한 생각을 완전히 폐기시켰다고 믿는다. 현대의 베스트셀러 작가이자 '새로운 무신론자들New Atheists'로 알려진 리처드 도킨스, 샘 해리스, 크리스토퍼 히친스와 대니얼 데닛도 같은 생각을 갖고 있다. 이들은, 만약 여러분이 과학자라면, 진정으로 신을 믿을 수는 없다고 선언한다. 만약 과학 시대에도 여전히 신을 믿는다면 단지 바보에 불과하다는 것이다. 이런 무신론자들에게 신앙이란 '증거가 없는 믿음belief without evidence'이다. 여러분은 신앙의 본질을 과학적으로 논증할 수없다면, 신앙을 버려야 한다. 신앙을 가진 사람들은 신 존재의 실제적 '증거'를 제공할 수 없다. 오감五感도 과학 기구들도 모두 신의 가장 작은 흔적조차 발견하지 못했다. 신앙은 단지 허구이고, 신학은 시간 낭비에 불과하다.[1]

갈등 입장에 따르면, 역사적으로 조사해봐도 그리고 철학적으로 성찰해봐도 신앙은 과학에 반대된다. 역사적으로 17세기에 지구가 태양 주위를 돈다고 가르친다는 이유로 가톨릭 교회가 갈릴레오 Galileo Galilei를 고발한 것을 상기해보자. 심지어 오늘날에도 기독교인들과 이슬람교인들이 다윈의 진화 이론을 반대하는 것을 떠올려보자. 신을 믿는 많은 이들이 천문학, 물리학, 생물학에 저항해왔던 것을 생각할 때, 어떻게 우리가 신앙이 본질적으로 과학에 적대적이라는 결론에 이르지 않을 수 있겠는가?

갈등 입장에 따르면. 신에 대한 믿음이 실험을 통해 증명 가능하지 않다는 데에 철학적으로 문제가 발생한다. 신에 대한 믿음은 엄격한 공적인 검증을 거치지 않는 반면, 과학은 이론을 세울 때 공개적인 비판과 계속적인 실험을 거쳐야만 한다. 만약 신중한 관찰로 인해 과학적 가설이 잘못되었다는 것이 드러나면, 과학자들은 기꺼이 그 가설을 수정하거나 폐기하고, 새로운 시도를 한다. 반면에 신앙은 수정에 대한 요구에 무감각하다.

갈등 입장에서 보기에 신앙을 가진 사람들은 신에 대한 신뢰를 지지할 증거가 아무리 적더라도 이 신뢰를 지속하기 때문에 비판받을 만하다. 세계가 아무리 혼란에 빠지고 문제가 발생해도, 그리고 수많은 고통과 죽음이 발생해도, 신앙심이 깊은 사람들은 여전히 자신들의 신에게 집착한다. 거대한 고통과 악에 직면해서, 이성을 가진 사람이라면 신에 대한 자신들의 신앙을 포기해야 하는데, 그 대신 유대인들은 욥의 말(욥 13:15)을 인용한다. "하나님이 나를 죽이려고 하셔도, 나로서는 잃을 것이 없다. 그러나 내 사정만은 그분께 아뢰겠다."

예수의 십자가 처형 이후, 예수의 제자들은 심지어 이전보다 더욱 하나님을 신뢰하게 되었다. 오늘날 전 세계에 퍼진 이슬람교인들은 자신들이 경험하는 수많은 어려움과 공포에 관계없이 무조건적으로 알라를 신뢰한다. 갈등 입장에서는 이러한 비타협적인 태도에 대해 다음과 같이 말한다.

> 만약 생각건대 여러분의 신앙이 틀렸음을 입증할 수 있는 것이 아무것도 없다면, 신앙을 지지하는 증거를 찾는 것도 완벽히 부적절하다. 이처럼 과학에 완전히 반대되는 신앙이 어떻게 과학의 정신에 위배되지 않을 수 있겠는가.

갈등 입장은 신앙이 하나님의 존재에 대한 아무런 과학적 증거도 제공할 수 없기 때문에 비이성적이라고 주장한다. 이 책에서 갈등 입장은 과학이 신앙에 반대된다고 믿는 '과학적 회의론scientific skepticism'으로 대표된다. 새로운 무신론자들 같은 과학적 회의론자들은 신을 믿는 신앙이 어떤 관찰 가능한 실재에도 근거하지 않는다고 주장한다. 그들은 신앙이 환상에 근거하고 있는 반면, 과학은 관찰 가능하고 실험 가능한 자료에 근거하고 있다고 주장한다. 신앙은 상당히 감정적이고 주관적인 반면, 과학은 감정에 치우치지 않고, 비인격적이며, 객관적이다. 결론적으로 과학과 신앙 사이에 극복할 수 없는 전쟁이 존재할 수밖에 없다.

이 책의 이어지는 장들에서 우리는 이 갈등 입장의 수많은 표현들을 검토할 것이다. 그러나 과학적 회의론자들이 신앙이 과학에 충돌한다고 주장하는 유일한 사람들은 아니다. 많은 신실한 신앙인들도 현재까지는 과학이 자신들의 믿음과 충돌한다고 생각한다. 특히 그들은 다윈의 진화론을 반대한다. 예를 들면, 미국 기독교인들의 약 절반이 성서와 모순되어 보일 때마다 다윈의 진화론과 같은 '세속 과학secular science'은 거부해야 한다고 주장한다. 진화를 반대하는 기독교인들은 '창조론자들creationists*'이라고 일컬어진다. 만약 여러분이 켄터키에 있는 새로운 창조 박물관 Creation Museum에 방문한다면, 여러분은 각 전시품들이 '성서 과학'이라고 표시된 전시품들과, '세속 과학', 특히 진화생물학이라고 표시된 전시품들 사이의 경쟁을 강조한다는 것을 알아챌 것이다. 창조론자는 다윈이 틀렸고, 성서가 옳다고 주장한다. 이 책의 3장은 진화와 신앙이라는 주제를 상당히 자세히 다룰 것이다. 1장에서는 종교 공동체의 큰 부분으로 남아 있는 진화과학에 대한 강한 반대를 관찰하는 것으로 충분하다.

그럼에도 불구하고, 이 책의 갈등 입장에서는 종교적인 이유로 과학을 반대하는 사람들이 아니라, '과학적 회의론자들'의 주장을 언급할 것이다. 과학자들, 그리고 과학 교육을 받을 사람들 중에 과학이 진리에 이르는 **유일한** 길이라고 믿으며('과학주의'로 알려진 믿

---

* '창조론자'로 종종 번역되는 'Creationist'는 성서문자주의에 입각해서, 젊은 지구 창조론을 받아들이며 현대 과학을 부정하는 '창조과학' 신봉자들을 일컫는다. 'Creationism'은 '창조론'으로 종종 번역되지만, '창조과학(Creation Science)'을 의미하는 단어로, 조직신학의 중요한 교리 중 하나인 '창조론(The Doctrine of Creation)'과는 구분해서 이해해야 한다.

음), 과학으로 설명 가능한 자연 세계 자체가 존재하는 모든 것이라고 믿는 사람들이 있다. 이러한 믿음은 종종 '과학적 자연주의scientific naturalism', 또는 '과학적 유물론scientific materialism'으로 일컬어진다. 과학주의와 과학적 자연주의가 이 책의 '갈등' 입장을 잘 보여주는 사상들이다.

갈등 입장은 자연 세계를 초월하는 존재에 대한 아무런 과학적 증거도 없기 때문에 신의 존재를 배제한다. 물론 많은 무신론자들이 과학과 명백한 불일치를 이룬다는 이유 외에도, 여러 이유들로 신 개념을 거부했다. 일부 사람들에게 신 개념은 도덕적으로도, 감정적으로도 모순되어 보인다. 그러나 지성적으로 말해서, 현대에 가장 활발한 무신론의 기원은 과학주의와 과학적 자연주의의 혼합으로 나타난다. 오늘날 많은 학자들과 저널리스트들이 갈등 입장을 지지한다. 그들은 보통 과학이 신앙, 신학과 양립할 수 없다는 주장에 이의를 제기하지 않는다(다시 말하지만, 이 책에서 신학이라고 말하는 것은 유대교, 기독교, 이슬람교 사상가들에 의해 제기된, 하나님을 믿는 신앙의 의미에 대한 풍성한 숙고와 사색을 의미한다).

분리

과학자들과 신학자들을 포함해 상당한 교육을 받은 사람들은 신앙과 과학 사이에 어떤 모순도 느끼지 않는다. 신앙과 과학은 각자 분명하게 정의된 관심의 영역 내에서 둘 다 타당하다. 그러므로 신앙과 과학은 각각의 인지적 기준들로 상대방을 판단할 수 없다. 다시 말하면, 과학과 신앙은 대립하는 것이 아니라 분리된다. 과학과 신앙은 완전히 다른 관심을 갖고 있고, 서로 구별되는 연구 방법들을 사용한다. 따라서 한 영역을 다른 영역의 경쟁 상대에 위치시키는 것은 무의미하다.

그러면 왜 수많은 사람들이 오늘날에도 여전히 신앙과 신학이 과학과 양립할 수 없다는 인상을 갖고 있는가? 분리 입장에 따르면, 그 이유는 사람들이 신앙과 과학의 각각의 역할에 대해 혼동하고 있기 때문이다. 이 혼동은 16~17세기의 과학 혁명의 시작과 함께 발생했다. 근대 초기에 과학이라는 단어는 아직 사용되지 않았고, 심지어 오늘날에도 철학자들은 여전히 과학적 방법의 의미를 명확하게 하고자 노력하는 중이다. 아무튼 신학적인 믿음과 과학의 경험적 방법을 주의 깊게 구별하는 데에 실패한 교회는, 1633년 교회 재판을 통해 갈릴레오를 정죄하는 불운의 길을 택했다. 이러한 혼동은 신앙을 가진 사람들이 현대 과학을 신뢰하지 않는다고 말할 때에도, 과학적 회의론자들이 신학을 이제는 없어져야 할 한물간 과학의 형태라고 가정할 때에도 여전히 존재한다. 분리 입장을 취하는 사람들은 리처드 도킨스 같은 새로운 무신론자들이 신 개념을 과학적 가설인 것처럼 잘못 가정했고, 그 결과 오직 현대 과학만이 신이 존재하는지의 여부를 결정할 수 있다는 잘못된 결론에 이르렀다고 주장한다.[2] 사실 분리 입장에 따르면, 신앙을 가진 사람들이 신을 인식하는 방법은 감각 경험 또는 과학적 관찰과는 완전히 다른 종류의 경험을 통해서 가능하다.

그러므로 분쟁을 피하기 위해서, 분리 입장에서는 과학자들과 신앙인들이 자신들의 영역을 고수하기를 요구한다. 분리 입장의 근본 원리는 단순하다. **"신앙과 과학을 분리시켜라."** 신앙과 과학을 비교하거나 대조하는 것은 단지 불필요한 문제를 야기하는 것이다.[3] 결국 신앙과 과학이 동일한 목적을 위해 경쟁하고 있어야만, 각각의 주장들이 서로 반대될 수 있다. 하지만 분리 입장에서 보기에 과학과 신학은 서로 다른 규칙들을 바탕으로 서로 다른 '경기games'를 하고 있는 중이다. 과학은 자연 세계에서 발생하는 물리적 사건들의 **인과적 관계**causes에 관련된다. 신학은 세계와 인간 존재의 궁극적인 **의미**meaning를 묻는다. 과학은 물리적 문제들을 다루고, 신학은 세계의 존재와 목적을 포함하는 신적 신비에 관심을 갖는다. 과학은 **어떻게** how 사물이 존재하게 되었으며, 어떻게 그것들이 작동하는지를 묻고, 신학은 **왜**why 세계가 존재하게 되었으며, 이 세계가 과학이 이해할 수 없는 중요성을 갖고 있는지에 대해 묻는다.

과학은 신앙과 신학으로부터 엄격히 분리되기 때문에, 분리 입장은 과학과 신학의 충돌을 야기하는 혼동을 피할 것을 촉구한다. 분리 입장은 과학과 신학을 독립된 연구 방식으로 둘 다 존중한다. 신학은 과학이 되기에 적합하지 않고, 과학은 신의 존재에 대한 질문이나 궁극적 실재의 본성에 대해 논할 수 없다. 왜 그러한가? 그것은 단지 정의상 과학적 방법은 의미, 목적, 가치, 신에 대한 모든 질문들을 배제하기 때문이다. 엄격히 말해 과학은 궁극적 기원, 운명, 사물의 의미를 논하기 위한 '회로wired'가 존재하지 않는다. 과학자들이 그러한 이슈들에 대해 말을 늘어놓을 때마다 - 그들은 종종 그런다 - 분리 입장은 그들이 과학자로서 그러는 것이 아니라 철학자, 심지어 선동가로서 그런다고 주장한다.

분리 입장의 옹호자들에 따르면, 과학의 범위를 넘어선 말들을 하는 과학자들 중에 (우리 중 일부가 그렇듯이 스스로는 인정하지 않겠지만) 자신들의 믿음 체계 또는 세계관으로 남을 설득하려는 과학적 회의론자들이 있다. 그들의 믿음 체계는 유신론이 아니라 과학주의다. 분리 입장에서 강조하듯이, 과학주의는 과학과 동일한 것이 아니다. 과학은 물리 세계에 대한 중요한 것들을 배우는 유용한 방법이지만, 물리 세계를 인식하는 다른 방법들도 존재한다. 분리 입장은 과학에 대해 전적으로 열려 있지만, 과학이 진리를 발견할 수 있는 유일한 방법이라고 믿는 비과학적인 **믿음**에 기반해 과학을 과학주의로 혼동하는 것을 거부한다.

분리 입장은 과학주의자들이 과학적 방법만이 절대적 진리라고 주장할 뿐만 아니라, 자신들만의 포교 방식을 통해 추종자들을 찾는다고 주장한다. 오늘날 이런 유혹은 유명한 저널이나 인터넷 블로그뿐만 아니라 대학의 강의실에도 만연해 있다. 분리 입장은 새로운 무신론자들의 글에서 과학주의를 당당하게 표현하는 것을 발견하는데, 이 책에서도 종종 보게 될 것이다. 그러나 새로운 무신론자들은 혼자가 아니다. 수많은 지식인들은 과학이 마치 종교에서의 신처럼,

과학 이전의 무지라는 원죄로부터 해방시켜 구원을 가져올 것이라고 믿는 것 같다.

분리 입장은 과학주의 지지자들이 스스로의 모순에 빠졌다고 주장한다. 과학주의 지지자들은 과학이 진리에 이르는 유일한 길이라는 자신들의 근본적인 가정을 과학적 실험으로 입증할 수 없다. 과학주의 지지자들은 이 세계에서 발생하는 모든 혼동을 해결하기 위해 과학의 힘을 무조건적이며 열정적으로 **믿는다**. 과학주의는 신앙을 전혀 받아들이지 않는다고 말하지만, 이것은 과학주의에 헌신하는 신앙일 뿐이다. 분명히 과학주의는 논리적으로 자기모순적이다. 분리 입장에서 보기에 이성적인 사람이라면 과학주의를 논리적으로 거부할 의무가 있다.

그러므로 분리 입장은 신앙과 신학에 충돌하는 것은 과학이 아니라 과학주의라는 것을 독자들에게 확실히 언급해두고자 한다. 분리 입장은 종교적 깊이를 지닌 현대 문화를 무의미하게 만드는 것은 과학이 아니라 과학주의라는 것을 계속해서 우리에게 상기시킨다. 과학은 비난의 대상이 아니다. 따라서 현대의 과학적 회의론자들이 취하는 갈등 입장에서 '과학'이라고 명명한 것이 실제로는 과학, 과학주의, 과학적 자연주의의 혼합물이라는 것을 명심해야 한다.

분리 입장은 과학과 과학주의의 혼합이 불행하게도 신앙인들을 종종 과학에서 완전히 멀어지게 만들 수 있는 잘못된 결합이라고 본다. 대부분의 지식인들이 동의하듯이, 특히 미국에서 현재 과학 교육에 관심이 있는 사람들이 상당히 적다는 것에 주목할 필요가 있다.

분리 입장에서 보기에 새로운 무신론자들과 수많은 과학적 회의론자들은 모순적이게도 과학이 무신론과 가장 잘 어울린다고 독단적으로 선포하며 과학적 무지를 양산한다. 미국인들의 80~90퍼센트는 신을 믿기 때문에, 이런 주장은 거의 많은 지지를 받지 못한다. 그러므로 분리 입장은 과학이 신에 관한 질문에 대해 중립적이라고 강조한다. 과학은 정말로 신, 궁극적 의미, 또는 도덕적 가치들에 대해 묻지 않는다. 그러므로 과학은 이것들에 대해 어떤 말도 하지 않는다. 분리 입장에서는 계속해서 요청한다.

"과학과 신앙을 분리시켜라!"

대화

세 번째 접근법인 대화 입장에서 보기에, 분리 입장은 명료하게 하기 위한 중요한 첫 걸음일 수는 있어도, 실재에 대한 보다 논리 정연한 묘사를 추구하는 사람들을 만족시키지는 못한다. 지식을 통합시키고자 하는 인간의 욕구는 너무 강력해서 그것을 무한정 억누를 수는 없다. 그러므로 분리 입장은 우리가 과학과 신앙에 대해 명료하게 생각하도록 도울 수는 있지만, 안타깝게도 우리 대화를 고립으로 이끈다.[4] 137억 년 된 새로운 우주 이야기가 신학적인 결론을 갖지 않는다는 말인가? 찰스 다윈, 알베르트 아인슈타인, 조르주 르메트르Georges Lemaître, 에드윈 허블Edwin Hubble, 스티븐 호킹Steven Hawking, 프랜시스 크릭Francis Crick, 그리고 다른 과학적 성취를 이룬 사람들의 혁신적인 사상들이 신앙과 신학과는 어떤 관련성도 갖지 않는다는 말인가?

대화 입장은 이들 간에 관련성이 있다고 주장한다. 대화 입장은 갈등 입장에서 말하는 것처럼 세계가 무한정 분리된 탐구 영역들로 나뉜다고 보지 않는다. 대화 입장은 과학과 신앙이 서로 다른 종류의 질문을 제기한다는 분리 입장의 주장에는 동의한다. 그러나 대화 입장은 신학적 지식과 과학적 지식이 인간의 정신과 문화에 대한 완전히 다른 영역에 계속해서 갇혀 있을 수만은 없다고 주장한다. 우주론, 지질학, 생물학, 뇌과학의 새로운 발견들은 신앙과 신학을 향한 암시를 제공한다. 대화 입장에 따르면, 성숙한 신앙은 이에 기꺼이 적응해야 하고, 새로운 발견들이 우리의 자연 이해를 변화시키는 것처럼 신학도 변화되고 성장해야 한다. 역사가 보여주듯이 신학은 종종 새로운 과학 이해를 힘입어 전적인 변화를 수행해왔다.

대화 입장은 과학자들과 신학자들 사이의 전면적인 대화를 추구한다. 여기서 대화convergence(수렴)라는 단어는 과학과 신학 간의 전적으로 만족스러운 통합이 아직 성취되지 않았음을 의미한다. 과학과 신학 간의 계속적인 대화가 결코 완벽히 성취되지는 않을 것이다. 대화 입장은 과학과 신학 간의 안이한 결합을 피하고자 하며, 서로 간의 교류와 대화를 추구한다. 이 입장은 융합과 상호 고립을 둘 다 배척한다. 대화 입장은 세계에 대한 과학적 이해가 종교적 신앙의 영역을 확장시킬 수 있고, 신앙적 관점은 과학적 발견의 의미를 깊게 이해하도록 도울 수 있다고 본다.

그러므로 대화 입장은 특히 이 책의 서론에서 '새로운 우주 이야기'라 명명하고 간단히 설명한 것의 신학적 중요성을 탐구하는 데에 관심을 가진다. 대화 입장은 과학으로부터 신 존재를 입증하고자 시도하지 않는다. 대신 생명이 진화하고 우주가 여전히 형성 과정 중에 있다는 새로운 과학적 깨달음에서 깊은 의미를 찾고자 한다. 대화 입장은 과학적 증거의 특정한 부분에 호소함으로써 신앙적 주장을 강화하려는 것이 아니다. 하지만 새로운 우주 이야기가 신앙을 가진 사람들에게 **어떤 의미가 있는지**를 묻지 않을 수 없다.

유신론적 신앙 전통은 본질적으로 신자들에게 세상을 바라보는 특별한 방식을 주입하려 노력한다. 약속의 하나님에 의해 새로운 미래로 이끌린 아브라함 이야기에 근거해서, (유대교, 기독교, 이슬람교 같은) 예언자적 신앙 전통들은 모두 절망적이고 비관론적 우주론에 반대한다. 이 신앙 전통들은 희망을 품으며 심지어 가장 절망적인 상황에서도, 꿈에도 생각하지 못한 가능성이 내재한다는 것을 확신하는 것이 진실한 신앙이라고 생각한다. 과학 시대의 진정한 신앙은 미래가 열려 있고, 인간뿐만 아니라 전 우주에 상상도 할 수 없는 완성이 기다리고 있다는 것에 대한 변함없는 확신이다.

이런 희망적 관점이 과학과 상충하는가? 대화 입장에서는 그렇지 않다. 언뜻 보면 희망을 말하는 신앙적 정신 상태가 과학의 '실재론 realism'과 양립 불가능해 보인다. 그러나 앞으로 각 장에서 살펴보겠지만, 대화 입장은 실제적 약속의 의미로 묘사되는 신앙적 관점과 현대 우주론에 의해 묘사되는 우주의 특징 사이에는 상당한 조화가 존재한다고 주장한다. 오랜 기간 일관성과 명료성을 증가시키고자 노력해온 전체적인 과학 탐구는 아브라함 신앙 전통의 토대를 이루는 희망이라는 주제와 완벽히 조화를 이룬다. 이것이 대화 입장이 취하는 관점이다.

아마도 대화 입장에서 가장 잘 알려진 예는 저명한 고생물학자이자 예수회 수사였던 피에르 테야르 드 샤르댕Pierre Teilhard de Chardin이다. 20세기 초중반에 저작을 남긴 샤르댕은 진화물리학, 지질학, 우주론이 지금도 생성 중인 우주에 흥미로운 새로운 묘사를 제공하며, 이 묘사가 종교적 신앙을 풍요롭고 새롭게 할 수 있다는 것을 관찰한 최초의 과학자 중 한 명이었다. 그는 전 우주가 고정된 상태라기보다 하나의 **이야기**story라는 것을 깨달은 최초의 과학자 중 한 명이었다. 동시에 그는 성숙한 신앙과 신학은 우주의 이야기에서 전통적 과학이 도달할 수 없는 의미의 단계까지 고려할 수 있다고 주장했다.

대화 입장에서 주장하듯이, 신학은 어떤 과학적 정보도 제공할 수 없고, 과학도 신학적 체계를 세울 수 없다. 그러나 과학과 신학을 함께 고려할 때 과학과 신학은 우주에서 발생하는 참신하고, 지적으로 타당하며, 도덕적으로 흥미로운 시각을 제공할 수 있다. 샤르댕은 과학을 자신의 종교적 신앙을 입증하고자 이용한 것도 아니고, 과학과 신앙을 융합하려 하지도 않았다. 그러나 그는 신앙과 신학이 현재 우리가 살고 있는 우주에 대해 과학이 말하는 것을 우리가 진지하게 받아들일 필요가 있다고 생각했다. 그는 신에 대한 적절한 이해가 과학의 발견에 깊이와 의미를 더할 수 있는 것처럼, 과학도 신에 대한 우리의 이해를 깊게 할 수 있다고 주장했다.[5] 그러므로 샤르댕은 이 책의 각 주제들에 대해 답할 때 대화 입장에 많은 영감을 제공한다.

마지막으로, 대화 입장은 과학적 발견들이 신앙과 신학 연구를 위한 중요한 주제들을 거론할 뿐만 아니라, 신학의 주요 가르침들이 본질적으로 과학 연구를 지지한다고 주장한다. 신앙과 성서는 우주의 물리적 특성들에 대한 특별한 통찰을 갖고 있지 않다. 과학에 대한 신앙의 내재적 지지는 결코 어떤 특별한 과학적 가설이나 이론에 대한 지지를 포함하지 않는다. 오히려 과학에 대한 신앙의 지지는 훨씬 깊은 차원을 지닌다. 즉, 신앙과 신학은 우주가 **이해 가능하다는** intelligible 과학자의 자발적인 신앙을 정당화할 수 있다.

그것이 어떻게 가능한가? 사물을 이해하고자 하는 어떤 합리적인 과학자의 끊임없는 열정의 뿌리에는 세상이 이해 가능하고 진리는 항상 추구할 만한 가치가 있다는 부인할 수 없는 확신이 존재한다. 대화 입장에 따르면, 신앙과 신학은 우리의 마음을 과학적 발견과 진실 추구의 모험으로 향하도록 준비시킴으로써 전체적인 과학 산업을 지지한다. 신앙과 신학은 과학적 의문을 수행하는 데 필요한 근본적인 신뢰를 강화해줄 수 있다. 아인슈타인은 과학이 계속적으로 진리를 추구하기 위한 동기를 발견하기 위해 스스로 경계를 넘어야 한다고 여겼다. 과학이 종교적 신앙 같은 것에 의존한다고 보았던 것이다.

과학은 오직 진리와 이해를 향한 열망으로 가득 채워진 사람들에 의해 창조될 수 있다. 그러나 이런 감정의 근거는 종교의 영역으로부터 샘솟는다. 신앙 또한 세상이 존재하는 데에 타당한 규칙들이 합리적일 가능성, 즉 이성으로 이해될 수 있는 가능성을 말한다. 나는 그런 심오한 신앙이 없는 진정한 과학자를 상상할 수 없다.[6]

대화 입장은 좋은 과학자가 되기 위해서는 과학자가 신을 믿어야 한다고 주장하는 것이 아니다. 신에 대한 믿음은 가장 깊고 가장 합리적인 정당화, 즉 과학적 사고가 이해와 진리를 향한 힘겨운 노력을 계속할 때 필요한 **신뢰**를 지지하고 부여한다. 과학자들이 신을 믿든 믿지 않든, 과학적 질문은 과학자들로 하여금 자연이 규칙적이고, 예측 가능하고, 이해 가능하다는 것에 대한 강력한 믿음을 요구한다. 아인슈타인이 설명했듯이, 비록 종종 놀랄 만한 일들이 발생하지만 과학적 회의주의자도, 자연이 결코 변덕스럽지 않다는 것을 신뢰해야 한다. 과학을 하는 것은 과학적 연구가 앞으로 보다 깊은 이해에 도달할 수 있다는 확실한 기대를 필요로 한다. 이런 확신은 과학적 모험을 시작하고 지속하는 데에 필수적이다. 자연의 정합성이 궁극적으로 무한한 신적 지혜, 의미, 진리에 근거하고 있다는 믿음에 근거해서, 신학은 모든 합리적인 과학자들에게 필요한 신뢰trust에 대한 전적으로 합리적인 토대를 제공한다.

요약하면 대화 입장은 두 가지 중요한 요점을 갖고 있다. 첫째, 과학적 발견들은 신 개념을 확장시키고 풍부하게 할 수 있다. 둘째, 우주의 기초가 되는 무궁무진한 의미와 진리에 대한 신앙 개념은 더 나은 발견을 위해 계속해서 과학적 사고의 닻에 선선한 바람을 불게 한다. 다시 말하면 합리적인 과학자라면 독실한 신앙인이 되기 쉽다. 대화 입장은 우리의 생각이 어떤 순간에도 결코 존재의 전 영역을 충분히 포함할 수 없다는 것을 인정한다. 그러나 신앙이 과학자들로 하여금 현재의 좁은 이해를 넘어서 보다 깊고 넓은 이해를 향해 밀고 나아가도록 자극할 수 있다고 생각한다. 신앙과 신학은 과학적 발견의 진취성을 상당히 고무시킬 수 있다. 즉, 과학자들은 다양한 연구를 바탕으로 자신들이 탐구하는 세계가 합리적이라는 확신을 확산시킨다는 의미에서 믿음을 가진 사람들이 될 수 있다. 대화 입장에 따르면 그러한 신뢰에 자신을 맡기는 것은 그 사람을 과학과의 갈등으로 이끄는 것이 아니라, 과학적 발견을 향한 위대한 여정을 준비하도록 이끌 것이다.

2장

과학은 인격적인
신을 배제하는가?

각 장에 속한 세 개의 소제목에서 여러분은 각 장의 질문에 대한 서로 다른 답변들을 발견하게 될 것이다. 1장에서 서술했듯이, 그 입장들은 '갈등', '분리', '대화'로 명명된다. 각 입장의 차이점을 극적으로 표현하기 위해서, 각 입장을 대표하는 가상의 인물을 세워 자신의 의견을 직설적이고 도발적인 방식으로 제시하도록 할 것이다. 각각의 입장을 각 장에서 모두 설명할 수는 없겠지만, 여러분이 이 책을 다 읽은 후에는 이 세 입장을 보다 총체적인 시각에서 볼 수 있게 될 것이다. 각 장을 읽을 때, 각각의 입장에 가상의 '인용 부호'를 넣어 토론하듯 읽으며, 여러분 스스로 이 토론에 참여해보기를 권한다.

갈등

　이번 장의 질문에 대한 대답은 확실히 "그렇다"이다.[1] 과학은 인격적인 신의 존재를 배제한다. 어떻게 과학 교육을 받을 사람이 여전히 유대교, 기독교, 이슬람교의 신을 믿을 수 있겠는가? 과학은 피조물을 돌보며 피조물에 관심을 갖는 신이 존재한다는 어떤 증거도 제공하지 않는다.[2] 사실 과학은 그 반대를 말한다. 즉 우주는 맹목적이고, 무모하며, 비인격적이다. 우리의 갈등 입장을 간단히 말하면 다음과 같다.[3]

1. 인류human beings와 인류가 창작한 언어나 예술 같은 것들을 포함하는 자연nature을 제외하면, 세상에 아무것도 존재하지 않는다. 신, 영혼, 또는 사후 세계가 실재한다는 증거는 존재하지 않는다. 오직 자연만이 실재하며, 과학은 자연을 이해하는 가장 신뢰할 만한 도구다.

2. 인격적인 신이 존재하지 않기에, 자연 세계는 틀림없이 스스로 발생했다. 외부의 설명은 불필요하다. 우주는 '그냥 존재' 한다.

3. 우주에는 어떠한 목적도 없다. 과학은 지속적인 중요성을 지닌 무엇인가가 우주에서 진행되고 있다는 어떠한 증거도 포착하지 못했다. 우주는 길고 긴 이야기이지만, 그 이야기에는 핵심이 없다. 현재 대부분의 천문학자들이 예견하는 것처럼, 인간의 업적들을 포함한 모든 것들은 마지막 우주 대 동결 시기가 되면 사라질 것이다. 그러므로 여러분의 삶 또는 우주에 영원한 의미를 부여하는 인격적인 신을 믿을 이유가 없다. 오히려 여러분은 스스로 여러분 자신의 삶의 의미를 만들어갈 수 있다. 이 논점은 11장에서 더 확대해서 다룰 예정이다.

4. 신이 존재하지 않기에 우리의 지적이고 도덕적인 활동을 포함

해 이 세상에서 일어나는 모든 일들, 심지어 종교적 감정들까
지도 지극히 자연적이며, 과학으로 충분히 설명될 수 있다.

5. 선한 행동을 하기 위해서 선악을 분별하고 상벌을 내리는 신
을 믿을 필요는 없다. 사람들은 스스로 선과 악을 구별해낼 수
있다. 우리는 이제 우리가 어떻게 신 없이 선하게 될 수 있는
지를 과학적으로 설명할 수 있다(8장 참고).

과학의 시대가 도래하기 전에는 사람들이 신을 믿는 것이 지금보
다 쉬웠다. 그래서 과학적으로 무지한 사람들이 여전히 자연 현상들
을 신적 존재나 인격적 신의 변덕스러운 행위로 설명한다는 사실은
그리 놀랍지 않다. 그들이 마주하는 풍년이나 다산과 같은 좋은 것들
은 선량한 신의 선물로, 그리고 폭풍, 홍수, 지진, 쓰나미, 가뭄, 전염
병, 기근 같은 나쁜 것들은 죄에 대한 신의 형벌로 생각하는 경향이
있었다.

하지만 과학은 세계에서 신성을 제거했고, 신들을 영원히 쫓아냈
다. 자연 현상들을 과학적으로 조사한 후에, 우리는 우주에 오직 비
정신적 물질만이 존재함을 알게 되었다. 모든 것은 원자 단위와 물리
적인 과정으로 환원될 수 있다. 과학을 깊게 연구하면 할수록, 우주
의 비인격성은 더 상세하게 드러난다. 무신론자이자 물리학자인 스
티븐 와인버그Steven Weinberg가 정확하게 지적하듯이, 세상에 '관심
을 갖는interested' 신의 흔적은 우주 어디에서도 찾아볼 수 없다.[4] 물
론 초기 물리학에 의해 이해된 자연 법칙들은 한때 신성한 법 제정

자divine lawgiver의 존재를 암시하는 듯했다. 그러나 뉴턴Newton 이후로, 과학은 맹목적인 화학과 물리 법칙을 통해 세상에서 일어나는 모든 현상이 설명될 수 있다고 주장한다. 2010년에 세계적인 우주론자인 스티븐 호킹 역시 자연의 비인격적 법칙만으로도 지금의 우주가 어떻게 형성됐는지를 충분히 설명할 수 있다고 주장했다. 빅뱅 우주론은 이제 창조주 개념을 불필요하게 만들었다.[5] 현대의 물리학과 우주론에 따르면, 자연의 명백히 기계적인 행위들을 설명하기 위해, 무한한 신적 사랑, 친절한 신의 얼굴 또는 영원한 섭리적 돌봄 같은 것을 찾는 것은 우스꽝스러운 일이다.

물리학뿐만 아니라 생물학 역시 인격적 신 개념을 거부하는 우리의 자연주의적 성향을 지지한다. 사실 20세기 초까지만 해도 몇몇 종교적인 성향을 지닌 과학자들은, 신비주의적 동경을 품고, 무생물로부터 생명체가 출현한 것이 기적적인 현상이라고 추측했다. 그들은 오직 살아 있는 신만이 우주에 생명의 숨결을 불어넣을 수 있다고 추정한 것이다. 그러나 21세기 초, 생화학과 분자 생물학은 생명의 신비가 아미노산과 핵산으로 알려진 큰 분자들의 상호작용에 있음을 증명했다. 비물질적인 힘이 우주에 생명을 부여했다고 믿는 생기론Vitalism은 이제 쓸모없는 이론이 되었다. 생명에 기적적인 요소나 놀라운 요소는 전혀 없다. 인류를 포함해서, 생명체의 모든 특징들은 이제 진화생물학이 '자연 선택Natural Selection'이라 부르는 이론으로 전부 설명될 수 있다. 진화와 관련한 무신론자들의 의견에 대해서는 3장에서 자세히 다룰 것이다.

과학적으로 무지한 종교인들은 생명의 놀라운 복잡성이 지적 설계자를 가리키는 증표라고 생각할 수도 있다. 또한 인간의 의식은 너무 기이하고 특이해서 오직 지적인 신만이 그것을 창조할 수 있다고 믿을 수도 있다. 하지만 생물학, 인지과학, 뇌과학, 진화심리학, 그리고 인공지능은 이제 우리가 '인격성personality'이라고 부르는 것을 포함한 인간 의식 전반을 결국 과학적 방법으로 설명할 수 있을 정도로 발달했다.

여러분은 여전히 여러분의 정신mind이 신적 설계자의 영향을 받지 않고 생겼을 수 있다는 것을 납득하지 못할 수도 있다. 여러분은 "귀를 지어주신 분이 들을 수 없겠느냐? 눈을 빚으신 분이 볼 수 없겠느냐?"(시 94:9)라고 묻는 시편 기자의 질문에 동조할 수도 있다. 또한 여러분은 인간의 지능을 형성하기 위해서 신적이고 인격적인 지성이 필요하지 않겠냐고 반문할 수도 있다.

하지만 전혀 그렇지 않다. 과학은 여러분의 정신의 존재와 작동 방식에 대해 전적으로 자연적인 설명을 제공한다. 갈등 입장을 지지하는 가장 유명한 인물 중 한 명인 철학자 대니얼 데닛은 자신의 탁월한 저서 《의식의 수수께끼를 풀다Consciousness Explained》에서 정신 활동이 다른 물리적인 과정들보다 더 신비로울 것도 없고, 덜 물리적일 것도 없음을 설득력 있게 주장한다.[6] 여러분 자신의 인격성 기저에는 비인격적인 우주가 있다. 여러분의 몸은 뇌와 신경계를 통해서 의식을 작동시키는데, 이것은 위가 음식을 소화시키는 것과 본질적으로 동일한 방식이다.

물론 과학이 아직 정신 활동을 완벽하게 설명한 것은 아니지만, 우리는 결국 그렇게 될 것이라고 믿는다. 과학에는 시간이 필요하다. 빠르든 늦든 과학은 결국 여러분의 정신이 뇌와는 구별되어 있다든지, 여러분이 불멸하는 영혼이나 자아를 지니고 있다든지 하는 구시대적인 사고방식을 허물어버릴 것이다(7장 참고). 그때에는 인격적인 신의 존재가 여러분 자신의 지능이나 인격성을 설명하는 데 필요 없다는 사실이 명백히 드러날 것이다. 그것들은 근본적으로 비인격적인 우주에서 수백 만년에 걸친 진화적 과정을 통해 모습을 드러냈다. 과학에 무지했던 여러분의 조상들은 단지 그들 자신의 인격성을 비인격적인 우주에 투사했을 뿐이다. 그들의 그런 희망 사항이 인격적인 신 개념을 탄생시켰다. 이제 과학은 이 유치한 개념을 영원히 폐기해버리기를 명령하고 있다.

20세기의 가장 위대한 과학자인 알베르트 아인슈타인은 인격적신 개념을 거부하는 우리의 의견을 지지한다. 물론 그가 종종 '신 God'에 대해 언급했고, 심지어 공개적으로 스스로를 종교적인 사람이라고 고백했다는 이야기는 유명한 사실이다.[7] 그러나 아인슈타인이 종교적인 사람이라고 말했을 때, 그는 우주에 영원히 신비한 무엇인가가 있고, 과학자가 굳게 붙잡고 있어야 할 영원한 가치의 영역이 존재한다는 것을 믿는다는 의미로 말한 것이다. 아인슈타인은 유대교인, 기독교인, 이슬람교인의 인격적이고 상호 소통하는 신 개념을 단호하게 거절했다. 그는 기도를 들어준다는 신 개념을 원시적인 미신의 산물이라고 생각했다. 그는 이와 같은 믿음이야말로 과학과 종교 사이에 불화를 일으키는 원인이라고 주장했다. 그가 "신은 우주를 놓고 주사위 놀이를 하지 않는다"라고 말했을 때, 그는 단순히 우주가 변하지 않고 비인격적인 물리 법칙에 의해 운행된다는 사실을 의미했을 뿐이다. 아인슈타인이 신이라는 단어를 가끔 사용했다는 이유로 그를 일종의 유신론자로 오해하는 사람들이 있지만, 그는 오직 우주가 규칙적이고, 영원하며, 이해 가능하다는 자신의 신념을 강조할 때만 신학적 언어를 차용했다. 자신의 지적 멘토였던 철학자 스피노자Baruch Spinoza처럼, 아인슈타인은 자연 그 자체가 곧 존재하는 모든 것이라고 생각했다. 갈등 입장을 따르는 우리는 이에 전적으로 동의한다.

분리

이제 여기서, 세 입장 중 두 번째 입장을 대변하는 인물이 등장해서, 여러분에게 직접적이고 힘 있게 자신의 견해를 밝힐 것이다.

이 책의 첫 장에서 제기한 구별에 따라, 분리 입장을 견지하는 우리는 위에서 이야기한 과학적 회의론자들에게 중대한 질문을 하나 던지려고 한다.

"인격적 신의 존재를 배제하는 것이 정말로 과학인가? 그것이 과학주의scientism와 과학주의에서 파생된 과학적 자연주의scientific naturalism는 아닌가? 신학에 모순되는 것은 과학이 아닌, 이러한 신념들 아닌가?"

이 책이 **과학주의**를 과학만이 진리에 이르는 믿을 만한 길이라는 신념으로 정의한 것을 기억하자. 그리고 **과학적 자연주의**는 과학적 이해가 가능한 자연 세계만이 실제로 존재한다고 생각하는 신념이라고 정의했다. 우리가 강조한 것처럼, 과학주의와 과학적 자연주의는 과학이 아니라 과학에 대한 비합리적인 추론에 불과하다. 우리가 보기에 과학과 신앙은 분리되어 있으며, 결코 갈등을 일으키지 않는다. 진짜 갈등은 두 신념 체계, 즉 유신론적 믿음과 (과학적 자연주의를 야기하는) 과학주의 사이에서 발생한다.

따라서 아인슈타인, 와인버그, 호킹을 향한 우리의 질문은 다음과 같다. "물리학이나 우주론에 관한 여러분의 전문성이 인격적 신을 믿는 믿음이 합리적인지 아닌지를 결정할 만한 자격을 부여하는가?" 분리 입장을 따르는 사람들이 이 질문을 던지는 이유는 1장에서 제시했듯이, 모든 자연과학은 그 근본적인 정의상 신에 대한 어떠한 가정도 제외하기 때문이다. 그러니 과학으로 신을 찾지 못하는 것은 당연하지 않은가. 과학적인 방식으로는 신이 존재한다 하더라도 그 증거를 포착해낼 수 없다. 참된 과학은 우주에 관한 이해를 추상적인 모델과 수학적인 공식으로 표현하는 것에 만족한다. 과학은 자연 세계에 대한 비인격적이며 감정에 좌우되지 않는 설명만을 제공한다. 물리과학은 "인격적인 신이 존재하는지"와 같은 질문들에 관여할 때, 완전히 무능해질 수밖에 없다.

그러므로 인격적 신의 존재 여부는 물리학을 비롯한 어떤 자연과학도 답을 제시할 수 없는 문제다. 따라서 우리는 호킹, 와인버그, 아인슈타인에 의해 고안되고 주장된 우주의 비인격성이라는 개념이, 과학의 발견이 아닌 과학주의의 발명이라고 주장한다. 더군다나 우리가 보기에 과학주의 신봉자들은 과학의 시대 이전에 살았던 조상들만큼이나 종교적인 것 같다. 과학주의와 과학적 자연주의는 전적으로 종교적 질문들에 답을 내리려고 시도한다. 우리는 어디에서 왔는가? 우리의 참된 정체성은 무엇인가? 영원하고 불멸하는 것은 존재하는가? 모든 것의 최종 운명은 무엇인가?

이 질문들은 과학적인 질문들이 아니라 종교적인 질문들이다. 과학주의와 과학적 자연주의가 선사하는 답변은 절망적인 답변에 불과하지만, 그럼에도 불구하고 과학의 본질을 훨씬 넘어서는 일종의 신념 체계 혹은 세계관으로서 기능한다. 과학적 자연주의는 인류가 반복해온 종교적 질문들을 다루는데, 우선 존재하는 모든 것을 물리적이거나 물질적인 요소로 환원하는 방식을 사용한다. 이러한 접근 방식은 때때로 '환원론reductionism'이라고 불리며, 환원론은 '유물론materialism' 또는 '물리주의physicalism'라는 자연주의적 세계관으로 이어진다. 물질의 명확성clarity, 측량 가능성measurability, 그리고 겉보기에 단단한 실재성realness은 우리의 정신과 생명을 비정신적인 물질로 통합시키기 위해 철저히 신비적 갈망에 호소한다.

그러므로 물질만이 실재한다고 믿는 유물론은 무엇인가를 간소화하려는 정신의 욕구를 만족시킬 뿐만 아니라, 어떤 단단하고 지속적인 기반에 우리의 불안하고 연약한 삶을 기대려는 인간의 갈망까지도 만족시킨다. 더 나아가 철저히 물리적인 설명만을 추구하는 유물론자들의 소망은, 인류를 계몽하고자 한 오랜 탐구가 과학주의자들의 방식으로 표현된 성배the holy grail와 같다. 과학을 통해 온전한 계시를 얻으려는 희망을 갖고, 과학적 유물론자들은 오늘도 아침에 침대에서 눈을 뜬다. 따라서 인격적인 신을 믿는 신앙과 충돌하는 것은 과학이 아니라 이런 종류의 신념들이다.

오늘날의 학문에서 과학주의는 잘 정돈된 과학 개념들과 서로 너무 깊게 얽혀 있어서, 종종 그 둘을 구분하기가 상당히 어렵다. 노골적인 무신론자이자 진화학자인 리처드 도킨스의 글은 특히 이런 혼동의 완벽한 예시를 보여준다.[8] 그는 말한다. "인류는 완전한 지식의 끝자락에 도달하지 못할 수도 있다. 그러나 만일 도달한다면, 나는 종교가 아닌 과학이 우리를 거기에 데려가리라 확신한다. 만약 이 발언이 과학주의처럼 들린다면, 과학주의는 더욱 좋은 것이다."[9] 과학주의에 이처럼 종교적으로 헌신하는 사람은 도킨스만이 아니다. 듀크 대학교 철학과 학과장을 역임했던 알렉스 로젠버그Alex Rosenberg는 현대 철학자, 과학자, 저널리스트의 신념을 정리하면서 과학주의를 공개적으로 옹호했다. "(과학주의는) 과학을 가장 신뢰성 있는 지식의 근원으로, 그리고 과학적 방식을 지식을 향한 가장 효율적인 경로로 생각하는 철학 이론이다."[10]

과학주의는 과학적인 기반이 없음에도 불구하고 학계와 지성계에 상당한 영향력을 미치고 있다. 그러나 분리 입장은 과학주의의 사도들disciples of scientism보다는 과학의 순수성integrity of science을 더욱 존경한다. 우리는 과학을 유신론적 믿음에서뿐만 아니라, 과학주의와 유물론을 포함한 모든 신념 체계들로부터 조심스럽게 구별해야 한다고 생각한다. 도킨스와 로젠버그로 대표되는 과학과 과학주의의 순진한 융합은, 수많은 현대 지성인들에게 과학이 신학과 양립할 수 없다는 비과학적인 주장을 납득시키고 말았다. 하지만 분리 입장은 순수 과학과 참된 신학 사이에는 모순이 존재하지 않는다고 주장한다. 과학적 방법도 그리고 과학적 발견도, 인격적 신 개념과 모순되지 않는다.

분리 입장에 서 있는 우리가 인격적인 신을 말할 때, 우리는 인간의 상상 속에서 목적 없이 떠도는 환상적 개념을 말하는 것이 아니다. 우리는 사람이 다른 사람을 마주할 때 체험하는 것과 유사한 강력한 **경험**에 대해 말하는 것이다. 우리를 호명하고, 꽉 붙잡으며, 그 어떤 경험보다도 더 깊게 인격적 변화로 이끄는 신적 '타자Thou'의 경험 말이다. 신에 대한 경험은 비인격적인 과학적 방법이 아니라, 명백히 **상호인격적인**interpersonal 인식의 방법으로 이뤄진다.

물론 과학주의 신봉자들은 충분한 과학적 증거가 없다면, 우리가 그 무엇도 믿어서는 안 된다고 불평할 것이다. 이에 대한 우리의 반박은 두 부분으로 나눌 수 있다. 첫째는 이미 언급했듯이 과학주의 역시 어떤 과학적 증거도 갖고 있지 않다는 것이다. 과학주의는 과학적 연구의 능력과 범위를 과장하기만 할 뿐, 과학 자체와는 아무런 상관이 없다. 둘째는 더욱 중요한데, 도대체 누가 인격적 신에 대한 우리의 믿음에 아무런 증거가 없다고 주장하는가?

사실, 세상에는 두 가지 종류의 증거가 있다. 첫째 증거를 우리는 '관찰자적 증거spectator evidence'라고 부를 수 있다. 이것은 감각적 경험이나 현미경 또는 망원경 등의 관측 도구들을 사용해서 얻는 증거다. 과학이 바로 이러한 증거를 추구한다고 할 수 있다.[11]

둘째는 '변화적 증거transformative evidence'다. 이 증거는 여러분이 다른 사람들을 마주할 때마다 매일 경험하는 것이다. 여러분은 종종 여러분을 사랑하고, 여러분에게 도전을 주고, 여러분을 종종 극적으로 변화시키는 사람들과의 친밀한 상호인격적 교류를 매일 경험한다. 그러나 이 변화적 증거는 여러분이 다른 사람들의 정신 생활 또는 주관성에 여러분 자신을 내보일 수 있을 때만 경험할 수 있다. 그러므로 분리 입장의 사람들이 인격적 신에 대한 경험을 이야기할 때, 여러분은 다른 인격적인 대상에 의해 사랑받도록 여러분 자신을 허락할 때 발생하는 것과 비슷한 무엇인가에 관해 이야기하는 것이다. 이 경험은 여러분의 삶을 급격하게 변화시키는 경험이다. 따라서 인격적 신에 대한 믿음이 순수한 과학적 또는 관찰적 증거가 아닌, 변화적 증거에 기반한다는 것이 핵심이다.

인격적 신에 대한 믿음과 연관되는 이 변화적 증거는 개개인의 사생활에서뿐만 아니라 특별한 종교적 이미지images, 의례rituals, 이야기stories가 포함된 공동체와 전통의 맥락에서 발생한다. 이로써 우리는 과학 개념들의 기저에 있는 일종의 관찰자적 증거를 찾아가려는 경향을 완전히 피할 수 있게 되는 것이다. 아무튼 인격적 신에 의해 표현되는 우리의 감정을 증명하기 위해 우리가 비인격적이고 객관화시키는 과학에 매달릴 필요는 없다. 신앙의 경험은 과학이 밝혀내는 것들과는 상당히 다른 형태로 일어난다.

따라서 갈등 입장을 취하는 사람들(도킨스나 새로운 무신론자들 같은 회의론자들)이 우리에게 신앙을 증명할 수 있는 **과학적** 증거를 제시하라고 하는 것은 참으로 터무니없는 일이다. 그런 제안은 마치 누군가가 여러분을 사랑하고 있다는 것에 대한 과학적인 근거를 제시하라는 것과 비슷하다. 우리는 신과의 교제를 원하지 않았다. 신과의 교제가 우리로 하여금 삶을 더 진지하게 살아가도록 도전할까 두려워서 멀리 도망가고자 할 때가 많았다. 신앙이 요구하는 개인적인 변화는 쉽지도, 값싸지도 않다. 많은 이들이 종종 신앙의 요구를 회피하려고 애쓴다. 그리고 어떤 사람은 신앙을 단지 소원 성취 정도로 해석하는 과학주의에 피신함으로써, 그 회피를 정당화하기도 한다. 여전히 우리 중 상당수는 신앙이 선사하는 변화가 대단히 해방적이고, 확장적이며, 성취적이라는 사실에서 기쁨을 발견해왔다. 이런 경험을 통해 우리는 우리의 신앙이 가능한 한 가장 신뢰할 만하다는 것을 발견했다.

우리는 신앙 전통이 쌓아온 지혜를 본받아, 신성한 요소들을 인지할 수 있게 해주는 '기능'이 우리 안에서 깨어나야 한다고 믿는다. 이는 단순히 스위치를 눌러서 발생하는 일이 아니다. 이 깨달음을 얻기 위해서는 우리 자신의 연약함을 솔직하게 고백하는 것이 필수적이다. 오늘날 지성인들에게 신앙이 허술하게 보이는 이유는, 신앙이 부여하는 변화를 경험하는 인간의 능력이 깊은 수면에 빠져 있기 때문이다. 때때로 그 능력은 과학에 기반한 비관적인 우주론적 추정에 감싸여 있다(11장 참고). 그러나 이렇게 신앙의 능력이 과학주의와 과학적 자연주의의 문화에 위축되어 있다고 해도, 우리가 과학이 실재의 깊이를 알아내는 데 얼마나 제한적인지를 깨닫기만 하면, 우리는 신앙의 능력이 다시금 우리 삶에 활력을 불어넣을 것이라고 믿는다.

대화

여기에서 다시, 또 다른 입장에서 과학과 신앙의 관계에 대해 여러분에게 설명하는 한 그룹의 사람들이 있다고 상상해보자.

앞에서 요약한 것처럼 분리 입장은 과학과 과학주의뿐만 아니라 과학과 신앙을 분명하게 구별해주는 장점이 있다. 그러나 분리 입장은 과학과 신앙 사이의 보다 개방되고 진정한 대화의 기회를 간과한다. 구별하는 것은 좋지만, 연결 고리를 찾는 것 또한 중요하다. 대화 입장은 과학적 발견이 종종 신앙인들이 어떻게 신을 생각하는지에 대한 암시를 지니고 있다는 점을 강조한다. **과학적 방법**은 본성상 인격적인 신에 대해 어떤 것도 말하지 않는다. 물론 신학도 어떤 과학적 정보를 제공할 수는 없다. 그러나 **과학적 발견**은 우리가 신을 어떻게 받아들여야 하는지에 대한 다양한 시각을 제공한다. 특히 우주가 어마어마하게 긴 역사를 지니고 있고, 여전히 개방된 이야기라는 것은 최근 과학계가 발견한 사실이다.

다시 말하면 물리학, 천체물리학, 생물학에 의한 발견들은 인격적 신 개념이 과연 현대에도 믿을 만한지에 대해 흥미로운 질문들을 제기하고 있다. 인격적 신에 관한 질문은 우리가 진화생물학을 신학적으로 고찰하는 지점에서 가장 날카롭게 대두된다. 신학과 진화의 관계에 대해서는 3장에서 자세히 살펴볼 것이고, 여기에서는 천체물리학과 우주론이 인격적 신 개념을 배제한다고 여기는 많은 지성인들의 의심에 대해서만 언급하고자 한다.

우리가 신을 '인격적'이라고 말할 때, 이것은 신이 우리 개개인의 삶을 포함해서 이 세상이 어떻게 돌아가는지에 '관심이 있다'는 뜻을 내포한다. 신이 인격적이라는 표현은 우주의 창조주가 무한한 지성, 자유, 사랑, 신실함, 응답의 속성을 지니고 있음을 의미한다. 이외에도 '인격적인 신'은 무궁무진하게 표현될 수 있지만, 최소한 신이 우리와 깊은 관계를 맺고, 돌보고, 사랑하고, 약속을 맺고 지킬 수 있는 능력이 있음을 뜻한다. 인격적인 신은, 만일 존재한다면, 위의 특징들을 가장 탁월하게 또는 최대로 갖추고 있는 분일 것이다.

하지만 갈릴레오 이후 뉴턴, 다윈, 아인슈타인, 허블, 호킹으로 이어지는 수백 년간 우리의 인격적인 신 개념을 형성했던 과학 이전의 우주 개념은 이제 희미해지지 않았는가? 전통주의적 신앙인들은 과학 탐구자들이 밝혀낸 새로운 우주 이야기를 신학적으로 어떻게 받아들일지에 대해 당황해하고 있다. 문제를 회피하기 위해, 그들 중 일부는 분리 입장으로 회귀한다. 다른 이들, 특히 성서를 문자적으로 이해하는 사람들은 새로운 우주론의 발견과 생물학의 발견을 모두 거부한다. 한편, 새로운 무신론자들과 같이 신학적으로 무지한 과학적 자연주의자들은 성서를 문자적으로 해석한다는 점에서 그들의 적수인 창조론자들과 결을 같이한다. 새로운 무신론자들의 성서 문자주의는 그들로 하여금 성서가 현대 과학의 수준에 미치지 못하는 내용을 제공하기 때문에 쓸모 없다며 조롱하도록 만들었다. 그들은 성서가 무지한 인간의 구시대적인 표현이라서 무시되어야 한다는 시대착오적인 주장을 하는데, 그 이유는 샘 해리스가 주장하듯이, 성서가 "전기나 DNA, 또는 우주의 실제적인 나이와 크기에 대해" 어떤 것도 말하지 않기 때문이다.[12]

그러나 대화 입장은 그런 경악스러운 문자주의를 거부하며, 과학적 발견을 신앙과 신학에 연결시킬 수 있는 보다 섬세한 관점을 추구한다. 예를 들어 우주에 인류가 등장하기까지 거의 140억 년이라는 세월이 걸렸다는 점을 생각해보자. 과학적 자연주의자들과 성서 문자주의자들은 이를 엄청난 시간의 낭비라고 생각한다. 오랜 세월은 우주 전반을 감독하는 인격적 하나님의 존재를 상당히 믿기 어렵게 한다고 보기 때문이다. 만일 인격적인 하나님이 존재한다면 왜 사람을 창조하기 이전에 그토록 오랜 시간을 기다리셨는가? 왜 우주는 엄청나게 큰가? 인격적 존재인 우리는 대단히 비인격적인 우주의 생성 과정에서 우발적으로 만들어진 것에 불과하지 않은가? 자연은 그 자체로 '인격적' 신 개념을 부정하는 것이 아닌가?

이런 질문들은 새로운 문제 제기가 아니다. 비관적인 고대 철학자들은 우주가 본질상 비인격적이며, 공정함이나 정의와는 거리가 먼 운명이나 변덕스러운 신들에 의해 좌우되고 있다고 느꼈다. 일부 동방 전통들은 여전히 카르마karma(심은 대로 거둔다)라는 비인격적인 법칙이 모든 것을 지배한다고 생각한다. 오늘날에도 수많은 유명한 지성인들이 본질적으로 우주에 정신, 생명, 목적이 결여되어 있다고 생각한다. 17세기의 비관적 철학자인 블레즈 파스칼Blaise Pascal은 신을 믿었음에도 불구하고, 아브라함의 하나님과 예수를 광대한 시공간 개념, 즉 그 당시 과학이 발견하기 시작했던 시공간의 방대함에 연결하는 것에 어려움을 표했다. 만약 파스칼이 오늘 여기에 있다면, 그는 아마 분리 입장을 택했을 것이며, 이전보다 종교적으로 더 불안감을 느꼈을 것이다. 우주에 대한 과학 지식이 증가할수록 하늘의 침묵은 더욱 커져만 가는 듯하다. 따라서 오늘날 많은 사람들이 우주가 전적으로 비인격적이라는 생각을 받아들이는 것은 어렵지 않다.

그럼에도 불구하고 대화 입장은 새롭게 발견된 이 우주의 광대한 시공간 개념으로부터 도망가는 대신, 이 도전을 우리가 신앙 전통으로부터 물려받은 그 무한히 자비롭고 신실한 하나님의 모습을 특별히 더 확장할 수 있는 일종의 초대장으로 생각한다. 우리는 과학 이전의 종교적 이해인 지구 중심적인 신one-planet deity 개념으로부터 탈피해야 한다는 점에 동의한다. 그러나 이 변화가 우리의 고전 신앙고백들을 부인하는 것은 아니다. 오히려 그것은 하나님이 항상 우주보다 무한히 커야 한다는 전통적인 신학 교리에 합치된다. **Deus** semper major, 하나님은 늘 우리가 생각하거나 상상할 수 있는 그 어떠한 것보다도 더 크시다. 과학의 시각에서 우주가 얼마나 크게 확장되든지 간에, 하나님은 무한하시기에 언제나 그 이상의 존재가 되신다. 대화 입장은 우주에 대한 과학적 이해의 증진이, 하나님의 위대함과 자비로움을 폐기시키기보다는 오히려 증폭시키는 계기로 이해한다.

그렇다면 이 무한한 하나님을 어떻게 인격적인 신으로 이해할 수 있을까? 과학적으로 훈련받은 많은 사람들이 거대하고 비인격적이라고 보는 우주에서, 우리는 여전히 하나님을 '당신Thou'으로 부를 수 있을까? 만약 인격적인 신이 존재한다면, 그 신은 개인뿐만 아니라 과학이 밝혀낸 **전체** 우주에도 '관심'이 있어야 한다. 더욱이 아브라함 전통은 하나님의 인격성이 언약의 체결과 이행에 가장 잘 드러난다고 본다. 그렇다면 우리는 어떻게 과학이 현재 이해하는 자연 개념과 언약을 체결하는 인격적 신 개념을 연결시킬 수 있을까?

그 둘의 중요한 접점은 우주가 아직 끝나지 않은 인격 형성 드라마unfinished drama of person-making로 보인다는 점에서 찾을 수 있다. 인간 개개인은 독특하고 대체 불가능한 방식으로 우주의 창조 과정을 압축해서 보여준다. 물론 우주 이야기는 우리 이외의 다른 존재들도 발생시켰지만, 중요한 것은 우주가 결코 갈등 입장의 과학주의가 편협하게 단언하는 것처럼 본질적으로 비인격적이었던 적이 없었다는 점이다. 우주의 드라마는 처음부터 인격성의 함양을 약속했고, 누구도 예상하지 못하는 창조적인 결과를 미래에 허용함으로써 그 약속을 여전히 지키고 있다. 돌이켜 보면 드라마의 가장 초기에 생명의 탄생, 주관성, 삶의 분투, 지능, 자유, 그리고 인격성이 태동하기 유리하게 설정되어 있었던 것으로 보인다. 우리의 우주는 비인격적이었을 때가 없었고, 따라서 우주의 궁극적인 자료와 토대가 비인격적이라고 가정하는 과학의 추정은 아무런 근거가 없다고 할 수 있다.

이 책은 갈등 입장에 있는 사람들에게 조금 전 우리가 설명한 부분에 대해 반론할 기회를 충분히 제공할 것이다. 따라서 과학과 신앙의 대화는 계속될 것이다. 지금은 자연이 우주 공간에 비인격적이며 영원히 떠도는 의미 없는 개체들의 무더기가 아니라는 우리의 관점을 명료화하는 것으로 충분하다. 자연은 과학의 양적 측정으로만이 아닌 신앙의 드라마적인 관심을 포함해, 다양한 차원에서 **읽히길** 기다리고 있는 거대한 이야기다. 신앙의 관점에서 우주는 그 이상의 존재가 될 것이라는 미완의 약속인데, 이 약속은 아브라함 종교의 기대와 잘 어울리는 약속이다.[13]

과학이 우주를 아직 끝나지 않은 드라마로 묘사했다면, 신학은 그 드라마를 하나님에 의해 끊임없이 새로워지는 미래를 향한 여정으로 읽는다. 피조물을 향한 하나님의 인격적인 돌봄은 그분이 피조물이 감히 상상할 수조차 없는 미래, 그러나 우리가 자유롭게 받아들이거나 거절할 수도 있는 미래를 선사한다는 것을 포함한다. 이런 의미에서, 대화 입장에 있는 사람들에게 하나님은 곧 세계의 **미래다**. 모든 피조물에게 새로운 미래를 열어주는 것보다 더 인격적인 돌봄을 드러내는 것이 무엇이란 말인가? 심지어 수없이 마주하는 막다른 길의 한복판에서, **그 이상의** 존재가 될 것이라는 약속을 심어주는 것보다 더 세상에서 인격적인 관심을 너그럽게 보여주는 것을 상상하기는 어렵다.[14]

더욱이 대화 입장은 세계의 시공간적 규모에 관해 과학이 발견한 풍부한 사실들을 결코 비인격적 표현으로 해석하지 않는다. 반면에, 이 시공간의 광대함은 우연이 아니라 필연적으로 인간의 출현과 연결되어 있다고 본다. 우주적 비관론자들은 상상할 수 없을 정도로 광대하고 오랜 세월의 우주 앞에서 인간은 그저 사소한 존재에 불과하다고 생각한다. 코페르니쿠스Nicolaus Copernicus 이래로 갈등 입장의 지지자들은 과학이 밝혀낸 우주의 광대함이 인간을 세계의 중심에서 쫓아냈으며, 인간을 계속해서 덜 중요해지게 만들었다고 주장한다. 그러나 대화 입장은 우주의 시공간적 광대함을 시간의 낭비가 아닌 생명과 감정이 등장하기 위한, 그리고 언약을 체결하고 이행하는 속성을 포함한 의식적이고 인격적인 존재가 등장하기 위한 드라마의 프롤로그로 이해한다.

특히 소중한 실재인 자유를 포함해 모든 인격적 존재의 출현은 우리 빅뱅 우주에서 만들어질 수 있었다. 이 논의는 이어지는 장들에서 더 세부적으로 다룰 예정이다. 우리가 여기에서 간단히 언급할 것은, 물리학과 우주론의 새로운 발전들이 예전에는 상상도 못했던 크기의 우주와 하나님과의 관계성에 대한 새로운 숙고에 도움이 되는 자료들을 신학에 제공한다는 것이다. 자연을 이야기나 드라마로 이해하는 과학의 새로운 관점은 우주를 '가장 위대한' 하나님, 곧 세계를 향해 '인격적' 관심을 갖고 있으며 또한 세계를 향해 새로운 가능성을 제시하시는 분의 섭리 아래 위치시킬 수 있도록 돕는다. 현재 생명을 품고 있는 우주가 몇 조 년 후에는 결국 종말에 봉착할 것이라는 과학의 그 진중한 예측은 막다른 길에서 새로운 미래를 여시는 하나님을 믿는 우리의 신앙을 꺾지 못한다.

정리하면 갈등 입장이 인간을 광대한 공간과 비인격적인 우주 안에서 방황하는 존재로 생각한다면, 대화 입장은 우주를 늘 정신, 자유, 인격성을 꽃피우기로 약속된, 아직은 끝나지 않은 드라마로 읽어낸다고 할 수 있다. 어떤 의미에서는 '주체들subjects'의 형성이 '객관적objective' 우주의 가장 중요한 부분이다. 이와 관련된 논의는 다음 장을 시작으로 보다 자세히 다룰 것이다.

3장

신앙은 진화와
양립할 수 있는가?

갈등

1859년, 찰스 다윈은《종의 기원》을 출간하며 그 유명한 진화 이론을 소개했다. 생물학자들은 오늘날 이 이론이 지난 150년간 얼마나 잘 견뎌왔는지를 보며 놀란다. 그러나 갈등 입장에서 보면, 다윈의 진화 이론은 신에 대한 생각에 결정적인 패배를 안겨주었다. 현대 과학의 주요 요점은 신에 대한 신앙을 약화시키는 데 있다. 이제 다윈을 선두로 우리는 종교적 미신과의 최후 전투에 돌입했다. 과학과 신앙·신학 사이의 전쟁에서 진화는 우리의 주무기가 되었다.[1]

다윈의 위대한 발견을 간략하게 살펴보는 것만으로도 우리는 왜 진화가 신의 존재를 배제하는지 알 수 있다.《종의 기원》에서 다윈은 모든 생명체가 성체에 도달하는 개체보다 더 많은 새끼들을 낳는다는 사실에 주목했다. 운 좋은 약간의 개체들만 환경에 적응할 수 있고, 새끼를 낳을 만큼 오래 생존할 수 있다. **자연 선택**natural selection의 원리로 인해 오직 생존에 적합한 개체만 생존하게 된다. **적합하다**fitness는 말은 어떤 일부 개체들이 다른 운 없는 다수의 개체들에 비해 더 나은 생존과 번식의 기회를 갖는다는 것을 의미한다. 대부분의 유기체와 종은 다윈이 명명한 '생존 경쟁struggle for existence'에서 밀려 난다.

따라서 솔직히 누가 이 뒤섞인 원리를 선하고, 사랑이 많고, 지혜 로운 인격 신의 결실로 돌릴 수 있겠는가? 분명 선한 창조주라면, 대 부분의 개체들이 비인격적인 자연 선택에 의해 도태되도록 방치할 만큼 각 개체들의 가치에 무관심해서는 안 된다. 생명에 대한 다윈의 묘사는 연약한 개체들에게 너무도 불공정해서, 정의롭고 자비로운 신 개념을 믿기 어렵게 만든다. 우리는 진화과학이 인격적으로 섭리 하는 신에 대한 신앙과는 양립할 수 없다고 확신한다.

그러나 진화 과정의 명백한 낭비에도 불구하고, 갈등 입장은 진화 의 오랜 여정이 (어떤 창조적인 신적 지성의 도움 없이) 우리 자신을 포함 해 수많은 생명의 다양성과 수백만의 새로운 종들을 탄생시켰음에 주목한다. 따라서 우리는 생명의 진화적 관점에 일종의 '장엄함'이 깃들어 있다는 다윈의 주장에 동의한다. 반면 신학은 생명의 위대한 모험에 어떤 도움도 줄 수 없다.

이제 우리는 다윈의 눈으로 생명의 과정을 관찰한 후에 사람들이 왜 갈등 입장을 택할 수밖에 없는지를 보다 강력하게 논하려고 한 다. 오랜 세월을 거쳐 새로운 종이 생겨난다는 사상을 포함해, 진화 적 변화에 관한 다윈의 이론은 세 개의 무신론적 요소들에 근거하고 있다. 바로 우연, 비인격적 자연 선택, 그리고 엄청난 시간의 낭비다.

첫째는 우연이다. 생명의 발생과 진화 과정에 수반된 매우 높은 우 연과 무작위성은, 신적 설계자가 있다는 생각을 반박한다. 화학적으로 말하면 생명의 기원은 지적으로 설계되었다기보다는 전적으로 무작위적이라고 말할 수 있다. 우리의 행성이 생명체가 거주 가능한 곳이 되기 위해서는 우주와 지질학의 역사에 등장한 셀 수 없는 우연적인 사건들이 필수적이었다. 우리의 존재 역시 자연 법칙처럼 전혀 계획되지 않은 우주적 사건들에 기인한다. 일례로 6,500만 년 전, 유카탄 반도에 충돌한 소행성은 지구를 급속도로 냉각시키며 공룡과 선사 시대의 동물들을 모두 쓸어버렸다. 그러나 이 천문학적 우연은 포유류가 번성할 수 있는 새로운 기회를 제공했으며, 그에 따라 비로소 영장류와 인류가 무대 위에 등장할 수 있는 기회를 얻었다. 따라서 인류의 출현이 자연 역사에서 소행성 충돌과도 같은 우연한 일들에 달려 있다면, 우리는 아직도 많은 지성인들이 세상을 관장하는 지적 설계자를 믿는 것을 도무지 이해할 수 없다. 더욱이 지적 설계보다는 우연이 진화적 변화와 다양성의 원재료가 되는 변이 variations(오늘날 '유전적 돌연변이genetic mutations'라고 불리는 것)를 더 잘 설명한다. 그러므로 어떻게 지적 설계자 개념을 진화의 무작위성과 조화시킬 수 있겠는가?

둘째로, 자연 선택의 무자비함은 또한 신의 섭리에 대한 믿음과 양립할 수 없다. 자연 선택은 다윈이 과학에 선사한 중요한 개념이다. 다윈 이전에도 몇몇 과학자들이 생명체가 시간에 따라 진화한다고 추측했지만, 진화적 변화에 필요한 과정을 명료화한 것은 다윈의 위대한 업적이다. 다윈이 명명한 자연 선택은 어쩌다 환경에 적응하게 된 소수의 개체가 생존하고 번식할 수 있도록 선택받았음을 의미한다. 자연 선택이 내포하는 맹목적인 무관심함indifference과 부당함injustice은 분명 신앙과 신학에 합치되지 않는다. 우리가 기억해야 할 것은 다윈 자신도 설계하는 신 개념에 점차 불편함을 느꼈고, 결국 기독교 신앙을 포기하고 말았다는 것이다.[2]

다윈의 이론에서 세 번째로 신학과 대치하는 부분은 바로 진화가 생명과 정신을 배출하기까지 걸린 엄청난 시간의 낭비다. 적어도 지구에서 생명은 빅뱅 이후 100억 년 동안 출현하지 않았다. 약 5억 년 전에 있었던 캄브리아기 대폭발 이전에는 생명이 주로 단세포의 형태로 존재했다. 따라서 우리의 질문은 만약 신이 존재한다면 왜 진화가 그렇게 느리게 진행되었는가 하는 것이다. 만일 신이 창조주라면 왜 생명의 탄생이라는 신적인 활동이 인간 기술자들의 작업보다 더 비효율적인가? 만일 우주가 지적인 신에 의해 만들어졌다면 생명과 지적 존재의 출현은 그렇게 우회적이거나 긴 시간을 필요로 하지 않았을 것이다. 지금의 우주를 생산하는 데 걸린 엄청난 시간은, 인간 생산자나 건축가들의 작품과 비교했을 때 상당한 낭비로 보인다. 더군다나 그렇게 마음껏 시간을 사용했으면서도, 왜 창조주는 더 완벽하게 설계되고 조정된 결과를 만들지 못했는가? 왜 이 생물 세계에는 수많은 '설계상의 결함design flaw'이 존재하는가?[3]

다윈이《종의 기원》을 출간하기 약 반세기 전, 성공회 사제였던 윌리엄 페일리William Paley는 오직 지적인 설계자만이 생명체의 놀라운 복잡성과 특정한 환경에 적응하는 주목할 만한 능력을 설명할 수 있다고 주장했다. 그는 살아 있는 유기체의 설계를 시계의 복잡한 내부 구조와 비교했다. 그리고 시계의 복잡성이 지적인 기술자를 필요로 하는 것처럼, 더 복잡한 생명체의 구조 역시 지적인 설계자를 필요로 한다고 결론지었다. 물론 페일리가 말하는 지적인 설계자는 아브라함 종교 전통이 말하는 창조주 하나님이다.

그러나 리처드 도킨스가 기술하듯이, 다윈은 우리에게 다음과 같은 점을 일깨운다.

> 매우 특별한 방법으로 배치되었다 하더라도, 자연의 유일한 시계공은 물리학의 눈먼 힘이다. 참된 시계공은 예지력을 갖고 있다. 그는 톱니바퀴와 스프링을 설계하고, 마음의 눈으로 미래의 쓰임새를 가늠하며, 그것들을 잘 맞물리게 조립한다. 다윈이 발견한 맹목적이고 무의식적이며 자동적 과정인 자연 선택(오늘날 우리가 존재에 대한 설명이자 목적성을 지니고 있는 모든 생명체들에 대한 설명으로 알고 있는 것)은 어떠한 목적도 갖고 있지 않다. 자연 선택은 정신도, 정신의 눈도 갖고 있지 않다. 자연 선택은 미래를 계획하지 않는다. 자연 선택은 어떠한 비전도, 예지력도, 시야도 갖고 있지 않다. 만약 자연 선택이 자연 내에서 시계공의 역할을 감당해야만 한다면 그것은 눈먼 시계공이다.[4]

도킨스는 지식인들이 다윈 이후에 마침내 '지능이 충만한 무신론자intellectually fulfilled atheist'[5]가 될 수 있게 되었다고 덧붙인다. 우리는 진화생물학이 성서가 말하는 '신앙'과 양립할 수 없다고 주장하는 도킨스를 비롯한 수많은 사람들의 주장에 전적으로 동의한다.

분리

갈등 입장의 대표자들은 다윈을 마치 무신론의 선동가인 것처럼 소개했지만, 사실 그는 마지못해 불가지론을 선택한 인물에 더 가깝다. 그는 당당하게 자신의 종교적 유산을 폐기해버린 사람이 아니었다. 그 유명한 항해 도중에도 그는 여전히 성공회 사제가 되려는 계획을 품고 있었다. 다윈은 사후에 웨스트민스터 사원에 묻혔는데, 그의 묘는 아이작 뉴턴의 묘에서 가깝다. 그는 갈등 입장이 묘사하는 것처럼 당대의 종교계에 싸움을 건 인물이 결코 아니었다. 마찬가지로 오늘날의 신앙인들에게도 다윈의 이론이 불쾌할 이유는 하나도 없다.

갈등 입장과는 반대로 분리 입장은 다윈의 생명 이론이 신앙·신학과 전적으로 양립 가능하다고 주장한다. 분리 입장은 과학과 신앙이 세계를 바라보는 서로 다른 방식이기에, 그 둘이 유의미한 경쟁을 벌일 수 없다고 주장한다. 우리는 다윈의 자연 선택 개념이 신앙에 위협을 주는 정도가 물리 법칙과 화학 법칙이 신앙에 위협을 주는 정도에 불과하다고 생각한다. 갈등의 원인은 진화과학이 아니라, 과학주의·과학적 자연주의와 진화 이론의 잘못된 융합에 있다. 이 혼란스러운 융합은 '진화적 자연주의evolutionary naturalism'라고 명명될 수 있을 것이다.

우리는 진화를 반대하는 것이 아니라 진화적 자연주의를 반대한다. 우리는 또한 반다윈적이며 유사 신학적인 입장을 견지하는 창조론creationism과 지적 설계Intelligent design를 거부한다. 여기서 창조론자들이란 성서가 '참된' 과학을 가르친다고 생각하는 성서문자주의자들을 일컫는다. 그들에게 창세기는 종교적인 글을 넘어 믿을 만한 과학적 정보를 제공하는 원천으로 간주된다. 만약 생명에 대한 성서의 증언이 다윈의 진화 이론과 충돌하는 듯 보이면, 창조론자들은 우리가 다윈을 버리고 성서의 창조 기사를 과학적인 사실로 받아들여야 한다고 주장한다.

그러나 분리 입장은 성서문자주의를 거부한다. 왜냐하면 고대의 성서 기자들은 독자들에게 당대의 과학을 가르치고자 하는 의도를 결코 갖고 있지 않았을 것이기 때문이다. 그런데 창조론자들뿐만 아니라 진화적 자연주의자들도 마치 성서의 역할 중 하나가 과학적 정보를 제공하는 것이라고 간주한다는 사실은 우리를 당혹스럽게 한다. 여전히 진행 중인 '다윈 전쟁'에서, 한쪽(창조론자들)은 창세기를 좋은 과학책으로 보고, 다른 한쪽(진화적 자연주의자들)은 창세기를 나쁜 과학책으로 보고 있다. 하지만 양측 모두 성서를 과학적 지식을 설명하는 자료로 본다는 점에서 실수를 저지르고 있다. 양쪽 모두 신앙과 과학 간의 충돌을 야기하는 순진한 성서문자주의를 따르고 있는 것이다.[6]

성서는 과학 시대 이전에 기록되었기 때문에 성서를 결코 현대 과학의 방식으로 이해하거나 평가해서는 안 된다. 그러나 유감스럽게도, 창조론자들과 도킨스, 데닛, 새로운 무신론자들 같은 진화적 자연주의자들은 모두 성서가 과학적으로 신뢰할 만해야 한다는 순진한 기대를 품고 있는데, 이는 시대착오적인 발상이다. 반면에 분리 입장은 성서의 목적이 과학적 정보를 제공하는 데 있지 않고, 과학이 설명할 수 없는 무한하고 거룩한 신비로 신자들을 깨우치는 데 있다고 언제나 주장해왔다.

진화생물학의 가치에 관한 최근의 공개적 논의에서, 지적 설계 지지자들은 다윈의 주요 이론을 반대하며 창조론자들의 편에 섰다. 창조론자들처럼 지적 설계 지지자들 역시 대체로 보수적인 기독교인들이다. 이들 모두가 성서문자주의자인 것은 아니지만, 이들은 자연이 생명체와 세포 이하 메커니즘의 놀라운 복잡성을 설명하는 유일한 원인이 될 수 없다고 생각한다. 지적 설계에 따르면, 생명의 복잡성은 초자연적 원인의 특별한 개입을 필요로 한다. 물론 대부분의 사람들은 이 초자연적 원인을 신 개념과 결부시킨다.[7]

분리 입장은 지적 설계가 과학적이기보다는 신학적이며, 따라서 과학적 연구나 공교육에 자리 잡기에는 적합하지 않다고 지적하는 과학자들에 동의한다. 분리 입장은 또한 지적 설계가 창조론처럼 과학적으로나 신학적으로도 못마땅한 이론이라고 생각한다. 그 이유는 다음과 같다. 첫째, 진화를 입증하는 과학적 증거들은 명백하다. 지질학, 고고학, 방사능 연대 측정, 비교해부학, 생물지리학, 발생학, 유전학, 그리고 다른 연구 분야들은 진화를 과학의 가장 위대한 쾌거 중 하나로 여기기에 충분한 증거들을 제공한다. 비록 여타 다른 과학 분야와 마찬가지로 진화생물학에도 언제나 개선의 여지가 있지만, 분리 입장은 과학이 제시하는 진화의 증거들을 지지하며, 어떻게 진화가 일어나는지에 대해 더 배우기 위해 계속해서 노력해야 한다고 주장한다.

둘째, 창조론과 지적 설계는 과학적으로뿐만 아니라 신학적으로도 용납될 수 없다. 창조론은 마치 성서가 생명의 탄생에 대한 또 다른 '과학적' 이론을 제공할 수 있는 것처럼 창세기를 과학과 같은 수준으로 제한시킴으로써, 성서의 더 깊은 의미를 가려버렸다. 지적 설계는 명백히 신학적인 설명을 과학의 장에 억지로 집어넣었다는 점에서 신학적으로 잘못되었다고 볼 수 있다. 많은 사람들이 지적 설계를 성서적 신앙의 창조주 하나님과 연결 짓는데, 이것은 하나님을 자연적 인과율의 한 부분으로 제한하는 것이기에 신학적으로 부적절하다. 따라서 우리는 창조론과 지적 설계론을 둘 다 과학적이고 신학적인 이유로 거부한다.

그러나 분리 입장은 일부 유명한 진화론자들이 학생들과 대중들에게 다윈의 이론을 소개하는 방식에 심각한 문제가 있다고 말하는 창조론과 지적 설계 지지자들의 주장은 받아들인다. 리처드 도킨스, 대니얼 데닛, 제리 코인, 에드워드 윌슨 E. O. Wilson, 스티븐 제이 굴드 Steven Jay Gould와 같은 진화론자들은 지혜롭지 못하게도 진화생물학을 유물론적 세계관과 결합해 다윈의 좋은 과학을 망쳐버리고 말았다. 그러므로 그들은 다윈의 발견을 우리가 '진화적 자연주의'라고 부르는 신념 체계로 덮어버림으로써, 과학의 참된 본성을 왜곡시켰다. 그들은 다윈의 과학에 전혀 관련 없는 이데올로기를 부여함으로써 다윈의 과학을 오염시켰다. 그렇게 함으로써 그들은 불필요하게도 다윈의 중립적인 과학 이론을 이제 신학적으로 전혀 받아들일 수 없게 만들었다.

진화적 자연주의자들은 진화가 본성적으로 신에 대한 신앙에 반대된다고 고집스럽게 주장한다. 그러나 우리 생각에는 다윈 과학과 유물론적 세계관의 무비판적인 융합이야말로, 창조론이나 지적 설계만큼이나 비과학적이다. 예를 들어 도킨스, 코인, 데닛은 진화생물학을 인정하는 것이 곧 유물론적 무신론을 받아들이는 것이라고 자기들 마음대로 주장한다. 그러나 이러한 과학과 무신론의 융합은, 과학과 성서적 창조론과의 융합, 과학과 지적 설계의 융합만큼이나 순수한 과학 정신에 위배된다.

이 혼란에 대해서 분리 입장은 과학이 신학적 신념이든, 자연주의적인 신념이든, 모든 신념 체계로부터 반드시 구별되어야 한다고 주장한다. 과학을 신념과 혼동하는 것은 과학과 신앙이 갈등할 수밖에 없다는 잘못된 인식을 심어줄 수밖에 없다. 그러나 분리 입장을 받아들임으로써 여러분은 과학적 이해가 여러 종류의 이데올로기나 세계관으로 인해 왜곡되는 것을 피할 수 있을 것이다. 과학자들은 진화의 증거를 찾는 데 열중해야 하고, 신학자들은 과학이 말할 수 없는 불가해한 신적 신비를 사람들이 깨닫게 하는 데 열중해야 한다. 진화는 무신론이 아닌 순수한 과학 이론이다. 신에 대한 신앙과 상충되는 것은, 진화생물학이 아니라 진화적 자연주의다.

여러분은 아마 분리 입장이 다윈의 생명 이론 중 신학적으로 문제가 되는 것들, 즉 우연, 비인격적 자연 선택, 그리고 오랜 시간을 어떻게 신앙적 가르침과 조화시킬지 궁금할 것이다. 이 질문에 대한 우리의 답은 다음과 같다.

첫째, 우연은 그 의미를 정의하기가 매우 어렵다. 우리는 '우연'을 과학자들이 아직 더 체계적인 자연 이해에 연관시키지 못한 현상들에 붙이는 칭호로 이해한다. 그런 현상들은 지금 우리에게는 이해하기 어려운 것일 수 있지만, 신에게는 그렇지 않을 것이다. 오직 신만이 모든 것을 명료하게 이해할 수 있는 깊고 넓은 시야를 갖고 있다. 유한한 우리가 지금 어떤 사안에 대해 최종적인 이해를 요구하는 것은 일종의 오만이다. 우리를 반대하는 갈등 입장은 진화적 우연이 본질적으로 이해 불가능하다고 단정함으로써 사실상 신의 위치에 있다. 그것이 사실이라고 그들이 어떻게 확신할 수 있겠는가? 우리 분리 입장을 따르면, 사람들이 '우연'이라 부르는 것이 우리의 제한된 감각과 정신보다 더 넓고 깊은 차원의 이해에서는 충분히 납득될 수 있는 현상일 수도 있다.

갈등 입장은 과학이 이해할 수 없는 현상은 전혀 말이 안 되는 현상이라고, 마치 모든 것을 다 아는 듯이 판단한다. 이에 대해 분리 입장은 과학이 우주에 대한 전지한 관점을 지니고 있다는 신념을 지지할 증거는 없다고 대답한다. 오히려 대부분의 진솔한 과학자들이 인정하듯이, 과학의 역사를 대충 훑어만 보더라도 과학의 전지성에 반대되는 증거가 넘친다는 사실을 알 수 있다. 더욱이 진화가 신의 존재를 배격한다는 갈등 입장의 절대적인 단언은 편견 없는 과학적 탐구에 필수 요소인 겸손과 판단 유보를 정면으로 위반한다. 반면에 분리 입장은 보다 겸손한 입장을 채택한다. 분리 입장은 유전적 돌연변이와 소행성 충돌 같은 '무작위성randomness'이 우리 인간이 우주를 보는 좁은 관점에서 기인한 생각이라고 믿는다. 신앙은 인간의 시야가 우리 정신 고유의 빈약함 때문에 항상 제한된다는 사실을 고백한다. 우리 인간의 불완전한 이해의 관점에서 불가해한 우연으로 보이는 현상들도, 우주 전체를 내려다보시는 하나님의 관점에서는 전적으로 이해 가능할 것이다.

둘째, 자연 선택이 야기하는 잔혹함, 투쟁, 고통의 문제는 신앙인이 항상 직면해왔던 악의 문제를 다시 언급하는 것과 다름없다. 하나님을 믿는 신실한 신자들은 이미 욥의 고난, 선지자들의 핍박, 그리고 예수의 십자가 처형에 익숙하다. 신자들은 오랜 세월 동안 인류와 다른 피조물들이 견디고 버텨낸, 폭력과 피 흘림의 역사를 이미 명확히 인지하고 있다. 그러므로 분리 입장은 자연 선택의 잔혹함을 대할 때, 중력 법칙이나 다른 예측 가능한 자연 법칙들을 대하는 것 이상의 신학적 어려움을 느끼지 않는다.

생물학적 진화는 논외로 하더라도, 우리는 이미 중력이나 열역학 법칙들이 자연 선택만큼이나 개인의 삶과 인류의 본질적 존엄성에 신경 쓰지 않는다는 것을 알고 있다. 중력은 선인이든 악인이든, 강자든 약자든 가리지 않고 끌어당기고, 이에 따라 종종 치명적인 결과가 도출되기도 한다. 그렇지만 중력이 하나님에 대한 신앙에 방해된다고 주장하는 사람들은 아주 극소수에 불과하다. 분리 입장은 자연선택을 이와 비슷하게 본다. 무엇보다도 우리는 하나님의 방법이 우리의 방법과는 다르다는 사실을 항상 기억하려고 노력한다. 신적 신비에 대한 우리의 감각은 너무 심오해서 과학의 제한적인 관점이 우리의 신앙을 약화시킬 수는 없다. 다윈의 과학에 의해 제기된 여러 도전은 신자가 하나님의 지혜와 섭리의 심원성을 더 열렬하게 좇도록 격려할 뿐이다.

셋째, 진화적 창조성에 엄청난 시간이 요구된다는 사실도 아브라함, 모세, 예수, 그리고 무함마드의 신을 믿는 사람들에게는 전혀 문제가 되지 않는다. 인간의 경험에서의 지대한 시간은 신의 입장에서는 '하루와 같을' 것이다. 신의 영원성의 관점에서 보면 오랜 시간은 우리에게 전혀 문제가 되지 않는다.

따라서 여러분이 보는 것처럼 진화과학에 대한 분리 입장의 반응은 모든 명백한 불일치 속에서도 하나님을 신뢰하는 것이다. 결국 명백한 모순에 직면해서 불확실함으로 도약하지 않으면 진정한 신앙의 깊이를 경험할 수 없다. 신앙은 언제나 우리의 유한한 사고 능력을 마비시키는 어려움에도 '불구하고' 믿는 것이다. 분리 입장에 영감을 주는 학자 중 한 명인 덴마크 철학자 쇠렌 키르케고르Søren Kierkegaard는 객관적 확실성을 찾고자 하는 강박증이 확실히 신앙의 영혼을 죽인다고 주장했다. 참된 신앙은 객관적 불확실성objective uncertainty에 직면해서만 가능하다. 진화의 혹독함은 또한 영생을 얻기 위해 우리를 정화시키는 '영혼의 학교soul school'라는 고대의 종교적 사상과도 일맥상통한다. 만약 삶에 어떤 고난이 없었다면, 그리고 만약 진화가 전적으로 선하기만 했다면, 우리는 우리의 도덕적·영적 특성을 발전시킬 기회를 얻을 수 있었을까? 아마 그러지 못했을 것이다. 결론적으로 다윈의 사상은 신앙인들에게 어떤 괴로움도 더하지 않는다.

대화

조금 전 살펴본 것처럼, 분리 입장은 진화적 자연주의가 과학과 유물론적 신념의 융합이라는 사실을 제대로 보여준다. 진화적 자연주의는 과학이 아니라 유물론적 무신론과 과학의 무가치한 융합에 불과하다. 많은 사람들로 하여금 다윈을 신앙의 적으로 오인하게 만드는 주범은 과학이 아니라 유물론적 무신론과 과학의 불필요한 융합이다. 분리 입장이 창조론과 지적 설계에 내재된 이념적 편향성을 날카롭게 지적한 것도 올바른 처사였다고 할 수 있다.

그러나 많은 과학자들과 신앙인들은 분리 입장이 현재의 생물학과 신앙·신학의 관계를 충분히 전개하지 못한다고 생각한다. 대화 입장은 분리 입장보다 진화를 더욱 진지하게 다룬다. 진화는 단순히 신학이 안전하게 넘어갈 수 있는 무해한 과학 이론이 아니다. 다윈의 과학은 생명, 인간 존재, 그리고 하나님에 대한 신앙적 이해에 적합한 지적·영적 틀을 제공하는 새로운 우주 이야기의 핵심 요소다. 대화 입장에서, 진화는 우주가 다차원적으로 읽혀야 하는 드라마라는 관점을 강화시켜주기 때문에 신학에 도움이 된다.

안타깝게도 분리 입장의 지지자들은 다윈 이후로 자연, 생명, 인간, 그리고 하나님에 대한 우리의 이해가 결코 이전과 같을 수 없다는 사실을 온전히 직시하지 못하고 있다. 신학이 오늘날의 지적 사조에 들어맞기 위해서는 진화 용어로 새롭게 표현되어야 한다. 어쩌면 우리는 신학을 진화 용어에 맞춰 전부 재구성해야 할지도 모르겠다. 위협적으로 보이는 다윈 이론은 아인슈타인과 다른 학자들의 이론들과 마찬가지로 오늘날의 신학 사고를 서사적 또는 드라마적 자연 이해에 연관시킬 것을 요청하고 있다. 그러므로 이번 장의 진정한 논점은 생명의 '설계'가 하나님의 존재를 가리키는지의 여부가 아니다. 지적 설계와 진화적 자연주의는 생명이 공학적·건축학적 기준을 충족했는지의 여부에 지나치게 집착한다. 하지만 대화 입장에서 보는 다윈 이후의 진정한 논점은 진화과학이 밝힌 긴 생명의 드라마가 과연 우리의 신학적 관심과 합치될 만한 의미를 지니고 있는지의 여부다.

진화생물학은 이제 우리가 생명을 설계가 아닌 드라마로 볼 수 있게 해주었다. 어떻게 그러한가? 첫째, 드라마는 우발성contingency, 우연chance, 또는 예측 불가능성unpredictability을 포함한다. 특정한 사건이 진행되는 과정이 처음부터 완전히 결정되어 있다거나 예측 가능하다면 이야기 전개의 필수적인 놀람이나 반전이 존재할 수 없을 것이다. 둘째, 그런데도 드라마에는 사건들과 에피소드들을 이해할 수 있게 묶어주는 연속성이 필요하다. 즉 이야기의 막바지에 도달해서 뒤를 돌아볼 때만 비로소 명확하게 보이는 일관성이 필요한 것이다. 연속성이나 어느 정도의 예측성이 없다면 드라마는 용해되어 알알이 흩어져버릴 것이다. 이 경우 드라마는 어떤 의미도 전달할 수 없을 것이다. 그러나 어떤 이야기라 하더라도 이야기가 전개되는 동안에는 이야기의 일관성, 이해 가능성, 또는 의미가 적어도 어느 정도는 드러나지 않기 마련이다. 그러므로 생명과 우주의 이야기를 읽기 위해서는 인내와 고요한 기다림의 자세가 중요하다. 현재의 확신을 고집하거나, 완벽한 설계 개념에 집착하는 태도는 생명 이야기에서 서술적 일관성을 발견할 가능성을 파괴해버린다.

마지막으로, 모든 드라마나 이야기는 사건들이 펼쳐질 충분한 시간을 필요로 한다. 신학적으로 시간, 진화, 우주의 의미에 대한 물음은 삶의 드라마를 포함해 모든 진행되는 사건에 의미를 부여하려는 끊임없는 인간의 노력과 분리될 수 없다.

다윈의 진화 이론은 위에 언급된 드라마의 세 필수 요소들, 즉 우연, 자연 선택의 예측 가능성, 충분한 오랜 시간을 그대로 포함한다. 생명에 대한 다윈의 묘사는 드라마와 같고, 따라서 전적으로 이야기에 가깝다. 진화생물학은 생명을 건축학적으로 흥미로운 설계의 장이 아니라 기대를 품고 감상해야 하는 드라마로 묘사한다. 아마도 먼 미래이겠지만 그 드라마의 의미는 결국 스스로 밝혀질 것이다.

생명이 고정적이거나 최종적인 원자, 분자, 세포의 배열이라기보다는 아직 전개되고 있는 이야기에 가깝다는 관점은 신학적으로도 중요하다. 이야기는 우리가 어떤 의미를 표현하거나 받아들일 때 항상 사용하는 수단이다. 지구에 인간의 정신이 탄생한 후로부터 사람들은 이야기를 통해 자신들의 직감적 의미를 표현해왔다. 신화, 서사, 발라드, 드라마, 오디세이, 역사, 그리고 그 외 이야기 형태들을 통해, 인류는 다양한 것들이 어떻게 의미 있게 뭉쳐지는지를 설명해왔다. 마침내 과학은 우리에게 웅장한 새로운 이야기, 즉 진화의 서사와 거대한 우주적 드라마를 선사한다. 이야기는 분석적으로 읽기보다는 종합적으로 읽어야 한다. 이야기를 읽는다는 것은 기계적이거나 건축적인 우아함이 아닌, 서사적 일관성을 찾아내는 것을 뜻한다. 따라서 진화라는 주제에서 신학과 과학의 우선적인 교차점은 설계의 개념에 있지 않다. 설계는 그저 진화적 자연주의자들과 지적 설계 지지자들에게 경직된 정밀 조사를 수행하도록 도전할 뿐이다. 대화 입장은 자연의 드라마가 함의하고 있는 종교적 의미에 관심을 갖는다. 지적 설계와 진화적 자연주의처럼 설계에만 집중하다 보면 신학적으로 막다른 길에 봉착하고 말 것이다.

더 나아가 대화 입장은 우연이 존재하지 않을 수도 있다든지, 또는 인류의 무지에는 숨겨진 신적 계획이 있을 수도 있다고 주장하는 분리 입장의 애매한 추측을 거부한다. 우리는 진화와 자연의 역사에 암시된 우연이 상당히 실제적이며 극적인 필수 요소라고 생각한다. 우발성, 즉흥성, 예측 불가능성은 어느 드라마에서도 빠져서는 안 되는 요소다. 삶의 드라마 역시 마찬가지다. 우연은 갈등 입장이 표현하듯

모순absurdity도, 분리 입장이 설명하듯 환상illusion도 아니다. 오히려 진화의 우연성은 생명의 드라마에 필연적이다. 생명 이야기가 미래를 열어놓으시고 돌보시며 약속하시는 하나님에 대한 우리의 믿음에 합치하려면, 우리는 신학적으로 우연의 존재를 기대해야만 한다. 우리의 전통을 통해 알 수 있는 것처럼, 하나님이 무한한 사랑이시라면 사랑은 강요하지 않는다는 것을 인정해야 한다. 사랑은 사랑받는 사람들이 스스로의 가능성을 실현할 수 있도록 허용한다. 이것은 하나님이 창조, 생명, 인간 역사에 즉흥성, 불확실성, 그리고 스스로 결정하고 존재할 수 있는 자유를 허락하신다는 의미다.

하나님은 세상이 행복하도록 돌보신다. 그런데 대화 입장에서 이 행복은 하나님과는 **다른** 무엇인가가 될 수 있는 시간과 공간을 소유하는 것을 의미한다. 아브라함 전통은 피조물이 창조주로부터 구분되어야 한다고 주장한다. 만약 피조물이 하나님으로부터 구분되지 않는다면, 피조물은 하나님의 연장extension에 불과할 것이다. 이 경우 피조물은 더 이상 창조되었다고 말할 수 없다. 그렇다면 세상이 창조주로부터 구분될 여지도 없어진다. 그러므로 세상이 창조주로부터 구분되기 위해서는 완벽하게 설계된 물건에서는 볼 수 없는 즉흥적 측면을 포함해야 한다.

따라서 진화의 무작위성과 개방성은 생명을 고정된 설계의 형태가 아닌, 드라마로 이해하도록 이끈다. 만약 하나님이 독재자이거나 집행자라면, 우리는 창조의 마법이 일어난 최초의 순간에 우주가 완벽하게 설계되었기를 기대할 것이다. 그리고 우리는 이 완벽하게 설계된 세계가 본질적으로 항상 불변하기를 기대할 것이다. 만약 갈등 입장에서 말하는 것처럼 하나님이 모든 것을 관리하는 기술자라면, 우리는 지질학적·생물학적 시대들을 거치며 생명의 드라마가 만들어놓은 기이한 생명체들을 예상하지 못할 것이다. 우리가 생각하는 이상적인 신적 건축가가 캄브리아기 대폭발 시대의 괴상한 생명체들, 즉 공룡, 파충류, 그리고 우리 인간의 제한적인 정신이 보기에는 이질적이기만 한 다양한 야생 생명체들을 창조했을 것이라고 상상하기는 쉽지 않다. 우리는 신적 마법사가 단번에 생명이 있는 세계를 우리가 생각하는 완벽한 모습으로 완성했다는 개념이 더 친숙하다.

그러나 지금 우리의 세상과 비교해볼 때, 그런 세상은 얼마나 창백한 모습인가. 단번에 완성된 세계에 대한 우리의 동경은 드라마, 다양성, 모험, 아름다움, 그리고 비극까지, 진화가 선사하는 모든 것을 억눌러버린다. 완벽하게 설계된 우주가 실제 우주보다 더 조화로울 수는 있겠지만, 그 우주에는 다윈이 생명을 연구하며 그토록 신비하게 이끌린 드라마적 장엄함은 없을 것이다.

대화 입장에서 신앙의 하나님은 마법사가 아니라 창조주이다.[8] 창조주는 처음부터 모든 것을 불변하는 질서로 고정해놓는 것보다 자유, 모험, 드라마를 증진시키는 데에 더 관심이 많으시다. 하나님은 분명 이야기를 좋아하시기 때문에, 진화의 이상하고 변덕스러운 역사도 충분히 이해할 만하다. 생명, 지성, 인격성, 도덕적 열망, 그리고 종교적 갈망을 꽃피우기 위해 충분한 시간이 필요했던 우주의 긴 드라마는, 우리의 신앙, 즉 참된 섭리적 사랑은 결코 강요하지 않으며,

즉흥성, 놀람, 자유, 그리고 모험의 위험 요소를 감수한다는 신앙적 확신과 전적으로 일치한다.

다윈의 《종의 기원》 이후 약 150년이 흐르는 동안, 과학자들은 자연 세계에서 지적 설계라는 순박한 이론과 일치하지 않는 증거들을 계속 발견해왔다. 지적 설계 지지자들이 기대하는 완벽하게 제작된 체계는 이 세상에 존재하지 않는다. 그러나 생명의 진화를 포함해 비교적 최근에 발전된 미완의 우주 이야기는 우리 신앙 전통이 말하는 하나님 개념, 즉 자신을 내어주시는 창조적 사랑과 언약을 베푸시는 하나님 개념에 부합한다. 하나님은 아브라함뿐만 아니라 전 우주를 새로운 미래로 부르신다. 하나님이 미래를 개방해두셨다는 생각은 궁극적으로 진화에 대한 신학적 설명이다. 더군다나 자비로우신 하나님은 인간뿐만 아니라 모든 피조물이 창조 사역에 참여하기를 원하신다. 계속되는 창조의 드라마에 파트너로 부르심으로써, 하나님은 피조물에게 중요한 역할을 부여하신다. 하나님이 단숨에 모든 것을 공학적으로 완벽하게 창조하시길 원하셨다는 생각은 이제 단념되어야 한다. 그랬다면 진정한 미래가 없는 닫힌 세계가 되었을 것이다. 그 세계에서는 인간의 자유도 등장하지 못했을 것이다.

대화 입장의 관점에서 신앙의 이야기가 지구에서 펼쳐진 더 큰 생명의 드라마의 한 부분이라고 생각해보자. 신앙은 의식적이고 인격적인 존재들이 자신들의 궁극적 환경ultimate environment, 즉 하나님의 무한한 신비에 적응하려는 시도다. 이 무한한 신비를 완벽히 이해하는 것은 영원히 불가능하기에, 하나님에 대한 종교적 묘사들은 결코 정확히 '들어맞지' 않는다. 따라서 궁극적 환경에 더 적응하려는 우리의 노력은 항상 안주하지 못하는 마음, 즉 종교적·신학적 현상 유지에 지속적으로 불만을 표하는 마음을 낳을 것이다. 어쩌면 일종의 '무신론'이 이로부터 태동할 수도 있겠다. 종교 역시 일종의 진화적 선택과 주기cycle의 대상이다. 대화 입장은 우리가 '하나님'이라고 부르는 우리의 궁극적 환경이 계속해서 우리의 종교적 상징들과 신화들을 샅샅이 조사하고, 구분하고, '판단'하기에 무궁무진한 자유, 미래, 사랑에 적응하지 못하는 종교적 투사체들은 도태된다고 본다.

현재의 얕고 자기모순적인 과학주의와는 거리가 먼 진지한 무신론serious atheism은 부적응적인 신 이미지를 배제하고자 시도하는 모험의 한 부분이다. 이로써 우리는 지구상의 파란만장한 신앙의 드라마와 생명의 거친 방황의 드라마가, 아브라함 종교가 이해하는 모험적이고 사랑하시는 하나님, 곧 '모든 것을 새롭게 하시는' 분에 대한 개념과 일치한다고 주장한다.[9] 우리는 다윈의 생명 진화 이론이 적용된 우주 외에 그 어떤 우주도 무한한 사랑과 언약의 하나님 개념과 조화되기 어렵다고 생각한다.

4장

기적은 실제로
일어나는가?

갈등

아니다. 기적은 일어나지 않는다. 기적이 일어난다고 생각하며 스스로 속고 있을 뿐이다. 유대교인, 기독교인, 이슬람교인들은 신이 기도에 응답하고 세상에서 활동한다고 믿는다. 그러나 그 증거가 있는가? 물리 세계를 통제하는 법칙에 위반될 때 우리는 그것을 기적이라고 부르는데, 물리 법칙에 위반되는 상황이 결코 과학적으로 관측된 바가 없다. 앞에서 언급했듯이, 알베르트 아인슈타인은 기도에 응답하는 인격적 신의 여지를 완전히 배제했다. 기도에 응답하거나 세상에서 기적을 일으키려면, 신은 우주에서 작용하는 규칙들을 정지시켜야만 한다. 그런데 그런 예외 사항을 언급하는 것 자체가 바로 과학이 기반해 있는 자연 법칙의 절대적 일관성absolute consistency을 믿는 우리의 믿음에 대한 조롱이다.

기독교 복음서들은 예수께서 물 위를 걸으셨고, 오병이어의 기적을 행하셨으며, 죽음으로부터 부활하셨다고 증언한다. 그러나 자연 세계가 어떻게 작동하는지를 아는 사람은 도저히 그 이야기들을 진지하게 받아들일 수가 없다. 복음서 이야기들을 포함해 모든 기적에 대한 종교적 증언들은 소원 성취wishful thinking에 불과하다. 우리는 오직 과학적인 방법으로만 실제 세계를 접할 수 있고, 실제 세계는 하나부터 열까지 규칙적이다. 자연은 불변하는 과학적 법칙들에 전적으로 순응한다. 이 변하지 않는 원리들은 명확한 수학 공식으로 표현될 수 있는데, 그 공식들은 변수를 허용하지 않는 예측성을 지닌다. 자연 세계를 지배하는 법칙들을 방해하거나 변화시키는 신성한 기적의 행위자를 위한 자리는 어디에도 없다.

따라서 우리는 기적에 대한 종교적 증언들이 순전히 허구라는 사실을 인정해야만 할 것이다. 혹시 기적을 진심으로 믿고 있는 사람이 있다 하더라도, 과학은 자연의 엄격한 규칙에 어떠한 예외도 허용하지 않는다는 사실을 알아야 한다. 만약 과학적이라는 말의 의미를 기적과 신의 존재를 부인한다는 뜻으로 정의한다면 그것도 나쁘지 않다. 어떤 사람들은 이 사실에 상실감을 느끼겠지만, 우리는 현실을 직시하고 눈감아버리지 않았다는 것에서 위안을 느낀다. 오히려 기적을 믿는 믿음으로 퇴보하는 것이 더 비겁해 보인다. 물론 자연주의적 비전naturalist vision이 비극적인 감정과 분리될 수 없다는 사실을 인정하지만, 우리는 환상에 뒹굴기보다는 차라리 소망 없이 사는 길을 택하겠다.

기적을 거부하는 우리의 견해는 신의 영감을 받은 경전이 존재한다는 개념에 대한 거부와도 밀접하게 연결되어 있다. 아직도 성서나 쿠란이 신의 '영감inspired'으로 기록되었다고 믿는 지성인들이 있다는 것은 이해하기 어렵다. 이른바 거룩한 글들은 과학적으로 계몽된 우리 같은 사람들에게도 때론 서정적이며 미학적인 매력을 주기도 하지만 대체로 조잡하고, 무식하고, 자기모순적이다. 무신론자이자 저널리스트였던 크리스토퍼 히친스가 지적하듯이, 마태복음과 누가복음은 심지어 예수의 탄생을 둘러싼 역사적 사실들에 대해서도 일치하지 않는다. 그래서 히친스는 "복음서가 어떤 의미에서 문자적인 진실이든지, 아니면 복음서 전체가 근본적으로 엉터리이며 비도덕적인 것이든지, 둘 중 하나다"[1]라고 말했다.

리처드 도킨스와 대니얼 데닛이 다윈 이후의 시대에도 여전히 수많은 지성인들이 축자영감설biblical inspiration을 진지하게 받아들인다는 사실에 경악하는 것은 충분히 이해할 만하다. 특히 성서가 진화나 다른 과학적 발견들과는 아무런 연관성이 없는데도 말이다. 이와 유사하게 철학자 샘 해리스는 과학의 시대에도 신자들이 여전히 성서에 관심을 갖는다는 사실 자체에 통탄한다. 해리스는 다음과 같이 묻는다. 만약 성서가 하나님에 의해 기록되었다면 성서는 인류가 수학적 통찰을 발견할 수 있는 가장 풍성한 자료가 되어야 하지 않는가? 만일 성서가 하나님의 영감으로 기록되었다면, 왜 성서는 우리에게 신뢰할 만한 과학적 정보를 제공하지 않는가? 왜 사람들은 여전히 성서를 특별한 계시의 원천으로 신주단지 모시듯 소중히 여기는가?[2]

물론 갈등 입장에 있는 모두가 해리스, 히친스, 도킨스의 성서문자주의를 따르는 것은 아니라는 점을 밝힌다. 그러나 단단히 짜여 있는 자연의 구조를 깨며 기적을 행하는 초자연적인 실재가 존재한다는 증거가 없다는 사실에는 갈등 입장에 있는 모두가 동의한다. 더욱이 우리는 이른바 거룩한 글聖書에서 드러나는 지극히 인간적인 견해들을 모두 신적 영감으로 규정하는 주장을 거부한다. 한때 기적으로 보였던 것들은 이제 과학 법칙으로 온전히 설명될 수 있다. 그리고 '영감으로 기록된' 성서는 이제 소원 성취에 의해 동기 부여된 편협한 문화적 상상력의 결실에 불과하다. 철저한 과학적 분석은 자연이 전적으로 비인격적인 물리 법칙으로 운행되고 있음을 보여준다. 세심한 역사적 연구를 통해서 우리는 유대교인, 기독교인, 이슬람교인의 거룩한 경전들이 사실이 아닌 내용으로 가득 찼을 뿐만 아니라, 자존심이 있고 과학 교육을 받은 사람들이 결코 진지하게 받아들이지 못할 근거 없는 추측에 의존한다는 사실을 알 수 있게 된다.

분리

새로운 무신론자들을 포함한 현대 갈등 입장의 지지자들이 제기하는 단순화된 비판은 성숙한 신앙이나 합리적인 신학이 말하는 '기적'에 대한 오해를 품고 있다. 또한 이들은 성서적 계시와 신적 영감의 참된 의미를 완전히 놓치고 있다. 기적은 전혀 자연 질서에 위배되지 않으며, 축자영감설을 인정하는 믿음은 성서가 또한 인간의 결과물이라는 사실과 모순되지 않는다. 우선 기적에 대해 살펴보고, 이어서 성서적 영감의 문제를 다뤄보자.

우리는 자연의 법칙들이 예측 가능하고predictable 확정적unbending 이라는 사실을 받아들인다. 그래서 우리는 물리적 우주를 인과관계 의 닫힌 연속체closed continuum of cause-and-effect relationships로 이해하는 현대 과학의 주장을 기꺼이 수용한다.³ 또한 우리는 자연 세계가 침 범할 수 없는 자연 법칙들에 의해 유지된다는 개념 역시 받아들인 다. 우리에게 기적은 자연 법칙을 조금이라도 중단시키거나, 구부러 뜨리거나, 깨뜨리는 현상이 아니다. **기적**이란, '놀라워해야 할 무언 가something to wonder about'이며, 기적을 믿는 신앙은 자연의 규칙성과 법칙성을 추구하는 과학적 탐구와 모순되지 않는다. '기적'이라고 말 할 때, 우리는 단순히 물리, 화학, 생물학의 법칙들을 깨는 것보다 더 드라마틱하고 흥미로운 것을 의미한다. 사실 여기서 언급할 만한 가 치가 있는 진짜 기적은, 종종 한 사람을 평범한 삶에서 진실하고 선 한 삶으로 이끄는 흔치 않은 변화라고 할 수 있다. 이것이 우리가 관 심을 갖는 유일한 기적이다. 따라서 갈등 입장은 기적을 자연의 예측 성을 위반하는 현상으로 정의함으로써, 기적을 하찮아 보이게 만들 었을 뿐이다.

모든 예상을 거슬러 절망의 삶에서 희망과 신뢰의 삶으로 전환하 는 사람에게는 상당히 기적적이고 예측 불가능한 사건이 발생한다. 무책임하고 이기적인 개인이 감사와 자기희생적인 사람으로 변화되 는 것은 정말 '놀라워해야 할' 무언가가 일어난 것이다. 이런 중요한 은혜의 사건들은 자연 법칙이 중단된 결과가 아니다. 오히려 그것들 은 시시함과 평범함의 중단이다. 분리 입장에서는 이 놀라운 변화야

말로 신학적인 의미에서의 참된 기적이라고 본다.

이런 중대한 사건들을 측정하거나 수학적으로 계량화할 수는 없다. 그런 사건들은 과학의 조사 영역을 완전히 초월하기 때문이다. 하나님께서 창조 세계에서 일하시는 방법은 자연의 법칙을 깨뜨리는 방식이 아니다. 언제나 우주를 품고 있었지만 철저하게 과학주의의 지평 너머에 남아 있었던 것들, 곧 무한한 진리, 선, 그리고 미를 향해 하나님은 인간을 조용히 끌어당기신다. 하나님은 모든 것을 포함하는 실재이시기에, "우리는 하나님 안에서 살고, 움직이고 존재하고" 있다(행 17:28). 하나님은 유한한 인간 정신, 특히 과학적 사고의 이해력을 넘어서는 가장 깊고 가장 현실적인 존재시다.

갈등 입장이 '신앙'이라고 부르는 것은 과학적 실험에 의해 추구되는 객체화된 통제objectifying control와 다를 바가 없다. 신은 결코 객체object가 아니라, 항상 주체subject일 뿐이다. 그러니 기적을 이해하기 위한 필수 요소는 오직 상호인격적 경험이라고 할 수 있다. 신앙의 경험은 우리 자신보다 무한히 큰 사랑에 의해 누군가가 극적으로 변화되는 것을 허용한다. 우리는 과학적 탐구의 재미없는 데이터가 아닌, 개인의 변화된 삶이 내뿜는 기쁨과 선의 광채에서 신의 영향력과 임재의 증거를 찾는다. 과학주의가 진리의 기준으로 주창하는 증거는 이에 비하면 수준이 낮다. 이는 과학적 탐구를 얕보는 발언이 아니다. 우리는 잘 정립된 과학 이론들을 온전히 받아들인다. 다만 기적에 대한 신앙이 기반하는 '변화적' 증거와, 과학이 기반하고 공적으로 수용 가능한 '관찰자적' 증거 사이에는 명백한 차이 또는 **분리**

가 있다는 사실에 주목하는 것이다.

수많은 사람들이 신앙을 통해 삶에 놀라운 변화가 있었음을 증언한다. 그들은 자신들의 신앙이 과학적 탐구의 모험을 비교적 싱겁게 만들고 있음을 발견했다. 또한 여러 위대한 과학자들은 과학과 신앙의 여정을 함께 밟아나갔다. 그들은 한순간도 자신들의 신앙이 과학에 모순된다거나, 과학이 신앙적 변화에 장애가 된다고 생각하지 않았다. 각 여정의 목표는 서로 뚜렷하지만, 그것들은 함께 양립한다. 더욱이 무책임한 삶에서 이타적인 삶으로 바뀌는 변화는 자연 법칙에 조금도 위반될 필요가 없다. 오히려 화학적·생물학적·신경학적 과정들의 예측 가능하고 변함없는 작동은 우리가 여기서 다루는 인격적 변화에 필수적인 요건이다. 신앙인이 "잃었던 생명 찾았고 광명을 얻었네"라고 고백할 때 위반되는 자연 법칙은 없다.

우리가 기적적인 변화라고 명명한 것에 대한 좋은 예는 성서문자주의에서 탈피해 더 진지하게 경전을 읽는 태도로 선회하는 여정일 것이다. 우리는 이 점을 강조하기를 원한다. 왜냐하면 갈등 입장이 성서 '영감설'을 거부하는 이유는 보통 기적들이 관찰자적 증거의 영역에서 발견되기를 원하는 사고방식에 기인하기 때문이다. '문자주의'는 종교적 근본주의자들뿐만 아니라 많은 과학주의 신봉자들의 태도에서도 드러난다. 성서 그대로의 의미 기저에 있는 더 깊은 차원을 '보기' 위해 필요한 극적인 인격적 변화를 거부하는 결과가 곧 문자주의라고 할 수 있다.

문자주의는 위대한 문학 작품이 처음 등장했을 때부터 존재했다.

문자주의는 특히 신화, 상징, 은유, 풍자, 그리고 역설적 표현 방법을 사용해 참된 도전적 의미들을 던지기를 시도하는 작가의 영감을 독자들이 고집스럽게 거부할 때 발생한다. 오늘날의 문자주의는 어떤 과학적 의도도 지닐 수 없었던 고대 텍스트들을 마치 현대 과학 지식의 근원인 듯 다루는 데에서 종종 볼 수 있다. 이런 문자주의적 경향은 종교적 근본주의자들뿐만 아니라 갈등 입장을 지지하는 많은 과학주의 신봉자들의 특징이기도 하다.

새로운 무신론자들이 바로 오늘날 지적 문화에 침입한 문자주의의 가장 좋은 예다. 다른 여타의 지성인들과 함께 데닛, 도킨스, 히친스, 해리스는 과학적 방법이야말로 진리로 향하는 신뢰할 만한 유일한 길이라고 열정적으로 믿는다. 그들에게 과학주의는 지적 교양의 최고봉이다. 그러나 분리 입장에서는 새로운 무신론자들 모두가 성서를 마치 과학적 호기심에 응답해야 하며, 과학적 기준에 따라 평가되어야 하는 것으로 읽는다는 사실에 지적인 충격을 받고 있다. 새로운 문자주의자들New Literalists은 자신들의 적인 창조론자들과 마찬가지로 변화적인 의미를 놓치는데, 창세기에 나오는 기원에 대한 설명에서 그 예를 찾아볼 수 있다. 새로운 무신론자들은 성서의 창조 이야기가 현대 과학에 견줄 만큼의 우주론적·생물학적인 정보를 제공하지 못한다고 비판한다. 그렇게 함으로써 그들은 성서의 기원 이야기의 문자적 의미 기저에 있는 새로운 삶으로의 도전을 완전히 회피해버린다.

반면에 분리 입장은 성서의 창조 이야기를 독자들에게 감사, 겸손,

소망의 감각을 불러일으키려는 우리 신앙 선조들의 시도로 읽는다. 우리가 성서로부터 기대하는 자연관은 현대 과학의 이해를 더 확실하게 하거나, 아니면 현대 과학과 경쟁하는 자연관이 아니다. 기원에 대한 성서의 증언에는 지난 수세기 동안 신앙인들에게 자양분을 준 고도의 미묘한 종교적 의미가 담겨 있다. 그러나 문자주의는 그 의미들을 전적으로 무시해버린다. 문자주의는 창세기가 과학적 질문들이 아니라 왜 무엇인가가 존재하는지, 또는 신뢰와 소망에 궁극적인 근거가 있는지와 같은 보다 심오한 인간의 관심에 관한 질문들에 답하고 있다는 점을 보지 못한다(5장 참고).

문자주의에서 벗어나 성숙한 신앙으로 변화되는 것이 쉽지 않은 것은 분명하지만 그런 기적이 종종 일어난다. 만약 여러분에게 아직 그런 경험이 없다면 우리는 여러분에게도 그 기적이 일어나길 바란다. 성서 영감에 대한 얕은 이해를 보여주는 문자주의는 성서 본문의 진정한 의미로부터 달아나는 것이나 다름없다. 만일 여러분이 성서에 나오는 기적 이야기들이 과학적으로 증명 가능한 것인지의 여부에 집착하고 있다면, 여러분도 성서의 요점을 놓치고 있는 것이다. 아마도 여러분은 때때로 현대의 종교적 또는 과학적 문자주의의 값싼 유혹에 넘어가고 있을 것이다. 어쩌면 여러분은 고대의 거룩한 경전들이 진화생물학이나 빅뱅 우주론 등에 대해 아무것도 알려주지 않는다며 회의주의를 택해버린 샘 해리스의 문자주의적letter-for-letter 방식에 흥미를 느꼈을 수도 있다. 아니면 여러분은 크리스토퍼 히친스가 마태복음과 누가복음에서 예수 탄생에 대한 역사적 서술이 불일치하다고 규탄하는 것에 동의를 표할 수도 있을 것이다. 우리는 여러분이, 신학적으로 변화된 감성을 가진 사람들은 그런 표면적 불일치들보다는 예술적으로 구성된 성서의 내용이 표현하는 신앙과 소망으로의 부르심에 집중한다는 것을 깨닫기를 소망한다.

요약하면, 분리 입장은 결코 성서를 과학 교과서로 보지 않는다. 신학자 라인홀드 니버Reinhold Niebuhr가 말한 것처럼, 우리는 성서를 문자적literally으로가 아니라 진지하게seriously 받아들인다. 홍해에 물의 장벽이 생겨 이스라엘 백성들이 통과한 것은 문자적인 사실인가? 이스라엘 사람들이 광야를 지날 때, 만나가 하늘에서 내려오고 물이 반석에서 솟아나온 것은 문자적인 사실인가? 예수께서 물 위를 걸으시고 죽음으로부터 부활하신 것은 문자적인 사실인가? 이와 같은 기적들이 물리적 자연 법칙을 초월해서 발생했다 하더라도, 신앙이 없다면 이 기적들이 여러분의 삶을 변화시키지는 못할 것이다. 어쩌면 이것이 복음서에서 언급하는 것처럼, 예수께서 급진적 희망, 이웃 사랑, 하나님을 향한 신뢰 등에 대한 메시지에 마음을 열기를 거부한 자들에게는 기적을 행하실 수 없었던 이유일 수도 있다. 예수께서 일반 언어보다 비유를 더 많이 사용하셨다는 사실은 예수도 문자주의적 마비 상태를 극복하고자 하셨음을 시사한다.

성서의 주된 관심은 정보information 전달에 있지 않고 변화transformation에 있다. 마치 하나님의 영향력이 과학적 이해의 대상이 될 수 있는 것처럼, 신적 개입이 자연 법칙을 깨뜨린다고 믿는 것은 참된 신앙이 아니다. 이것은 신앙에 대한 유치한 단상이다. 대신 신앙은 근본적으로 초자연적이며 무한한 사랑과 자유를 경험하며, 한 개인의 모든 삶이 심오한 변화를 겪는 과정을 의미한다. 성서의 기적 이야기들은 자연 법칙들을 깨뜨리는 현상이 아니라, 우리 삶의 불경건함을 깨뜨리는 신적 부르심에 대한 증언이다.

대화

우리는 종교적 문자주의와 새로운 무신론의 문자주의가 모두 기적 이야기들을 완전히 오해하고 있다고 주장하는 분리 입장에 동의한다. 그러나 우리가 생각하기에 분리 입장은 기적 담론과 연관된 모든 주제들을 다루지는 않는 것 같다. 통찰력 있는 독자라면 분리 입장이 여전히 과학적 유물론과 마찬가지로 자연과 자연 법칙들을 구시대적인 방식으로 이해하고 있다는 점을 발견했을 것이다. 근대 초에 번창했고, 여전히 현대 자연주의의 상당한 기초가 되는 물리적 우주의 기계론적·결정론적 이해 방식을, 분리 입장은 너무 많이 수긍하고 있다. 순진하게도 갈등 입장과 분리 입장은 모두 자연을 불변하는 법칙에 의해 통제되는 독재 국가로, 그리고 자연 법칙을 일종의 법률 집행 제도로 가정한다.

그러나 대화 입장은 자연 법칙을 규제하는 장애물crippling constraint이 아니라 가능하게 하는 조건enabling condition으로 해석한다. 갈등 입장과 같이 물리 법칙을 엄격하게 이해하는 것은 자연 세계의 모든 현상들이 예전부터 물리 과정에 완전히 각인된 철칙에 순응하고 있음을 시사한다. 이 결정론적 세계 이해에는 인간의 자유가 거할 곳이 없으며, 신적 영향력도 개입할 여지가 없다. 고전적 관성의 법칙과 탄성의 법칙을 너무 문자적으로 받아들임으로써, 기계론·결정론은 자연을 어떠한 참된 새로움도 나타날 수 없는 곳으로 만들어버렸다. 과학주의를 옹호하는 대부분의 사람들에게 자연이라는 감옥은 운명적 필연성fateful necessity에 의해 굴러간다. 앞으로 물리적 우주에서 일어날 모든 것들이 이미 초기 우주의 물리적 원리에 내재되어 있었으며, 단지 펼쳐질 시간이 필요할 뿐이라고 보는 것이다. 과학주의와 유물론의 대변인인 피터 앳킨스Peter Atkins에 따르면 자연은 "복잡성을 가장한 단순성simplicity masquerading as complexity"이다.[4]

안타깝게도 분리 입장은 자연을 규칙적 현상들의 닫혀 있는 네트워크라고 가정함으로써 갈등 입장과 너무 비슷해지고 말았다. 분리 입장은 어떤 식으로든 자연과는 분리된 신비적 실재의 영역에, 인간의 자유와 신적 활동을 위한 독립된 공간을 만든다는 점에서 갈등 입장과는 차이를 보인다. 분리 입장은 가장 실제적인 것은 인간 정신을 초월해 있음을 올바르게 인식하지만, 그렇게 함으로써 그들은 물리적 우주 자체가 전적으로 결정론적인 법칙에 의해 통제된다는 오래된 관점을 확실히 붙들고 있다. 분리 입장에서 보면 자연 그 자체에는 자유가 없고, 자유는 오직 자연을 초월하는 인격적인 '주관성subjectivity'의 세계에서만 보장된다.

하지만 우리 대화 입장은 자연을 진행 중인 이야기, 곧 생명, 정신,

자유의 발생과 같은 놀랍고 새로운 현상들이 여전히 펼쳐지고 있는 우주의 한 부분으로 등장할 수 있다고 묘사하는 최근 과학의 발견을 수용한다. 이 책에서 계속 살펴보겠지만, 분리 입장은 우리 인간이 사실상 자연 세계의 일부가 아니라고 여기는 듯하다. 분리 입장은 우리 몸의 존재는 자연과 연관되지만, 인격적 존재의 핵심인 인간의 주관성과 자유는 자연 밖에 존재한다고 설명한다. 기적이 인간의 자유와 주관성의 영역에서 발생할 수 있다는 것이다. 그 영역은 과학의 객관적 시선으로는 파악되지 못하는데, 거기에서 하나님과의 깊은 인격적 교제가 이뤄지고, 나아가 인격이 변화되는 기적이 발생한다는 것이다. 그러나 이러한 분리 입장은 인격적 주체를 자연으로부터 분리시킴으로써, 물리 세계를 목적없이 바다에 표류하게 만드는 대가를 치를 수밖에 없다.

하지만 대화 입장은 인간의 정신과 자유가 바위나 강처럼 자연 세계의 일부로 존재한다고 가정한다. 이 책에서 앞으로 점차 자세히 다루겠지만, 대화 입장은 자연 법칙이 모두 결정되어 있으며 참된 자유와 인격성의 존재에 상반된다는 가정을 거부한다. 동시에 우리의 자연 이해는 하나님께서 아무런 자연 법칙을 위반하지 않으시면서 우주 안에서 강력하게 역사하실 수 있다고 본다. 우리는 **기적**이라는 단어가 포괄하는 모든 의미를 다 이해할 수 있다고 생각하지는 않는다. 우리가 주장하는 것은 성서가 묘사하는 신적 활동들과 예수의 부활 사건이, 무언가 심상치 않은 변화가 우리 개인의 인격적 존재에 일어나고 있을 뿐만 아니라 전 **우주**에 일어나고 있다는 신앙의 증언

방식이라는 것이다.

기적을 좀 더 우주적 관점에서 이해하기 위해 우리는 자연 법칙을 철창 있는 교도소가 아닌, 가능하게 하는 조건이라고 가정하고자 한다. 분리 입장이 기적을 감춰진 인격적 변화로 묘사하는 반면, 대화 입장은 과학이 우리를 놀라게 만들어온 더 위대한 우주적 변화로서의 기적을 강조한다. 일단 우주가 여러 흥미로운 것들의 집합에 불과한 것이 아니라 여전히 펼쳐지고 있는 드라마라는 점을 인식하게 되면, 우리는 단순히 숨겨진 영역에서 일어나는 인격적 활동이 아닌 하나님의 창조적 통전성 안에서 진행되는 중대한 변화에 관해 이야기하는 것이 가능해진다.

아브라함 신앙의 관점에서 보면 기적은 언약promise과 소망hope이라는 보다 근본적인 주제와 불가분한 관계에 있다. 기적 이야기들의 목적은 하나님께서 우리뿐만 아니라 온 피조물을 새롭게 변화시키신다는(사 43:19, 계 21:5) 그 신뢰의 감각을 우리 안에 각성시키는 데 있다. 만약 우리가 기적을 국지적인 마법 행위 정도로만 생각한다면 우리는 기적의 우주적 중요성을 놓친 것이다.

그렇다면 어떻게 우리는 세계가 늘 예상치 못한 기적적인 변화에 열려 있다는 신앙의 관점과 모든 것이 철저하게 자연 법칙에 순응한다는 과학의 관점을 조화시킬 수 있을까? 때로는 비유적 표현을 바꾸는 것이 새로운 돌파구를 찾는 방법이 되기도 한다. 만약 우리가 과학자들이 자연을 설명하는 데 사용했던 용어들을 검토한다면, 우리는 변화의 기적에 대한 지성적이고 신학적인 정당성을 찾을 수 있다. 특히 자연의 예측 가능하고 반복적인 틀을 법률 집행이나 강제적 구속의 개념이 아닌, 문법 규칙과 유사하게 생각해보자. 과학이 이제 자연을 여전히 완성되지 않은 이야기로 본다는 사실을 고려할 때, 자연 **법칙**laws에 대한 법률적 비유를 자연 **문법**grammar에 대한 비유로 바꿔보자. 또한 자연을 기계적 원리로 비유하는 옛 이론을 벗어던지고, 자연을 하나의 **드라마**로 이해하는 더 풍성한 비유를 채택해보자. 우리가 이처럼 비유를 다소 수정해보면, 기적을 포함해 과학과 신앙에 적용되는 모든 질문들은 이제 새로운 국면을 마주하게 될 것이다.

18세기 후반부터 계속된 지질학, 진화생물학, 우주론의 발견들은 과학자들이 자연을 여전히 완성되지 않은 이야기나 드라마로 이해할 수밖에 없도록 이끌었다. 마치 셰익스피어의 드라마가 구문론적·문법적 규칙들을 어기지 않으면서도 놀라운 방식으로 표현될 수 있는 것처럼, 우주 역시 문법적 제한(갈등 입장이나 분리 입장이 '자연 법칙'으로 부르는)의 차원에서는 전적으로 예측 가능한 방식을 유지하면서도, 드라마적인 차원에서는 새롭고 예측 불가능한 방식으로 펼쳐진다. 하나의 문학 작품은 문법 규칙들을 어김으로써가 아니라, 오히려 문법 규칙들을 지킴으로써 완전히 새롭고 예측 불가능한 의미를 표현할 수 있다. 우주 역시 마찬가지라고 할 수 있다.

문학에서 드라마나 소설은 그 내용의 의미들이 펼쳐지는 방향과는 상관없이, 항상 동일한 문법 규칙들을 적용하고 지켜나간다. 그러나 여기서 문법 규칙은 교도소 담장 같은 제한점이 아니라, 오히려 비결정적인 의미의 폭을 표현하도록 돕는 일종의 가능 조건_{enabling} condition이라는 점에 주목할 필요가 있다. 픽션을 쓰든 논픽션을 쓰든, 저자는 동일한 문법 형식을 적용한다. 하지만 각각의 작품들은 완전히 새롭고 전례 없는 글이 될 수 있다. 물론 엄격해 보이긴 하지만, 문법은 담화나 글에 놀랍고 새로운 의미들이 튀어나오는 것을 방해하지 않는다.

우주를 아직 끝나지 않은 **이야기**로 보는 관점은 신학이 과학에 반하지 않고도 기적을 논할 수 있는 지점이 된다. 그렇다고 이것이 기적을 신학적으로 정립하는 유일한 방법이라는 것은 아니다. 대화 입장에서 볼 때 성서에 기록된 기적 이야기들의 의미는 무엇인가 새로운 것이 우리의 개인적 주관성뿐만 아니라 온 세계에 침투한다는 사실을 우리가 깨닫게 하는 데 있다고 볼 수 있다.

과학주의라는 신화에 지배당하고 있는 갈등 입장에서는 자연을 단지 물리적 시공간에서 서로를 맹목적으로 끌어당기거나 밀어내는 물체들의 무더기로 이해한다. 과학적 유물론과 같이 갈등 입장은 자연이 불변하고 구속하는 물리 법칙에 의해 사로잡혀 있다고 해석한다. 그러나 그러한 관점은 마치 셰익스피어의 드라마가 변함없는 문법 규칙들로 이루어진 표현들에 불과하다고 말하는 것과 다를 바 없다.

물론 고정적인 문법 규칙들이 셰익스피어 드라마에 포함된 모든 문장과 장면들을 '만들어낸다'. 그러나 명백히, 그 드라마에는 문법 규칙의 전문가들이 발견해낼 수 있는 지식 이상의 무언가가 담겨 있다. 그렇지 않다면 우리는 위대한 문학 작품을 이해하기 위해 문학 비평가가 아니라 문법학자를 찾아갈 것이다. 두말할 것 없이 이는 말도 안 되는 이야기다. 우주의 의미에 대해 질문하기 위해 물리학자를 찾아가는 것은 비슷한 수준의 난센스다. 우주 이야기에는 화학과 물리학이 조명해줄 수 있는 지식 이상의 요소가 분명히 존재한다. 예를 들어, 약 140억 년 이후에야 비로소 우리 우주에 의식consciousness이 생겨났다는 사실은 경이로운 우주적 사건이다. 그러나 비정신적인 물리·화학 법칙들의 과학적 이해는 우주적 변화가 있는 가장 드라마틱한 이 시대에, 무엇인가 새롭고 가능성 있는 의미에 대해 거의 말하지 못하고 있다.[5]

조금 다르게 말해보자. 다른 이들이 우리의 말이나 글을 이해하게 하려면 우리는 동일한 문법 규칙들을 주의 깊게 지켜야만 한다. 그러나 우리는 이 문법적 규제들에 제약을 받는다고 느끼지는 않는다. 오히려 엄격하고 불변하는 문법 규칙들은 우리의 문장 표현을 다양한 방식들로 확장시킨다. 문법 규칙들은 모든 문장의 주어와 동사가 일치해야 한다거나, 이중 부정이나 비문들이 지양되어야 한다는 것 등을 규정하는데, 이런 규칙들이 여러분의 창의성을 제한하지는 않는다. 자연 법칙의 규칙성은 우리가 창조라고 부르는 계속되는 이야기의 변화 가운데 일어나는 새롭고 놀라운 변동과 정확히 일치한다. 기적처럼 보이는 몇몇 현상들은 자연 법칙이 침해당하기 때문이 아니라, 자연 법칙이 존재의 영역에 참으로 새로운 무엇인가를 가져오기 때문에 일어나는 것이다.

아무튼 우리는 이제 과학 법칙들이 매우 이론적이어서 자연 세계에 일어나는 구체적인 독특성이나 참신함, 또는 자연의 의미 등에 대해서는 거의 말하지 못한다는 것을 깨닫게 되었다. 물리·화학 법칙들을 이해하기 위해 과학이 추구하는 수학적 일관성mathematical coherence뿐만 아니라, 우주의 이야기를 읽어나가기 위해 신앙과 신학이 붙잡는 **서사적 일관성**narrative coherence도 존재한다. 따라서 신앙과 과학 사이에는 아무런 갈등도 존재하지 않는다. 자연 법칙들을 운명적 필연성이 아닌 가능하게 하는 조건들로 이해하면, 우리는 아브라함 전통에서 말하는 하나님의 위대한 사역들을 과학적 이해와도 완벽하게 일치하고, 신앙의 조건들과도 완벽하게 일치하게 해석할 수 있게 된다.

기적이나 신적 행위에 대한 이야기는 무언가 특별히 중요한 것이 창조 과정 중에 계속되는 신앙의 확신을 표현하는 방식이다. 그러나 이런 차원의 중요성은 과학으로 포착될 수 없다. 마치 문법을 공부한다고 해서 셰익스피어 작품의 의미를 포착할 수 있는 것이 아닌 것처럼 말이다. 또한 셰익스피어의 창의적 독창성이 문법 규칙을 깨뜨리지 않는 것처럼, 우주적 변화 이야기의 가장 드라마틱한 발달 과정, 특히 생명, 정신, 자유의 등장과 사랑의 기적은 원자와 분자의 운동을 주관하는 물리 법칙들을 위반하지 않는다.

불행하게도 과학 법칙에 대해 현대 사상은 마치 자연을 해방의 공간이 아닌 교도소처럼 묘사하고 있다. 갈등 입장은 우주 이야기가 미래로 진행될수록 새롭고 예측 불가능한 사건들이 일어날 것이라는 신앙적 기대를 이미 한물간 법정적 비유에 근거해 비난한다. 예를 들어 유물론자에게 생명과 정신의 출현은 그저 물리적 필연성에 의해 생겨난 것이기에 전혀 놀라운 일이 아니다. 유감스럽게도 분리 입장 역시 우주적 사건을 그리는 이 피상적인 묘사를 너무 많이 공유하고 있다. 그러나 대화 입장에서는 자연을 아직도 완성되지 않은 이야기로 보기 때문에, 자연의 예측 가능한 '법칙들'은 더 이상 억압적인 규제들이 아니다. 대신에 자연 법칙들은 우주 이야기에 새로운 사건들과 의미들을 선사하는 문법적 조건이다. 자연의 틀을 엄격한 관리자가 아닌 문법적 규칙으로 보는 관점은 우주 이야기가 펼쳐질 때마다 아직 손대지 않은 의미들이 끝없는 저장고에서 튀어나와 실현될 것을 기대하게 한다.

이제 자연의 드라마적 특성은 기적이라는 주제를 성서적 영감이라는 주제와 조화될 수 있도록 돕는다. '기적'과 '영감'은 엄청나게 새로운 무엇인가가 세상에 출현함을 뜻한다는 점에서 둘 다 신앙의 의미를 표현한 것이라고 할 수 있다. 그러므로 대화 입장은 자연과 성서를 하나의 영감된 이야기로부터 파생한 두 개의 가닥으로 본다. 과학이 우주 이야기를 발견하기 이전에 신앙인들은 성서와 자연이라는 두 권의 책을 읽음으로써 하나님에 대해 배울 수 있다고 생각했다. 신학자들은 이 두 책이 서로 모순되지 않기를 원했지만, 그 둘을 조화시키는 것은 종종 어려운 작업이었다.

신학자들과 과학자들은 아마도 자연의 '설계design'라는 개념에서 양쪽을 이을 수 있는 가교를 발견하리라고 생각했던 것 같다. 그러나 앞장에서 살펴봤듯이 다윈 이후의 시대에 자연은 더 이상 정교하게 설계된 것처럼 보이지 않는다. 세포들과 유기체들은 막대한 시간을 지나며 우연히 꿰어 맞춰지는데, 그중 대부분은 이 과정을 통과하지 못했다. 단지 약간의 생물들만 생존하고 번식할 정도로 환경에 적응할 수 있었다. 창조력과 함께 비극과 상실도 있었던 것이다. 진화는 결국 의식, 자유, 그리고 사랑할 수 있는 능력을 낳았지만, 또한 우주에 전례 없는 고통과 악이 발생할 여지도 남겨두었다.

그럼에도 불구하고 생명과 우주 이야기는 여전히 진행 중이므로, 우리는 계속해서 지평선 너머에 있는 미래의 일관성을 바라볼 수 있다. 만약 우주가 이야기라면, 신앙은 '공학 기술'이나 생물학적 설계의 과도기적 순간들에 관심을 집중함으로써가 아니라, 지금은 보이지 않는 이야기의 일관성을 **기다림**으로써 그 의미를 찾아낼 수 있다. 우주는 아직 완성되지 않았기에 우리는 여전히 소망을 가질 수 있다. 거룩한 책과 자연의 책을 하나로 통합시킬 수 있는 접점은 바로 그들이 미래를 향한 개방성을 공유한다는 점에 있다. 우리 신앙 전통에서 영감을 받아 기록된 책들은, 비록 그 종류가 다양하더라도 우리의 마음을 포함해 온 우주를 다가오고 있는 새로운 창조를 향해 열어놓으시는 하나님을 증언하고 있다.

수 세기 동안 사람들은 이야기를 가능하게 하는 문법적 규칙들을 제대로 이해하지 않고서도 이야기를 만들고 또 그 안에서 의미를 창출해왔다. 현대 언어학에서 발견한 문법 규칙들이나 '생성 문법 generative grammar'은 매우 흥미롭고 계몽적이다. 그러나 세련되고 현대적인 언어학적 이론들도 연극이나 이야기의 의미를 밝히지는 못한다. 유사하게도 자연은 언제나 펼쳐지는 이야기였지만, 최근에 형성된 화학, 물리학, 생물학 법칙들의 과학적 공식은 우리에게 가장 위대한 서사를 표현하는 변화적 의미에 대해 아무것도 말해주지 못했다. 우주적 의미에 대한 탐구는 과학의 시대에 신앙과 신학을 위한 충분한 공간을 마련해준다. 마치 이야기의 의미가 그 이야기의 문법적 규칙들과 상충하지 않는 것처럼, 소망과 기대에 대한 우리의 감각은 더 이상 과학과 충돌하지 않는다.

5장

우주는
창조되었는가?

갈등

우주는 창조되지 않았다. 우주가 어떤 신적 요소로 인해 존재하게 되었다는 증거는 없다. 우리는 우주가 스스로를 넘어서는 어떤 것에 의존해 존재한다는 믿음을 가질 이유가 없다. 존재하는 것은 오직 자연뿐이므로 어떤 창조주도, 신적 섭리도, 우주적 목적도 존재할 수 없다. 앞으로 우리와 반대 입장에 있는 사람들로부터 듣게 되겠지만, 신앙인들은 우주가 시작한 시점이 있고, 선한 창조주가 우주를 존재하게 했다고 믿는다. 그러나 우주에 관한 과학적 이해는 신의 존재나 창조를 믿을 만한 어떠한 이유도 없음을 보여준다.

과학자들은 우주의 나이를 약 137억 년으로 잡을 만한 증거들을 계속 발견하고 있다. 우주에 시작이 있다는 사실은 일단 성서의 창조 교리를 옹호하는 것처럼 보인다. 왜냐하면 창세기는 "태초에 하나님이 천지를 창조하시니라"라는 구절로 시작하기 때문이다. 실제로 신에 의해 세상이 창조되었다는 생각은 고대 세계에서는 상당히 급진적인 사상이었다. 수백 년간 아브라함 전통에 속하지 않았던 사상가들은 물질이 영원하다는 전제를 갖고 있었다. 물론 그들의 사상이 이제는 받아들여지지 않는다. 빅뱅 우주론은 우주가 유한하다는 주장을 지지하는 듯하다. 그렇다면, 약 140억 년 전 우주가 무nothingness로부터 갑자기 튀어나왔다는 것을 어떻게 설명할 수 있을까? 결국 전능한 창조주를 믿는 것이 합리적인 설명이 될까?

하지만 우리 갈등 입장은 그러한 결론에 도달할 만한 이유가 없다고 생각한다. 빅뱅 우주가 시간의 뚜렷한 시작을 이야기하기는 하지만, 이 우주는 영원한 '어머니 우주mother universe'로부터 파생된 수많은 우주들 중 하나일 가능성도 있다. 어쩌면 우리의 빅뱅 우주는 존재하기도 하고 사라지기도 하는 수많은 우주들 중 하나일 수도 있다. 아니면 우주는 팽창과 수축에 따라 새롭게 시작되고 끝나는 과정의 한 부분일 수도 있다. 또는 외부의 요인 없이 존재하게 되었을 수도 있다. 과학은 아직 이러한 가능성들을 배제하고 있지 않기에 우리에게는 신학적 추측이 불필요하다.

우리 우주에 시작이 있다는 생각은 우주가 아직도 팽창하고 있다는 사실에 의해 부분적으로 지지를 받는다. 만약 우리가 상상력을 동원해서 팽창하는 우주의 시간을 거슬러 올라간다면, 우리는 결국 우주가 원자핵보다 크지 않을 정도로 아주 작고, 응집되어 있고, 극도로 뜨거운 입자였던 시점에 도달하게 될 것이다.[1] 약 140억 년 전, 이 극미한 독립체는 과학자들이 현재 '빅뱅'이라고 부르는 급작스러운 폭발을 일으켰다. 그러므로 시간을 거슬러 올라감으로써, 과학은 우주의 시작 지점 가까이까지 우리를 데려간다. 그렇다면 과학은 우주의 시작 지점에서 무엇을 발견했는가? 빅뱅 '이전에는' 무엇이 존재

했을까? 적어도 과학이 대답할 수 있는 선에서 말하면, 빅뱅 이전에
는 아무것도 없었을 것이다.

우주 팽창에 대한 증거만이 아니라 아인슈타인의 일반 상대성 이
론(1917)도 빅뱅 우주론에 신뢰성을 부여했다. 그러나 아인슈타인조
차도 처음에는 우주가 시간에 따라 극적으로 변한다는 사실을 받아
들이지 못했다. 그는 물리 우주가 영원히 동일한 상태로 존재한다는
고대 사상을 붙잡고 있었다. 우주에 시간적 시작이 있다는 사실은,
자연 법칙이 영원하고 불변한다는 자신의 강한 신념을 깨뜨리는 것
처럼 보였기 때문이다. 모든 것의 시작이 있다면, 자연 법칙이 영원
히 존재해온 것은 아니라는 의미가 되는데, 이는 과학을 무너지기 쉬
운 기반 위에 올려놓는 위험성을 동반하기에 아인슈타인은 이 생각
을 받아들일 수 없었던 것이다. 아인슈타인이 생각하기에 과학은 자
연의 근본적인 법칙들이 영원히 존재한다는 것을 가정해야 하는 학
문이었다.

러시아 수학자인 알렉산드르 프리드만Alexander Friedmann과 벨기에
가톨릭 사제이자 물리학자인 조르주 르메트르Georges Lemaître는 아인
슈타인이 새롭게 발표한 일반 상대성 이론이 영원히 불변하는 우주
가 아닌 역동적인 우주를 암시한다는 것을 아인슈타인에게 설명해
주었다. 그러나 20세기 최고의 과학자 아인슈타인은 시작이 있는 우
주를 아직 받아들일 준비가 되지 못했다. 그는 과거로 무한히 소급될
수 있으며, 자연 법칙들이 영원히 존재하는 우주를 선호했다. 하지만
만약 우주가 영원히 존재했다면 중력의 결합력이 모든 우주의 물질

들을 끌어당겨 지금쯤 하나의 거대한 덩어리만 존재했을 것이다. 물론 그런 현상은 일어나지 않았고, 오히려 물질들은 우주에 널리 분포되어 있다. 따라서 만일 우주가 영원히 존재한다면 아인슈타인은 중력의 끌어당기는 힘을 상쇄시키는 숨겨진 힘(우주 상수)이 우주에 존재할 것이라고 생각했다. 그는 그 저항력을 추가하기 위해 의도적으로 자신의 이론을 수정했다. 아인슈타인은 우주의 물체들이 영원히 거리를 유지할 수 있게 해주어, 우주 자체가 무너지는 것을 방지해주는 숨겨진 힘이 있다고 추측한 것이다.

아인슈타인은 특히 르메르트와 미국인 천문학자 에드윈 허블과 논의한 후, 자신의 생각을 바꿔 불변하는 우주 개념을 포기했다. 허블과 그의 조교들은 몇 개의 은하로부터 관측되는 빛이 스펙트럼의 붉은 쪽으로 이동한 것을 발견했다. 이 '적색편이red shift'[*]는 멀어지고 있는 은하들에서부터 방출되는 빛 파장이 다른 은하들의 빛 파장보다 더 길며, 빛을 발산하는 물체들이 관측자로부터, 그리고 각각의 은하들로부터 급격히 멀어지고 있다는 것을 의미할 수밖에 없었다. 분명히 우주는 가속도로 팽창하고 있는 것이다. 아인슈타인은 과학적 겸양이 담긴 감동적인 표현으로 자신이 틀렸다는 사실을 인정했

---

[*] 후퇴하는 천체들의 스펙트럼선이 원래의 파장보다 긴 쪽(적색)으로 치우쳐 나타나는 현상으로, 빛의 도플러 효과에 의해서 나타난다. 도플러 효과(Doppler effect)는 전자기파를 방출하는 물체가 가까워지거나 멀어질 때 파장이 달라지는 현상으로, 가까워지면 짧아지고(청색편이) 멀어지면 길어진다(적색편이). 관찰되는 대부분의 은하들은 지구로부터 멀어져가는데, 허블은 멀리 있는 은하가 가까이 있는 은하보다 더 빠른 속도로 멀어져가는 것을 관찰함으로써 우주가 팽창하고 있음을 증명했다.

다. 그는 결국 우리 우주가 여전히 역동적으로 변하고 있으며, 따라서 영원할 수 없다는 증거를 받아들였다.

빅뱅 이론은 허블의 발견 이후에도 여전히 여러 의혹을 받았다. 그러다 1965년 과학자 로버트 윌슨Robert Wilson과 아노 펜지어스Arno Penzias가 빅뱅을 제외하고는 설명될 수 없는 저온의 우주 초단파 배경복사cosmic background microwave radiation *를 발견하면서 확고한 지지를 얻었다. 우주배경복사는 수십억 년 전에 우주가 시작되었다는 사실을 가장 선명하게 보여주는 증거였다. 이제 우주에 시작이 있었다는 주장을 의심하는 것은 점점 더 어려워지고 있다.

우주배경복사가 발견된 후에도 여전히 불만족스러운 불평들이 제기되기는 했다. 만약 우주가 빅뱅으로 시작되었다면, 왜 우주는 모든 방향으로 부드럽고 균일하게 팽창되지 않았는가? 관측 결과들은 넓은 우주에서 어떤 지역은 물질들이 더 밀집되어 있고 어떤 지역은 물질들이 더 분산되어 있다는 사실을 보여준다. 은하, 별, 행성, 가스, 그 외 다른 물질들은 고르지 않게 분포되어 있다. 이와 같은 불균형한 분포도가 생기기 위해서는 우주가 팽창하기 시작한 초기에도 현재 우주의 불규칙성을 암시하는 씨앗이 심겨 있어야만 한다. 그런데 초기 우주에 이 불균형이 이미 있었다는 증거는 어디에 있는가?

---

* 우주배경복사란 우주 공간의 배경을 이루며 모든 방향에서 같은 강도로 들어오는 전파를 말한다. 0.1mm~20cm에서 관측되는 마이크로파로, 높은 등방성(等方性). 우주배경복사가 우주의 모든 방향에서 같은 세기로 온다는 사실으로 미루어, 어느 특정한 천체로부터 오는 것이 아니라 우주 공간에 가득한 전파의 배경을 이루는 것으로 생각된다. 우주배경복사의 발견으로 빅뱅 우주론은 정상 우주론(steady-state cosmology, 우주는 변하지 않는다는 이론)보다 설득력을 얻게 되었다.

1992년 봄, COBE Cosmic Background Explorer라고 불리는 위성에 의해 수집된 측정치들은 우주가 유아기일 때 이미 원시적 극초단파 복사에 온도 차이가 있었음을 알게 해주었다.[*] 폭발이 시작된 직후 우주는 곧바로 독특한 불균형의 특성을 드러낸 것이다. 초기에 있었던 온도의 차이는 현재의 불균등한 우주의 씨앗이었다. 따라서 21세기 초에도 빅뱅 이론은 안전해 보인다. 물론 우주를 완전히 이해한다고 하기에는 과학은 모르는 것이 너무 많다. 우리는 여전히 블랙홀, 암흑 물질, 암흑 에너지를 온전히 이해하지 못한다. 또한 끈 이론 string theory은 우주가 우리가 생각했던 것보다 많은 여러 차원으로 이루어져 있음을 암시한다.[**] 아무튼 우리가 사는 우주에 시작이 있다는 주장이 현재로서는 건전한 과학으로 받아들여진다.

그럼에도 불구하고 우리 우주에 시작이 있다는 생각이 창조주의 존재를 입증하는 것은 아니다. 여러분은 아마도 이에 대해 반대할 것

---

[*] 우주배경복사의 등방성을 발견한 후, 우주배경복사가 비등방성(우주의 한 부분에서 오는 복사선이 다른 부분에서 오는 복사선과 파장이 약간 다름)을 갖는다는 증거도 찾아야 했다. 왜냐하면 우주가 팽창하기 시작했을 때 완전히 균일했다면, 우주에는 다양한 화학 원소도 없었을 것이고 행성이나 생명체도 생겨날 수 없었을 것이기 때문이다. 따라서 빅뱅 우주론자들은 초기 우주가 매우 균일하기는 했지만, 완전히 균일하지는 않았을 것이라고 추측한다. COBE를 이용해 1992년 1/10만 수준에서 변화가 존재함을 관측하는 데 성공했다. 이 공로로 조지 스무트(George Smoot)와 존 매더(John Mather)는 2006년 노벨 물리학상을 받았다.

[**] 초끈 이론은 소립자 간에 움직이는 근본적인 4개의 힘(중력·전자기력·약력·강력)을 초끈(superstring)에 의해 통일적으로 기술하고자 한 이론이다. 1990년대 초기에는 총 5개의 초끈 이론이 알려져 있었고, 이들은 10차원에 존재한다. 1995년에 미국의 에드워드 위튼(Edward Witten)은 이 5개의 초끈 이론을 끈을 포함하지 않고 11차원에 존재하는 'M이론'으로 통합이 가능하다는 것을 보여주었다. M이론의 'M'은 magic, mystery, 또는 membrane를 뜻한다.

이다. 여러분은 만약 우주에 시작이 있다면 그것을 존재하게 한 창조주가 필요하다고 가정할 것이다. 존재하는 모든 것은 반드시 원인이 있어야 하지 않는가? 하지만 항상 그런 것은 아니다. 우주에 시작이 있다는 것을 단순히 인식하는 것은, 제1원인의 존재를 증명하는 것과 같지 않다. 오늘날 양자 우주론은 우주가 창조되었거나 어떤 원인에 의해 시작되었다고 가정하지 않고, 무nothing로부터 시작되었다는 것을 받아들인다. 우주에는 시작이 있을 수 있지만 그것이 우주에 원인이 있음을 가리키는 것은 아니다. 물리학의 새로운 발견들은 우주가 다른 어떤 외부적 영향을 받지 않고도 저절로 생겨날 수도 있음을 이해할 수 있게 해준다.[2]

빅뱅 이론과 양자물리학에 따르면 우주는 어떤 시점에서는 아원자 입자 정도의 크기였을 것이고, 따라서 우리는 아원자 크기의 우주가 아원자 입자들의 일반적인 움직임과 비슷하게 움직였을 것으로 추정할 수 있다. 미시물리학에서 '가상virtual' 입자들은 존재의 경계를 자유롭게 넘나들며 움직인다. 초기의 우주가 한때는 아원자의 성질과 크기를 갖추고 있었기 때문에 우주는 어떤 결정적 원인이 없이 존재하기 시작했을 수도 있었을 것이다. 이 아원자의 영역에서 가상 입자들은 진공 상태에서 존재의 상태로, 말 그대로 '펑'하고 튀어나온다. 그렇기에 초기 우주가 무로부터 시작되었다는 주장도 충분히 가능하다. 빅뱅 자체도 즉흥적이고, 특별한 원인이 없는 진공 파동 vacuum fluctuation이었다.[3] 만일 우주에 외부적 원인이 없었다면 왜 우리는 우주가 창조되었다고 생각해야 하는가?

천체물리학자인 스티븐 호킹Stephen Hawking은 빅뱅 우주가 결코 명쾌하게 정의된 시간적 시작을 갖지 않는다고 주장하면서, 우리 갈등 입장에 중요한 동력을 더했다. 호킹은 직선적이고 비가역적인 시간은 오직 시공간의 그물에서만 점진적으로 등장한다는 점을 근거로, 명확하게 정의된 첫 순간은 결국 존재하지 않는다고 주장했다. 만약 그것이 사실이라면, 제1원인도 존재하지 않을 것이다. 그리고 우주에 명확한 시작이 없다면 창조주가 필요한 이유가 무엇인가?⁶ 우주는 우연히 존재했을 뿐이다.

분리

신앙을 가진 사람들에게 창세기의 창조 기사는 단순히 어떻게 우주가 시작됐는지에 대한 우주론적 호기심을 만족시키기 위한 이야기가 아니다. 성서의 의미는 과학이 포착할 수 있는 것 이상을 담고 있다. 성서는 인간에게 과연 우리의 삶에 의미를 부여해줄 만한 실제적인 소망의 근거가 있는지에 대해 직접적으로 묻는다. 창조신학 담론에서 핵심은 우리가 실재reality와 우리 존재의 중요성을 신뢰할 만한 궁극적인 이유가 있는지의 여부다. 앞에서 살펴본 것처럼 과학적 자연주의자들은 창조론의 중요한 포인트를 완전히 놓친다. 즉, 그들은 신학적 믿음을 과학적 이론으로 오해한다. 신학의 임무와 성서의 의미를 과학적 탐구의 영역과 혼동하는 것은 갈등 입장에서 저지르는 전형적인 실수다.

분리 입장은 빅뱅 이론이 신앙과 신학에 어떤 새로운 도움도 주지 않는다고 주장하는 점에서는 갈등 입장에 동의한다. 많은 신앙인들이 과학적 발견으로부터 신학적 의미를 찾으려는 잘못된 시도를 하지만, 이것은 갈등 입장에서 말하듯이 혼란을 야기할 뿐이다. 분리 입장의 목적은 신학과 과학을 철저하게 분리시켜 양측의 충돌 자체가 일어나지 못하게 방지하는 데 있다. 분리 입장은 과학과 신학 모두를 전적으로 존중하며, 따라서 둘 사이에 피상적인 다리를 놓아 각 분야의 순수함이 훼손되는 것을 거부한다.

과학적 탐구가 미래에 얼마나 많은 새로운 통찰을 제공하든지 간에, 과학이 답할 수 없는 질문들은 여전히 존재할 것이다. 도대체 왜 무엇인가가 '존재'하는가? 왜 우리는 우주를 이해할 수 있는가? 왜 우리는 진리를 추구해야 하는가? 우리 삶의 의미는 무엇인가? 우주에는 목적이 있는가? 왜 우리는 책임감 있게 행동해야 하는가? 과학은 본질상 이런 질문들에 대해 대답하고자 시도할 수도 없다. 답변을 시도하려 하는 것은 과학을 일종의 유사신학pseudo-theology으로 만들어버릴 것이다. 과학자들도 우리와 같은 인간이기 때문에 개인적으로는 그런 질문들을 던져볼 수도 있지만, 그런 질문들은 과학적 답변을 허용하지 않는다. 어떤 관찰 가능한 증거들도, 어떤 정량적 답변들도 우리의 종교적 사고를 만족시킬 수 없다.

따라서 빅뱅 우주론이 과학계를 평정했다 하더라도, 이 사실은 이미 하나님의 창조성과 새롭게 하시는 능력을 믿고 있는 우리에게는 어떠한 새로운 위안도 주지 못한다. 우리는 결코 우리가 믿는 창조 신학의 타당성을 모래 위에 서 있는 듯한 자연과학 이론과 동일선상에 놓아서는 안 된다. 비록 빅뱅 우주론이 세상의 시작에 대한 성서적 설명을 지지하는 듯 보인다 하더라도, 우리는 빅뱅 우주론에 대해 과학적으로 감명을 받지, 신학적으로 감명을 받는 것은 아니다. 만약 우리가 내일 신문에서 빅뱅 이론이 과학적으로 폐기되었다는 소식을 들어도, 그것이 우리의 신앙과 신학을 방해하는 일은 결코 없을 것이다. 그러므로 신학적으로 말하면, 우리는 프레드 호일Fred Hoyle의 정상 우주론steady-state cosmology이나 미래에 펼쳐질 그 어떤 우주론과 비교해서 빅뱅 우주론에 더 열광하는 것은 아니다. 마치 신학이 과학적 정보를 제공하는 데에 아무런 도움이 되지 않는 것처럼, 오래된 우주론이든, 최신 우주론이든, 그 어떤 우주론도 종교적인 질문에는 답할 수 없다.

그렇다면 창조신학은 도대체 어떤 의미가 있는가? 다양한 의미들을 제시할 수 있지만, 여기서는 "도대체 왜 무엇인가가 존재하는가?"라는 질문에 집중하려고 한다. 이것은 과학적인 질문이 아니고, 심지어 대부분의 과학적 회의론자들도 동의하듯이,[5] 과학은 이에 답할 수도 없다. 창조라는 신학적인 개념은 물리적이고 연대기적인 시작의 개념이 아니라, 어떤 것이 존재한다는 경이로운 사실 그 자체에 대한 개념이다. 우리 인간을 포함한 모든 유한한 존재들은 자신들을 초월하는 무엇인가에 의존해 존재한다. 그렇다면 우주도 그렇지 않겠는가? 신적 창조 교리는 과연 우주가 스스로를 설명할 수 있는지에 대한 답변이다. 그러나 과학과는 다르게 신학은 우주의 첫 물리적인 원인을 찾지 않는다. 왜냐하면 그 원인도 유한한 인과율의 한 부분에 불과하기 때문이다. 대신에 신학은 거대하지만 여전히 유한한 우주를 포함해, 모든 유한한 존재들이 왜 존재하는지에 대한 '충분한 이유'를 찾는다. 이는 신학자 폴 틸리히Paul Tillich가 '존재의 근원Ground of Being'이라 부르기도 했던 개념이다.[6] 우리는 이 존재의 근원을 '하나님'이라고 부른다. 그리고 우리는 과학이 이 주장을 무력화할 만한 어떠한 증거도 갖고 있지 않다고 확신한다. 과학은 미래에도 결코 그렇게 하지 못할 것이다.

의심할 여지 없이, 빅뱅 이론은 물리 우주를 이해하는 의미 있는 과학 이론이지만, 이 이론이 창조 교리와 혼동되어서는 안 된다. 창조 교리는 유용한 과학적 정보들을 제공하지는 못하지만, 우주가 언제 어떻게 시작되었는지에 상관없이, 우리에게 우주가 신적인 사랑의 값없는 선물임을 상기시킨다. 창조신학은 우주가 존재한다는 놀라운 사실 자체에 대해 우리가 감사하도록 이끈다. 빅뱅 이론이나 그 어떤 우주론적 이론들도 이보다 더 우주의 경이로움에 집중하게 하지는 못한다.

창조신학은 또한 우주를 무로부터 창조한 하나님이 죽은 자들을 살리시고 우리 인생에 영원한 의미를 주실 수 있는 분이라는 사실을 시사한다. 그렇기에 우주가 어느 순간에 시작되었는지에 대한 논의는 사실 진정한 신앙과는 무관하다. 어떤 종류의 우주이든지, 그 우주는 여전히 존재하는 것들에 대한 영원하고 초월적인 **근원**이 필요하다. 비록 우주가 어느 순간에 **시작되었다고** 하더라도, 우주가 지금까지 존재할 수 있었던 이유는 하나님께서 계속해서 보존해주셨기 때문이다. 우리의 창조신학의 관심은 세계의 순전한 **존재성**existence에 있지, 세계의 연대기적 기원에 있지 않다. 스티븐 호킹이 뛰어난 과학자이기는 하지만 신학자는 아니다. 그가 우주에 명확한 시작이 없다면 창조주의 필요성도 사라진다고 말했을 때, 그는 초점을 완전히 비껴간 것이다. 13세기의 위대한 철학자 토마스 아퀴나스Thomas Aquinas가 가르쳤듯이 (비록 아퀴나스 자신은 시간적 시작이 있다고 믿기는 했지만) 창조신학은 우주에 시간적 시작이 있다는 추정에 의존하지 않는다. 심지어 영원한 우주라고 하더라도 그 우주의 존재는 무한하고 풍성하며 헌신적인 사랑의 하나님에게 여전히 의존해야 하기 때문이다.

마지막으로, 우주가 저절로 생겨날 수 있다는 양자 우주론 역시 하나님께서 세상을 창조하셨다는 믿음을 전복시키지 못한다. 비록 극도로 작은 초기 우주가 양자 진공 상태에서 저절로 튀어나왔다고 하더라도, 여전히 중요한 질문은 해결되지 못한 채로 남아 있다. 도대체 왜 양자 진공이나 가상 입자들과 같은 존재들이 거기에 존재하는가? 진공vacuum을 '무'로 대치하는 것은 과학적 회의론자들이 유신론적 신앙을 깎아내리기 위해 시도하는 무의미한 단어 놀음에 불과하다.[7] 양자 진공이나 수학적인 '0'을 '무'와 동일시하는 것은 상당히 어리석은 일이다. 초기 우주적 조건들이 아무리 수학적으로 또는 물리적으로 미묘하다 하더라도, 여전히 거기에는 어떤 **존재** 양식이 가

담한다. 그렇지 않다면 물리학자들이 그것들을 언급하거나 그에 대한 수학적 수식들을 상술하는 것 자체가 불가능할 것이다. 신학적으로 말해서 우리의 종교적 호기심을 자극하는 것은 사물의 순수한 존재 그 자체라고 할 수 있다.

대화

분리 입장은 갈등 입장의 좁은 과학주의에 대한 분명한 대안을 제시한다. 분리 입장은 빅뱅과 하나님의 창조를 동일시하려는 강한 유혹에 제대로 저항했다. 하지만 불행히도 분리 입장이 추구하는 신학과 과학의 철저한 분리는 또 다시 생산적인 대화의 가능성을 잘라버린다. 우리 대화 입장은 현대 과학의 풍성한 발견들이 언제나 신학적 의미를 내포한다고 생각한다. 우리가 동의하듯이 과학은 계속해서 변하지만, 몇몇 과학 이론들은 시간의 시험을 계속 통과할 확률이 높다. 예를 들어 코페르니쿠스의 지동설이 뒤집히거나, 지구 평면설이 과학계를 지배하는 일이 일어날 확률은 거의 없을 것이다. 빅뱅 우주론이 뒤집힐 가능성도 거의 없다. 물론 과학자들이 빅뱅 이론을 계속해서 수정하고 발전해나갈 것은 자명하지만 말이다.

따라서 우리는 빅뱅 우주론과 같은 과학적 개념들과 창조신학 사이에 대화와 상호작용을 위한 포인트를 찾고자 한다. 대화 입장은 신학을 당대의 우주론에 직접적으로 연결시키지는 않지만, 현대 과학의 우주 이해가 새로운 방식으로 신학에 활기를 불어넣을 수 있다고 본다. 결론적으로 대화 입장은 성서 창조 기사에 대해 빅뱅 우주론이 제공하는 유익을 받아들인다.[8]

우리는 적어도 네 가지 이유로 빅뱅 우주론이 신학적으로 중요하다고 믿는다. 가장 중요한 첫째 이유는, 무엇보다 빅뱅 과학이 우리로 하여금 우주를 일종의 **이야기**story로 생각할 수 있도록 돕는다는 것이다. 근대를 지나는 동안 우리는 자연의 드라마적인 특징을 잊어버리고 있었다. 철학자 칸트Immanuel Kant의 영향을 어느 정도 받아, 우주는 단순히 인간의 존재와 행위의 배경background에 불과한 것으로 간주되었다. 우주는 인간의 정신이 과학적 방법을 통해 직접적인 초점을 맞추는 전적인 대상이 아닌, 인간 드라마의 배경으로 전락해 버렸다.[9]

아인슈타인과 빅뱅 우주론 이전에는 우주가 근대 신학에서 전혀 관심을 받지 못했다. 인류는 우리 각자가 얼마나 밀접하게 우주의 이야기에 연관되어 있는지를 깨닫지 못했다. 분리 입장은 심지어 지금도 여러분이 우주에 속해 있지 않다고 여러분을 설득하려 하고 있다. 분리 입장은 개인적 변화의 드라마에는 관심이 있지만, 우주적 변화의 드라마에는 관심이 없다. 그러나 대화 입장은 빅뱅 우주론의 중대한 함의implication가 우리를 더 큰 우주 이야기의 한 부분이라는 점을 깨닫도록 초대한다는 데 있다고 생각한다. 우리가 자연과 이야기로 밀접하게 연결되었다는 사실은 우리가 신, 인간의 운명, 그리고 전 피조물에 대해 현재 어떻게 생각하고 있는지에 대한 함의를 지니고 있다. 앞으로 이 책을 통해 이 함의들 중 일부를 살펴볼 것이다.

둘째로, 빅뱅 우주론은 우리에게 우주가 여전히 **만들어지고 있는 중**이라는 사실을 시사하는데, 이는 신학적으로 중요하다. 신학적 관점에서 우주의 창조는 아직 완성되지 않았다. 특히 지질학, 진화생물학, 천문학과의 대화를 통해, 대화 입장은 창조가 여전히 진행 중이라는 점을 진지하게 받아들인다.

이것이 중요한 이유는 우리가 완성되지 않은 우주에 살고 있다는 사실 자체가, 그동안 우리가 중요하게 생각하던 모든 질문들을 다른 관점에서 보게 해주기 때문이다. 이는 특히 종종 등장하는 고통과 악의 문제에도 적용될 수 있다. 만약 우주가 여전히 만들어지고 있는 중이라면, 우리는 현재 상태의 우주가 완성된, 또는 완벽한 모습을 지니기를 기대할 수 없다. 따라서 우주에 어둡고 비극적인 면이 있다는 것이 그리 놀랄 일은 아니다. 그러나 동시에, 완성되지 않은 우주는 계속해서 새로운 미래에 대한 희망을 품게 한다. 비록 완성되지 않은 우주가 불완전한 우주이기는 하지만, 앞으로 다가올 놀라운 결과를 계속해서 잉태하고 있다.

생물학적 진화 개념과 결합되면서, 빅뱅 우주론은 세계가 매일 새롭고, 여전히 창조적 미래에 열려 있다는 것을 암시한다. 테야르 드 샤르댕은 다음과 같이 주장했다. "창조는 결코 멈추지 않았다. 창조적 행위는 전체 시간에 걸쳐 계속되는 거대한 몸짓이다. 창조적 행위는 지금도 계속되고 있다. 인지할 수는 없지만 끊임없이 세계는 무엇인가를 계속 만들어내고 있다."[10] 다른 말로 하면, 우주는 여전히 그 **보다 더 나은 모습**이 될 수 있는 것이다. 우주는 소망과 약속의 장소 이고, 따라서 아브라함 신앙 전통과 잘 어울린다. 만약 여러분이 왜 창조주가 처음부터 완성되지 않은 우주를 창조했는지에 대해 궁금 하다면, 그러지 않았을 경우를 주의 깊게 생각해보면 된다. 처음부 터 완벽한 창조는 미래를 향한 어떠한 가능성도 제거하게 된다. 모든 것은 고정되었고 완성되었으며, 새로운 무엇인가가 발생할 가능성 은 전혀 존재하지 않는다. 처음부터 완벽한 창조에서는 자유도 허락 되지 않는데, 모든 것이 특정한 장소에 영원히 고정되어 있을 것이기 때문이다. 생명은 열린 미래를 먹고 자라는 분투의 과정이기에 처음 부터 완벽한 우주에서는 심지어 생명도 존재할 수 없다. 직설적으로 말하면, 완성되지 않은 우주 외에 다른 신학적 대안은 실제로 존재하 지 않는다.[11]

새로운 창조를 향해 열려 있는 미래에 대해 신학적으로 고찰하면 서 우리는 또한 빅뱅 우주론이 '같은 것의 영원한 반복'이라는 개념 도 배제한다는 것을 강조할 필요가 있다. (특히 19세기 프리드리히 니체 에 의해 주창된) 이 극히 우울한 영원회귀 사상은, 만일 물질이 영원하 고 우주가 영원하다면 모든 사건은 주기적으로 반복된다는 사상이 다. 만일 모든 사건이 주기적으로 반복된다면, 반복의 주기가 얼마나 길든지 상관없이 결국 완전히 열려 있고 자유로운 미래는 불가능할 수밖에 없다. 이 닫힌 우주에서는 동일성sameness 만이 최종적 선언일 것이다. 그러나 과학은 빅뱅이 시간적으로 반복될 수 없음을 보여줌으로써 우리의 미래를 열어놓았다. 큰 틀에서 보면, 뒤로 돌아갈 수 없기에 미래는 언제나 새로운 발자국이다. 오늘날의 과학은 분명 고대의 비극적인 운명론이나 근대의 유물론과 합치되지 않는다. 빅뱅 우주는 성서적인 언약의 개념을 이해하는 데 완전히 열려 있다.

셋째로, 빅뱅 우주론은 그동안 전통적인 신학이 해왔던 것보다 더욱 명확하게 **인간의 창조성을 위한 공간**을 마련한다. 과학은 우주가 완성되지 않은 상태로 존재한다는 것을 보여주었고, 따라서 여전히 수행되어야 할 일들이 남아 있다. 대화 입장은 인간의 영성을 이해할 때, 인간이 현재 진행되고 있는 우주적 창조에 조금이나마 이바지할 수 있다는 점을 매우 중요하게 생각한다. 우리는 수동적인 운명의 꼭두각시가 아니다. 우리는 적어도 지구에서 합력해 새로운 세계를 만들어갈 기회를 갖고 있다. 만약 우주가 여전히 만들어지고 있는 중이라면, 이것은 우리가 이 창조의 과정에 참여할 수 있고, 과학 이전의 신학이 결코 즐길 수 없었던 인간의 소명을 이해할 수 있다는 것을 뜻한다. 이 완성되지 않은 우주라는 새로운 개념은 인간의 노력과 성취를 위한 매우 신선한 미래를 열어준다. 과학은 신앙과 신학을 새롭게 할 수 있다.

물론 우주론자들은 결국 빅뱅 우주가 대동결에 도달하고 더 이상 생명체를 품지 못하게 될 것이라고 예측한다. 이 진지한 주제에 대해서는 죽음을 다룰 때 자세히 논의할 예정이다(10장 참고). 그러나 우리는 아직 만들어지고 있는 우주에 대한 자각이 그 어느 때보다 인류 정신의 창의성을 자극했다고 생각한다. 심지어 진화가 지금까지 발견해낸 우주적 창조성의 연장인 '트랜스휴머니즘transhumanism'의 가능성도 생각해볼 수 있다. 만약 이 인간 창조성의 연장이 선goodness의 범위를 보존하고 확장하며, 소망, 사랑, 겸손의 덕목들에 의해 동기를 부여받는다면, 신학은 새롭고 전례 없는 존재의 탄생으로 이어지는, 디지털 시대의 가속화하는 창조성과 복잡성의 연장을 배제할 필요가 없다. 유전학, 나노 기술, 로봇 기술, 컴퓨터과학, 그리고 인지과학의 연구들은 위험하며, 쉽게 끔찍한 결과로 이어질 수도 있다. 그러나 대화 입장은 적어도 원칙적으로는 이런 연구들이 신학적으로 중요하다고 주장한다. 인간의 기술은 우주의 계속되는 창조에 긍정적으로 기여할 가능성을 지니고 있다.

넷째로, 빅뱅 우주론을 도출했던 과학적 탐구는 대화 입장의 관심과 일치하는데, 그 이유는 과학적 설명이 **기원에 대한 보편적인 인류의 질문**과 일치하기 때문이다. 비록 빅뱅 이론과 창조신학을 구분하는 분리 입장의 가치는 인정하지만, 인류의 기원에 대한 열정적인 종교적 질문은 현대 과학자들의 우주 기원을 향한 질문으로부터 완전히 구별될 수는 없다. 우주의 뿌리를 찾고자 하는 과학적 탐구의 동인은 대부분 인간 의식의 신화적인 성향으로부터 계속해서 나온다. 우주의 기원을 궁금해하는 과학자들의 호기심은, 어떻게 무엇인가가 태초에 존재했는지, 왜 무엇인가가 지금의 모습이 되었는지를 질문하는 계속되는 인류의 호기심으로부터 완전히 분리될 수 없다. 천문학자들, 지질학자들, 생물학자들은 기원에 대한 고대의 신화적이고 종교적인 관심에 얼마나 많이 개인적으로 의존하는지를 인정할 정도의 솔직함이 필요하다.

한 가지만 더 언급한 후 과학과 창조 교리의 관계에 관한 토론의 결론을 맺고자 한다. 대화 입장은 유대교인, 이슬람교인, 기독교인의 창조 신앙이 전반적인 현대 과학의 탐구와 조화를 이룰 뿐만 아니라, 현대 과학을 지지한다고 본다. 현대 과학이 시작되기 전에도, 이 세계가 하나님의 우발적인contingent 창조의 산물이라는 창조신학이 수세기 동안 서구인들의 마음속에 이미 퍼져 있었다. 세계가 '우발적'이라는 말은, 세계가 존재할 필요가 전혀 없었음을 뜻한다. 세계는 분명 존재하지만, 신앙인들에게 이 세계의 존재와 세계의 독특한 특성은 하나님의 선하심에 의존한다. 이 우발적 우주에 대한 신학적 이해는 실험적인 연구와 과학적인 방법이 가능하게 하는 근거를 제공한다. 이는 우주가 영원하며 창조되지 않았다고 이해한 고대 사상에서는 불가능한 일이었다.[12]

이 모호한 주장을 이해하기 위해서, 우선 우주가 창조되지 않았고 '단지 존재한다'고 가정해보자. 최근까지도 많은 철학자들은 세계가 필연적으로 존재한다고 생각했다. 앞에서 살펴본 것처럼 아인슈타인도 한동안 그렇게 믿고 있었다. 그러나 만약 우주가 영원히, 그리고 필연적으로 존재한다면 그 우주가 어떤 우주일지에 대해서는 아무런 선택의 여지가 없다. 아인슈타인에게 많은 영향을 끼친 철학자인 스피노자Baruch Spinoza가 주장한 것처럼 우주가 필연적으로 존재하는 것이라면, 우주는 지금 우리가 보는 것 외에 다른 모습이 될 수 없었을 것이다.

그러나 만일 그렇다면, 현대 과학을 태동시킨 경험적 방식, 즉 우주를 이해하려 시도하기 전에 우주를 먼저 **살펴볼** 필요가 있다는 것은 아무런 가치가 없게 된다. 왜냐하면 우주가 필연적이라면 우리는 단순히 책상에 앉아서 논리적으로 그것을 추론하는 것만으로도 그 원리를 파악할 수 있기 때문이다. 경험적인 관찰과 현장 연구는 불필요했을 것이다. 우주가 영원히 존재했다고 믿었던 과거의 사상가들은 우리가 세계를 이해하기 위해서 세계를 직접 봐야 한다고 주장하는 것을 이상하게 생각할 것이다. 예를 들어 17세기 초, 갈릴레오가 자신의 새로운 망원경으로 하늘을 관측하기 시작했을 때, 동시대에 살았던 몇몇 아리스토텔레스주의 철학자들은 갈릴레오의 관찰 결과를 진지하게 받아들이지 않았다. 그들은 물리학이 실험적이기보다는 순수하게 이론적이라고 생각했기 때문이다.

그러나 만일 창조 신앙이 전제하는 것처럼 우주가 하나님의 자유로운 창조의 결과라면, 이것은 우주가 반드시 존재해야 할 필요는 없다는 것을 의미한다. 마찬가지로 우리 우주가 지금과 같은 모습을 지녀야 할 필연적인 이유도 없다. 그렇기에 우리는 순수한 추론을 통해서는 자연 세계를 이해할 수 없다. 우리는 우리의 좁은 방을 떠나 밖으로 나가, 자연 세계를 **경험해야** 한다. 즉 우리는 현대 과학의 방식대로 자연을 경험적으로 조사해야만 한다.

결론적으로 아브라함 신앙 전통은 자연 세계와 그 특성이 창조주 하나님의 전적으로 자유로운 행위의 결과임을 믿는다는 점에서, 고대와 현대의 유물론적 철학과는 상당히 구별된다고 볼 수 있다. 아브라함 신앙의 관점은 대화 입장이 주장하듯이, 이 세계를 탐구하면서 찾아내는 사실들로 인해 우리를 놀라게 한다. 그러므로 경험적인 방법과 과학적인 탐구가 꽃 피고 번창하게 되는 것은, 바로 아브라함 창조 신앙에 의해 자리 잡은 지적·문화적 환경 안에서 가능하다. 과학은 대부분의 지식인들이 오늘날 인지하는 것보다 훨씬 많은 부분을 신앙과 신학에 빚지고 있다.

6장

화학만으로 생명을
설명할 수 있는가?

갈등

그렇다. 생명은 화학 원소들과 전적인 물리 과정으로 환원될 수 있다. 이것이 바로 이번 장의 질문에 대해 과학이 대답할 수 있는 유일한 것이다. 처음에는 아무리 불가사의하게 보여도, 복잡한 유기체를 포함해 우리가 마주하는 그 어떤 실재도 결국 맹목적인 물리 법칙에 의해 지배되는 물질 단위로 분해될 수 있다. 생명은 화학적 과정으로 환원될 수 있고, 결국 화학은 물리학으로 환원될 수 있다. 이 가정에 반대한다면 여러분은 그저 과학의 진보에 방해가 될 뿐이다. 만약 여러분이 생명에 대한 신비롭고 비물리적인 '설명'에 조금이라도 마음을 연다면, 여러분은 진리의 적이 될 것이다.

사람들은 종종 우리의 관점을 '환원주의reductionism'라고 부른다. 비록 환원주의라는 말이 다양하게 해석될 여지는 있지만, 과학과 신앙의 관계에 대해 갈등 입장을 취하는 우리들 대부분은 환원주의라는 용어를 기꺼이 받아들인다. 아무튼 프랜시스 크릭이 정확하게 표현했듯이 환원주의는 "현대 과학의 눈부신 발전에 크게 기여했다."[1] 프랜시스 크릭은 제임스 왓슨James Watson과 함께 DNA의 이중 나선 구조를 발견함으로 생명에 대한 우리의 전반적인 이해에 혁명을 일으킨 20세기의 저명한 과학자다. 다른 많은 과학자들의 도움으로, 크릭은 생명이 순전히 물리적이고 화학적인 기반을 가지고 있다는 것을 결정적으로 증명했다. 진핵 세포eukaryotic cells의 핵에 있는 DNA 분자는, DNA로 인해 생긴 유기체의 형태와 특성을 결정한다. 크릭은 "최근 생물학에서 일어나는 움직임의 궁극적 목표는, 모든 생명을 화학과 물리학의 용어로 설명하는 것"[2]이라고 말한다. 앞으로 살펴보겠지만 이는 우리 환원주의 프로그램을 잘 드러내는 공식이다.

그렇다면 이제 우리가 할 일은 신비주의에 의존하지 않고, 물체things를 물리적이고 화학적으로 설명하려는 노력을 서슴지 않는 것이다. 우리는 과학적 자연주의자들이기에 과학적으로 탐구하지 못할 영역은 없다. 우리는 과학이 생명뿐만 아니라 지능, 윤리, 종교를 온전히 유물론적이며 원자론적으로 설명할 수 있다고 믿는다. 다시 말해 우리의 목적은 우주를 온전히 '이해하기 쉽게 설명해주는 것'이다. 생명을 설명하기 위해 신에게 의지하려는 생각은 특히 과학적 지식의 진보와 대립된다. 결론적으로 우리는 다시 한번 신앙과 과학은 충돌한다는 결론을 내릴 수밖에 없다.

우리의 환원주의적 사상이 전례가 없는 것은 아니다. 소크라테스 이전의 그리스 철학자 데모크리토스Democritus는 모든 실재가 '원자atoms'와 '빈 공간the void'으로만 구성되어 있다고 주장했다. 그의 유물론적 원자론은 우리에게도 여전히 큰 시사점을 안겨준다. 이처럼 우주에 대한 원자론적 설명은 우리가 지적으로 거부할 수 없을 정도로 완전히 옳은 것 같다. 그렇다면 우리의 목표는 생명을 불가해한 신비로 보는 그 어떤 감각도 제거하는 것이다. 물론 생명의 진화 과정에서 점차 복잡한 존재들이 등장했지만, 그 존재들은 신의 피조물이 아니다. 최종적 분석을 통해 그 존재들은 모두 수학적 용어로 이해될 수 있는 화학 원소와 비인격적인 물리 과정으로 환원될 수 있다.

그러므로 우리는 생기론vitalism을 받아들이지 않는다. 생기론이란 무생물을 생명체로 변화시키기 위해서는 신비한 비물리적인 힘이 필요하다는 믿음이다. 여전히 주위에는 소수의 생기론자들이 있지만, 더욱 정교해진 화학적·물리적 분석 앞에서 그들의 수는 나날이 줄어가고 있다. 생기론뿐만 아니라 신앙과 신학의 세계 전체가, 생명의 온전한 물리적 근거를 발견함으로써 완전히 불필요하게 되었다.

의심의 여지없이 오늘날 물리학은 생명이 환원되는 물리적 요소들이 고대 원자론자들과 현대 유물론자들이 추측해온 것보다 훨씬 더 미묘하다는 것을 보여주었다. 그럼에도 불구하고 지식인들은 이제 유물론적 환원주의materialist reductionism, 즉 '물리주의physicalism'가 생명 현상을 이해하기 위한, 유일하게 타당한 접근법이라는 사실을 깨닫게 된다. 환원주의는 17세기부터 과학에 의해 추진력을 얻어 지금에 이르고 있다. 갈릴레오, 데카르트, 뉴턴의 과학은 우주 전체를 물리적 입자와 기계 장치로 전환하기 시작했다. 하지만 근대 초기 사상가들이 자신들의 머릿속에서 자연 세계에 대해 불가사의한 '힘forces'과 초자연적인 매개체supernatural agency를 내쫓기 시작할 때까지, 과학은 시작되지 않았다고 볼 수 있다. 그러므로 오늘날의 과학은 생명을 이해하는 데 있어서 모든 신비주의적 흔적들을 계속해서 지워나가야 한다.

19세기에 물리학자들은 열역학 법칙을 발견함으로써 생기론과의 전쟁에 힘을 보탰다. 열역학 법칙은 에너지의 변형과 보존에 관한 법칙이다. 잘 알려진 열역학 제2법칙에 의하면, 우주는 질서에서 무질서로 비가역적으로 움직이는 에너지의 흐름으로 설명될 수 있는데, 이 과정은 결국 모든 생명과 의식이 최종적으로 없어지게 될 때까지 이어진다. 이러한 에너지의 흐름은 '엔트로피entropy'*로 알려져 있다. 이것은 생명이 원리상으로도, 그리고 실제로도 무생물로 환원될 수 있다는 것을 분명히 암시한다. 생기론자들은 세포와 유기체에서 볼 수 있는 물질의 복잡한 구성이 물리적 무질서로 향하는 자연의 전반적인 엔트로피의 움직임에 반대되는 생명력의 증거라고 주장한다. 그러나 훌륭한 과학자들은 이제 생명이 열역학 제2법칙을 위반한 것이 아니라, 이 법칙을 잘 표현한다는 사실을 깨닫는다.[3] 물리적 복잡성이 증가되는 방향으로 진화가 이뤄지는 경향은 전 물리적 환경에서 질서의 순손실이라는 대가를 치른다. 결국 물리학과 화학의 법칙들은 서로를 침해하지 않으며, 이 법칙들은 모든 생명체의 존재와

---

* 엔트로피는 물질의 열역학적 상태를 나타내는 함수 중 하나로, 열역학 제1법칙(에너지보존법칙)만으로 자연현상을 설명하기가 충분하지 않자 등장했다. 열역학 제2법칙은 고립계에서 엔트로피는 절대 줄어들지 않는다는 법칙으로, 엔트로피가 높을수록 무질서도도 높다. 오랜 시간 후에 엔트로피는 최대의 상태에 도달할 것이고, 이 때에는 생명이 유지될 수 없는 극한의 무질서의 상태, 즉 열역학적 종말의 상태(열사, heat death)가 될 것이다.

속성을 설명하기에 충분하다.

또한 19세기에 우리의 환원주의 프로그램은 다윈의 진화 이론의 출현과 함께 가장 중요한 승리를 얻게 된다. 진화생물학은 광대한 시간에 걸쳐 무생물에서 점진적으로 나타나는, 살아 있는 복합체로의 진화를 우리에게 제시한다. 생명의 출현은 생명이 없는 분자와 원자 상태의 실재와 계속적인 연속선상에 놓여 있다. 자연이 펼쳐지는 과정에는 어떠한 자연 법칙의 급격한 중단도 없다. 그 후 20세기에 크릭과 왓슨 같은 학자들은 결정적으로 생명을 물질적 과정으로 환원시켰다. 유전자와 살아 있는 세포에 대한 생화학적·분자적 분석을 통해, 생명의 '비밀'은 어떤 영적이거나 신적인 것이 아니라, 핵산과 아미노산의 구성에 있다는 것을 알게 되었다. 더 이상 신학이 차지할 숨겨진 불가사의나 설명이 필요한 공백이 남아 있지 않다. 신앙의 헛된 추측은 발 디딜 곳조차 없게 된 것이다.

최근에 우리가 반드시 인정해야 하는 것은 과학이 물질의 놀라운 자기조직적 특징self-organizing features에 감명을 받았다는 것이다. 오늘날 우리가 아는 것처럼, 물질은 오직 단순한 몇 가지 계산 원리를 사용해 자발적으로 자기 자신을 세포, 뇌, 군집을 가진 상당히 복잡한 신생 개체로 변화시킬 수 있다. 하지만 신학은 물질을 새로운 조직적인 복합체로 끌어올리기 위해서는, 물질과 무관한 어떠한 신비로운 힘 또는 생명적인 자극이 필요하다고 주장한다. 그러나 우리는 이제 물리적 실재가 전적으로 자기조직적인 자연적 경향을 가지고 있다는 것을 알게 되었다. 우리 중 일부는 진화에서 생명의 출현과 함께 '정보'라고 알려진 요소가 우주에 들어와 있다는 생각에 대해 열려 있다. 하지만 정보는 생명에 대한 순전히 자연적인 요소일 뿐이다. 생명력 없는 물질이 창조적이고 새로운 배열이 되게 하기 위해, 초자연적인 자극이나 개입이 요구되는 것은 아니다. 물질 고유의 불가사의한 자발성과 창조성은 정보 개념과 함께 그 어느 때보다도 신 관념에 호소하는 것을 불필요하게 만들었다.

마지막으로, 우리의 환원주의는 우리가 결국 생명의 **기원을** 화학적이며 물리적으로 설명할 수 있게 할 것이다. 비록 의도하지 않은 사건의 세부적인 내용들이 여전히 과학만으로는 전적으로 설명되지 않지만, 생명의 출현이 순전히 자연스러운 사건이었다는 점에는 의심의 여지가 없다.

분리

언뜻 보기에 환원주의는 어느 정도 설득력이 있어 보인다. 환원주의는 많은 지성인들이 상당히 단순한 방식으로 자연에 대해 생각하도록 유혹해왔다. 환원주의적 설명의 명확성과 경제성은, 복잡한 현상들에 대해 가능한 한 가장 단순한 설명을 찾고자 하는 인간의 깊은 충동에 호소한다. 생명의 이해에 관한 한, 실제적 '갈등'은 신앙과 과학 사이에서 벌어지는 것이 아니라, 생명의 신비는 환원 불가능함을 말하는 신앙의 감각과 환원주의적 유물론 사이에서 벌어진다.

분리 입장은 모든 정립된 과학적 발견들을 받아들이지만, 환원주의는 단호히 거부한다. 그뿐만 아니라 분리 입장은 화학적이고 물리적인 분석에 반대하지 않는다. 과학은 복잡한 개체들을 더 단순한 구성 요소들로 분해하면서 개체에 분석적으로 접근한다. 환원주의는 오직 분석만이 생명체를 충분히 이해하도록 이끌 수 있다는 믿음이다. 환원주의는 과학에 비과학적 신념이 더해진 것이다. 환원주의를 이해하는 핵심은 환원주의가 사용하는 용어, 즉 오직only, 배타적으로exclusively, 그저merely 또는 단지nothing but와 같은 용어들에 주목하는 것이다. 예를 들면 "생명은 단지 화학에 불과하다"와 같은 주장이다. 환원주의자들은 생명과 복잡한 개체들을 이해하는 **유일하게** 적절한 방법이, 그것들을 하위의 세부 사항까지 분해하는 것이라고 믿는 사람들이다. 분리 입장은 이러한 신념을 거부하고, 생명을 이해하는 다양한 입장에 열려 있다.

환원주의는 우리가 일찍이 과학주의, 과학적 자연주의, 유물론이라고 불렀던 신념의 또 다른 측면이다. 이와 같이 환원주의는 과학이 아니라 자연주의적 신념 체계다. 과학주의라는 기반 위에 서 있는 환원주의는 중요하면서도 단호한 틀, 즉 세계관을 제공하는데, 이는 복잡한 우주를 가능한 한 단순한 방식으로 이해하려는 노력의 일환이다. 분리 입장은 화학적 분석이 생명을 이해하는 **한 가지** 방식이라는 점에는 동의하지만, 그것이 유일한 방식이라는 점에는 동의하지 않는다. 분리 입장은 생명을 이해하기 위해서는 신학을 포함해 다양한 길들이 있다고 본다. 이러한 추가적인 설명 방법은 화학적이고 물리적인 분석과 경쟁하는 것이 아니라 서로 보완해주는 것이다. 다시 말하면, 분리 입장은 설명의 다원성을 지지한다. 설명의 다원성은 무엇인가를 이해하기 위해서는 다양한 단계의 설명이 필요하다는 것을 가정한다. 우리는 이러한 접근법을 '계층적 설명layered explanation'이라 부르고, 이 계층적 설명을 억압하는 것을 **환원주의**로 규정하고자 한다. 이에 대해 자세히 살펴보자.

'계층적 설명'에 의하면 우리가 경험하는 모든 것은 한 단계의 이해를 넘어서며, 서로 다른 단계는 서로 경쟁하거나 충돌할 필요가 없다. 예를 들어, 여러분이 지금 읽고 있는 페이지를 살펴보자. 이 페이지가 왜 존재하는지에 대해 여러분은 몇 개의 단계로 설명할 수 있는가? 적어도 세 단계는 필요하다.

> 1단계 : 이 페이지는 인쇄기가 흰 종이 위에 검정색 잉크로 글자를 찍었기 때문에 존재한다.
> 2단계 : 이 페이지는 분리 입장이 생명은 화학으로 환원될 수 있는지에 대에 어떻게 접근하는지를 이 책의 저자가 여러분에게 요약해 설명하려고 하기에 존재한다.
> 3단계 : 이 페이지는 출판사가 이 책의 저자에게 과학과 신앙의 관계에 대한 입문서를 쓰도록 요청했기에 존재한다.

이 세 가지 설명들이 서로 경쟁하지 않는다는 사실에 주목하자. 이 설명들이 상호 모순적이라는 생각 없이도 여러분은 이 세 단계를 받아들일 수 있다. 예를 들어, 이 페이지가 저자가 아이디어를 위해 고뇌하기 **때문이 아니라**, 단지 인쇄기 때문에 존재한다고 말하는 것은 말도 안 된다. 마찬가지로 이 페이지는 인쇄기가 이 페이지에 잉크를 찍었기 **때문이 아니라**, 오직 출판사의 기획 때문에 존재한다고 주장하는 것도 어리석은 일이다. 이러한 세 단계(그리고 그 이상)의 설명은 이 페이지가 왜 존재하는지를 이해하는 데 필수적이며, 각 단계의 설명은 서로 충돌하지 않는다.

이와 비슷하게 화학적 과정이 세포와 유기체의 존재를 설명한다고 주장하는 것은, 신의 무한한 사랑과 관대함으로 생명이 존재한다는 믿음과 논리적으로 충돌하지 않는다. 크릭과 같이, 살아 있는 세포의 존재 비밀이 오직 화학에만 있다고 주장하는 것은 저자의 아이디어**보다는** 인쇄기가 여러분이 읽고 있는 페이지를 설명한다고 말하는 것과 같다. 계층적 설명은 서로 간의 긴장이나 반대 없이, 서로 다른 수준의 설명이 공존할 수 있다는 것을 의미한다. 인쇄기가 이 페이지에 단어와 문장을 인쇄하는 것을 여러분이 발견했다고 해서, 출판사가 이 페이지를 위해 수고한 인과적 역할이 감소되는 것은 아니다. 마찬가지로 화학적 분석이 생명의 존재를 설명한다고 해서, 다른 단계의 설명인 신적 창조성이 결코 배제되지는 않는다.

계층적 설명에 대한 우리의 예시는 생명에 대한 진화론적 설명에도 적용된다. 진화는 생명에 대해 많은 것을 말하지만, 진화적 자연주의자가 신보다는 자연 선택이 생명의 다양성을 더 잘 설명한다고 주장하는 것은, 여러분이 지금 읽고 있는 페이지가 저자의 아이디어나 출판사의 계획에 의해서가 **아니라**, 잉크와 종이의 화학 성분으로 충분히 설명될 수 있다고 말하는 것만큼 비논리적인 주장이다.

분리 입장에서 말하는 것처럼 이 페이지는 검정 잉크가 하얀 종이와 결합할 수 있게 하는 화학적 특성 때문에 존재한다. 하지만 이것은 단지 설명의 여러 단계 중 하나일 뿐이다. 인쇄기의 인과적 역할이나 검은 잉크와 하얀 종이의 결합 특성을 인정한다고 해서, 여러분에게 과학과 신학의 관계를 이해시키려는 출판사의 계획과 저자의 노력과 같은, 더 깊은 단계의 설명들을 배제하는 것은 아니다. 물론 이러한 깊은 인과적 단계는 이 페이지의 화학적 분석만으로는 절대 알 수 없지만, 그 깊은 단계는 분명 왜 이 페이지가 존재하는지를 충분히 이해하기 위해서는 필수적이다. 이처럼 하나님의 사랑과 너그러움은 생명에 대한 화학적 분석에서는 등장하지 않지만, 그렇다고 해서 생명의 존재에 어떤 신적 영향도 없었다는 말은 아니다.

(적어도 유물론자들이 이해하는) 생기론과는 달리 우리 분리 입장은 생명의 화학적 구성의 틈새에서 신의 영향을 찾는 것이 아니다. 우리는 신학을 생명에 대한 화학적·물리적 설명과 경쟁 관계에 두는 것을 거부한다. 계층적 설명에서 각 이해의 단계는 논리적으로 다른 단계와 구별되며, 다른 단계와 연결되거나 다른 단계로 환원될 수 없다. 예를 들어, 여러분이 이 책을 볼 수 있게 하려는 출판사의 의도는 여러분이 인쇄기의 작동을 점검하는 중에 있거나 잉크와 종이의 화학 성분을 검사하는 동안에는 드러나지 않을 것이다. 마찬가지로 여러분이 생화학자라면, 여러분은 생명을 화학적으로 분석하는 단계

에서 신적 개입을 발견하기를 기대해서는 안 된다. 또한 여러분이 진화생물학자라면, 여러분은 자연 선택이 생명의 다양성을 이해하는 **유일한** 방법이라고 주장하는 자의적인 환원주의자들의 주장에 동조해서는 안 된다. 세포 생물학 또는 진화생물학의 단계에서 직접적인 신의 손길이 있었음을 말하는 증거가 없다는 이유만으로, 갈등 입장의 대표자들처럼 하나님이 생명의 주관자라는 신앙의 고백이 틀렸음을 드러냈다고 의기양양하게 결론 내려서도 안 된다.

만약 이 페이지를 설명하기 위해 여러분이 잉크와 종이의 화학적 검사에 관심을 집중한다면, 여러분은 이 페이지에 대한 더 깊은 단계의 의미를 결코 알 수 없을 것이다. 하지만 만일 여러분이 계층적 설명 방식을 받아들인다면, 여러분은 모든 것들을 더욱 풍부하게 이해할 수 있을 것이다. 만일 생명에 대한 이해를 계층적으로 접근하고자 한다면 여러분은 화학적 분석이 배제해야 하는 인과적 요인들causal factors도 고려해야 할 것이다. 심지어 여러분은 생명에 대한 신학적 이해의 여지도 남겨두어야 할 것이다.

마지막으로, 분리 입장은 환원주의가 호기심이 많은 인간의 정신을 지나치게 숨막히게 한다고 본다. 환원주의, 즉 계층적 설명을 억압하는 것은 개방적 사고를 지닌 사람들에게 세상을 너무나 좁게 보도록 만드는 것이다. 우리는 사물 전체 중 극히 일부만이 과학의 분석적 통제의 대상이 될 수 있다고 믿는다. 과학이 우리에게 많은 것을 알려줄 수 있지만, 생명과 여러 현상들에 대한 모든 것에 대해 말할 수는 없다. 우리는 분석을 반대하는 것이 아니라, 어떤 차원의 실재도 분석과학의 범위를 넘어서는 것은 안 된다는 일종의 신념에 반대하는 것이다. 그러한 신념을 요구하는 것은 인간 정신의 광범위한 탐험을 과도하게 제한하는 것이다. 인간의 탐구는 다양한 이해 방법들, 즉 과학과 모순되지 않고 과학과 상호 보완적인 방법들에 의해 영양분을 공급받을 필요가 있다. 이와 같은 영양분의 공급원 중 하나가 바로 신학이다.

그렇다면 왜 그렇게 많은 과학적 사상가들이 환원주의자가 된 것일까? 여기에서 이 문제에 대해 포괄적으로 답할 수는 없지만, 우리가 생각하기에 환원주의가 그렇게 호소력 있는 이유 중 하나는, 환원주의가 자연을 지적으로 지배하는 듯한 황홀한 느낌을 선사하기 때문이다. 다시 말하면 환원주의는 앎에 대한 겸손한 열망에 관심이 있지 않고, 무의식적으로 다른 것에 관심이 있는 것이다. 종교들이 실제적으로 우리에게 가르치듯이, 인간은 정치적으로든, 경제적으로든, 군사적으로든, 지적으로든 전 실재를 자신들의 우월성 아래에 종속시키려는 경향을 항상 가지고 있었다. 환원주의자들은 과학적 분석이 전 세계적으로 인간의 오랜 질문이었던 인지 능력에 대한 질문에 충분히 답한다고 무비판적으로 추정한다. 결론적으로 환원주의자들은 유신론적 신앙을 생명을 이해하는 완전히 구별된 방법으로 받아들이지 않고, 자신들의 환원주의에 대항하는 것으로 받아들인다. 모든 생명의 기초를 이루는 환원 불가능하고 신비적인 신에 대한 신뢰는 환원주의자의 지적 지배 욕구를 위협한다. 진정한 환원주의자들에게 과학 전체의 목적은 우주에 있는 모든 신비의 흔적을 내쫓는 것이다.

하지만 분리 입장에서 보는 진정한 과학은 권력에 대한 의지에서가 아닌, 앎에 대한 겸손한 열망에서 온다. 우리가 환원주의를 거부하는 이유는, 환원주의가 알고자 하는 열망이 아닌 권력에 대한 의지에 근간을 두기 때문이다. 생명을 이해하려는 탐구에 있어서 우리는 화학적이고 물리적인 구조를 발견하기 위해 물체를 들여다보는 과학의 순수한 방법을 응원한다. 우리가 거부하는 것은 '하나의 측면만 보는 것', 즉 끊임없는 생명의 신비를 '단순히' 무생물의 상태로 무정하게 환원시키는 것이다.

대화

대화 입장은 생명을 '다층적으로' 이해해야 한다는 분리 입장에 동의한다. 예를 들어 생명은 화학적 분석, 진화생물학, 그리고 신학적 탐구의 각 단계에서 이해될 수 있다. 이와 같은 다양한 접근 방식들에 차이는 있지만 모순은 없다. 그러나 대화 입장은 또한 각 다양한 단계의 설명들이 어떻게 서로 관련되어 있는지를 탐구하는 것에 관심이 있다. 설명을 위한 다양한 단계들이 있다고 지적하는 것만으로는 충분하지 않다. 따라서 우리는 다양한 단계들이 어떻게 연결되어 있는지를 들여다보고자 한다.

우리는 생명을 새로운 우주 이야기라는 맥락 속에 위치시킴으로써 과학과 신학 사이의 연결 고리를 발견하는데, 새로운 우주 이야기는 우리가 이 책에서 찾고 있는 과학과 신학을 연결시키기 위한 중추를 형성한다. 살아 있는 세포와 유기체들의 구조에 대한 순수한 분석적 이해에 만족하는 것 대신에, 우리가 기대하는 것은 '서사적 정합성narrative coherence'이다. 서사적 정합성이란 생명의 역사를, 생명이 탄생하기 전 수십억 년 동안 존재해온 무생물의 물리적·화학적 과정들과 결부시키는 것이다. 그러므로 대화 입장에 있어서 생명의 출현은 그저 화학적인 사건일 뿐만 아니라 중대한 우주 드라마의 중요한 사건인 것이다. 우리는 생명 이야기의 알파벳, 어휘, 문법뿐만 아니라 그 의미에도 관심이 있다.

비록 분리 입장은 분석 과학과 신학 사이의 차이를 명확히 하지만, 우리는 그보다 훨씬 더 대화적인 접근을 선호한다. 우리는 과학적 분석의 노력에 감사하는데, 특히 과학적 분석이 우주를 길고도 느긋한 여행으로 묘사하기 때문이다. 생명을 원소 단위로 분해하는 것은 사실상 우리를 이 여정의 머나먼 과거로 돌아가게 한다. 현대의 연구실에서 원자나 세포를 분석하면, 수십억 년 전 우주의 모습이 어떠했는지에 대한 청사진을 그릴 수 있다. 이전에는 인간의 이해를 넘어서는 영역이었지만, 오늘날의 분석 과학은 우주가 형성되는 가장 초기의 단계들을 그 어느 때보다 정교하게 묘사한다. 예를 들어 스위스 제네바 근처에 있는 거대한 유럽 입자 물리학 연구소CERN의 입자가속기는 원자 단위를 분해함으로써, 오늘날 우주의 첫 100만분의 1초 동안에 대해 그 어느 때보다 물리적인 조건들을 자세히 들여다볼 수 있게 했다. 이와 같이 세포와 유기체에 대한 전문적 분석은 우리를 인생의 여정 중 가장 초기 사건으로 되돌아가게 한다. 그러한 현대 과학의 분석이 없다면, 우리는 우주에서 벌어지는 자연과 생명에 대한 이야기를 깊이 있게 인식하지 못할 것이다.

또한 설계에서 드라마로의 은유적 전환은 우리가 자연 세계를 분석만으로 바라보지 않고 보다 포괄적으로 이해하도록 도움을 준다. 생명의 원자적·분자적 단계에 대한 서사적 읽기를 통해, 우리는 과학과 신학 모두가 조명해주는 방식으로 화학과 생명의 관계를 이해할 수 있다. 대니얼 데닛같이 근본적인 환원주의자들은 생명을 기계적으로 이해한다. 즉, 생명은 궁극적으로 무생물에 불과하며, 생명을 통해 세포가 화학적으로 분해될 수 있다는 것이다. 하지만 대화 입장은 우주를 단지 환원적으로 보지 않고 서사적으로 본다. 우리의 관점에서 과학적 분석이 드러낸 원자적이고 화학적인 층들은 단지 세포와 유기체들을 구성하는 요소일 뿐만이 아니라, 긴 우주 이야기의 **장들**chapters 또는 **시대들**eras이다. 분석 과학이 생명의 물리적 구조를 탐구할 때 발견하는 아원자, 원자, 분자의 층들은 또한 생명의 극적인 출현을 초래하는 오랜 준비 과정에 대한 역사적 기록인 것이다.

하지만 분석을 통해 드라마에서 펼쳐지는 특정한 장면들의 깊이 있는 의미는, 우리가 그것이 모두 어떻게 드러나는지를 **기다릴** 의지가 있을 때에만 도달할 수 있다. 신앙의 역할은 생명 이야기의 의미가 드러날 때까지 기다리도록 돕는 것이다. 아브라함 전통의 종교들은 현재 우리가 사물에 의미가 있는지, 또는 그 의미가 무엇인지를 결정할 특권을 가지고 있다고 생각하지 않는다. 따라서 대화 입장에 의하면 자연과학은 결코 우리로 하여금 생명이 '단지' 또는 '아무 것도 아닌' 화학에 불과하다고 간단히 단정짓게 만들 수 없다. 환원주의와는 달리 생명에 대한 우리의 서사적 의미는 비록 현재 우리의 영역을 초월하지만, 진정으로 중대한 무엇인가가 생명과 우주의 드라마에서 벌어지고 있을 가능성을 열어둔다. 신앙의 역할은 언약과 소망을 붙잡고, 우리의 생각과 마음을 앞으로 드러날 새롭고 더 깊은 서사적 정합성에 열어두는 것이다. 생명의 드라마가 계속 전개될 때, 신앙은 우리로 하여금 놀라움에 대해 계속해서 열려 있게 한다.

그러므로 생명을 이해하기 위해 우리가 찾을 것은, 분석적 정확성 (물론 이것도 중요하다)이 아니라 서사적인 의미다. 우리는 여기에서 연극을 관람하거나, 영화를 보거나, 소설을 읽을 때와 같은 종류의 만족감을 찾게 된다. 그럴 때 우리는 이전에 이해할 수 없는 모든 사건들이 하나로 합쳐지고, 드라마가 그 의미를 드러내기 시작하는 순간을 맛본다.

마찬가지로 우리는 현재 진행중인 생명의 드라마에 참여하고 있기 때문에, 생명의 의미에 대해 예측만 하거나 모호하게만 알 수도 있다. 만약 생명의 드라마가 의미를 가지고 있다면, 우리는 오직 미래의 지평선에서만 그 의미가 드러나는 것을 볼 수 있을 것이다. 신앙은 희망을 갖도록 격려하며, 우리의 마음이 미래로 향하게 하는 데 없어서는 안 될 기능을 수행한다. 그러므로 신앙은 이해 불가능한 요소가 아니라, 과학과 더불어 생명이 도대체 무엇인지를 이해하는 데 필수적인 요소다.

　대화 입장은, 앞에서 언급했듯이 생명이 아직 진행 중인 우주 드라마의 일부라는 사실을 깨닫는 것에서 시작한다. 과학적 분석은 생명이 진정 무엇인지에 대해 말할 수 없다. 더욱이 대화 입장은 세포와 유기체에 접근하는 환원주의자들의 기계론적 또는 건축학적인 관점이, 생명은 단지 화학에 불과하다는 그릇된 믿음을 초래할 수 있다는 것을 인식한다. 하지만 우리의 드라마적인 관점은 우주가 결코 생명이 결여된 상태가 아니라고 주장한다. 생명의 드라마는 38억 년 전이 아닌, 137억 년 전에 시작된 것이다. 자연에 **본질적으로** 생명이 없다는 개념은 자연의 드라마를 광범위하게 보지 못하는 정체된 환원주의의 산물이다.

　생명을 무생물 성분으로 분해시킬 때, 과학적 분석은 사실상 우리를 '결잃음de-coherence'*을 증가시키는 방향으로 시간을 거슬러 올라가게 한다. 과학적 환원은 원소들이 세포의 형태로 뭉쳐지기 훨씬 이전으로, 또한 생명의 분자들이 형성되기 이전으로, 심지어는 수소와 헬륨 원자들 이전의 시대로 거슬러 올라가, 생명 이전의 오랜 우주의 과거를 드러낸다. 분석은 원소의 초기 분산 또는 분열의 방향으로 우리를 이끌어간다. 따라서 결맞음coherence을 찾으려면 단순한 분석

---

* '결잃음(de-coherence)'은 양자역학에서 한 양자계가 외부와의 상호작용을 통해 결을 잃게 되는 것으로, 결어긋남, 결흩어짐, 결깨짐으로 번역되기도 한다. 결잃음은 고립된 양자계에서는 일어나지 않고, 상호작용하는 다른 양자계가 있어야만 가능하다. 결맞음(coherence)은 그 자체만으로 간섭(interference) 현상을 일으키는 경우를 말한다.

을 포기해야 한다. 분석 과학의 여정을 우주의 먼 과거로 가져간 후에, 우리는 환원주의자들을 뒤로한 채 반드시 돌아서야 한다. 그리고 우리는 우주가 언제나 놀라운 미래를 향해 나아갈 때 우주의 여정을 따르기 시작해야 한다. 우리는 이 긴 우주 이야기에서 물질은 비교적 분산된 상태에서 좀 더 복잡한 종류의 결맞음으로 천천히 움직인다는 것을 발견하게 된다. 초기 우주가 식기 시작하면서 원자들이 생겨나고 결국 점점 더 복잡한 분자들로 합성되기 시작한다. 그 후 분자들은 살아 있는 세포로, 그리고 점차 더욱 복잡한 유기체로 흡수되었다. 생명은 출현했고, 놀랄 만한 종류의 결맞음이 점진적으로 원초적인 결잃음을 대신하게 된다.

그래서 우리는 먼 과거로부터의 여행을 한 후에 또 다시 현재에 도착하지만, 지금까지 우주 여행이 여전히 계속되고 있다는 것을 알게 되었다. 어쩌면 우리는 결국 우주의 새벽에 불과한 때에 등장한 것인지도 모른다. 그러나 만일 이 이야기에 의미가 있다면, 그 의미는 과거의 분석에 의해서가 아니라, 생명의 긴 여정에서 무슨 일이 일어날지를 인내심을 가지고 기다림으로써 파악될 것이다. 신앙은 우리의 의식이 아직 보이지 않는 미래를 소망하게 한다. 신앙은 우리로 하여금 전 우주 이야기가 앞으로 상상도 할 수 없는 절정에 도달할 수도 있다는 것을 고대하게 한다. 그러나 그동안 우리는 적어도 생명의 출현과 함께, 상당히 새롭고 화학으로 환원될 수 없는 무엇인가가 이미 우주의 이야기 속으로 들어와 있다는 사실을 생각해볼 수 있다.

생명이 화학으로 환원될 수 없다는 우리의 상식적인 직관은 과학자들과 대학들이 생물학을 화학이나 물리학으로부터 구분한다는 사실 속에 내포되어 있다. 생물학은 인간이 생명과 무생물 사이의 극적인 차이를 감지하지 않을 수 없다는 이유만으로 학계에서 별개의 학과로 존재한다. 만약 생명이 진정 생명이 없는 물질로 환원될 수 있다면 모든 학문 기관에는 오직 하나의 학과, 즉 물리학과만이 존재할 것이다.

그러나 그것을 인정하든 인정하지 않든, 우리는 직감적으로 생명체는 오직 인간만이 이해할 수 있는 극적인 특징들을 지닌다고 생각한다. 우리는 분명 생명에 관한 무언가가 화학이 펼친 넓은 그물을 빠져나가고 있다는 것을 암묵적으로 인지하고 있다. 이 무언가는 초자연적이거나 생기론적인 힘이 아니다. 오히려 그것은 **분투하는**strive 생명의 능력이다. 살아 있다는 것은 분투해 무언가를 **성취한다**achieve 는 것을 의미한다.[4] 자양분을 찾는 미생물이든, 높은 학점을 갈망하는 대학교 2학년 학생이든, 인생에서 의미를 발견하려는 중년 여성이든, 분투한다는 것은 생명의 구별되는 표식이다. 예를 들면, 지금 여러분은 이번 장을 이해하기 위해 분투하고 있다. 여러분이 경험을 통해 알 수 있듯이, 자신이 살아 있다는 말은 적어도 무언가를 성취하기 위해 분투하고 있다는 사실을 포함한다. 성공할 수도, 아닐 수도 있지만, 적어도 여러분은 스스로가 분투하고 있다는 사실만은 분명히 느낄 수 있다.

이러한 분투하는 능력이 없다면 여러분은 살아 있다고 볼 수 없을 것이다. 여러분이 다른 존재들에 대해 살아 있고, 그러기에 여러분과 특별한 연대감을 지닌다고 인지하는 것은 여러분 개인의 분투 경험 덕분이다. 여러분은 특별한 공동체, 즉 생명 공동체에 속해 있다. 우주에 특히 드라마틱한 특성을 부여하는 것은 바로 생명체의 실패와 성취를 포함한 집단적인 분투의 결과다.

환원주의자들은 생명의 비밀에 도달하려고 시도하는데, 그들은 우리가 생명에 대해 이야기할 수 있게 만드는 바로 그 분투의 극적 요소에 대한 어떠한 감탄도 무시해버린다. 생명이 물리와 화학 과정으로 환원 가능하다고 주장하며, 크릭과 강경한 환원주의자들은 모든 생명체를 함께 끌어당기는 요소, 즉 생명체의 분투하는 능력을 간과한다. 순전히 화학적인 과정들은 분투하지 않는다. 화학적 과정들은 수동적으로 결정론적 법칙들에 복종할 뿐이며, 따라서 성공하거나 실패할 여지를 갖고 있지 않다. 그러나 생명체들은 목표를 향해 도달하는 능력이 있기 때문에 성공하거나 실패할 수 있다. 심지어 신진대사의 가장 단순한 사례들도 '단지 화학'으로만 설명될 수는 없을 것이다. 가장 단순한 세포들은 그것들 스스로 생명이 없는 환경으로 다시 흡수되지 않기 위해 세포막을 형성하는데, 이는 이 세포들이 화학 반응만으로는 결코 설명할 수 없는 일종의 '노력effort'을 이미 시도하고 있는 것일 수도 있다.[5] 생명체는 분명 생명력 없는 화학 과정으로 환원될 수 없다.

그러므로 우리 대화 입장은 생명의 드라마를 다룰 때, 특히 생명체가 목표를 성취하기 위해 분투하는 가운데 투쟁, 실패, 그리고 성공을 전반적으로 고려한다. 이러한 분투가 없는 진정한 드라마란 존재하지 않기 때문이다. 생명에 대해 물리적·화학적으로만 분석하는 것은 생명과 우주의 드라마적인 측면을 간과하는 것이다. 의심의 여지 없이, 생명체들의 분투는 세포와 유기체 내에서 작용하는 불변하는 물리적·화학적 과정에 달려있다. 그러나 물리적·화학적 분석만으로는 세상에서 계속되는 분투, 투쟁, 성취, 그리고 실패의 드라마를 간과하게 된다. 생명을 생명이 없는 단위로 분해하려는 크릭과 같은 환원주의자들의 열정적인 노력은 그 자체로 과학적 탐구와 환원주의자들의 개인적 삶에 상당한 드라마를 제공하는 개별적인 **분투**의 예시다. 그러나 대화 입장은 생명을 '무생물'로 환원시키고자 분투하는 현대 환원주의자 그룹 자체가, 인간 의식의 역사에서 등장한 하나의 비극적 실패라고 분명히 믿는다.[6]

이러한 실패는 우리가 생명의 출현이 우주에 가져온 **정보**information의 요소를 고려하는 순간 분명해진다. 물리적 실재를 살아 있는 세포와 조직으로 만드는 정보적 요소가, 생명을 화학으로 축소시키는 분석적 시도의 무의미함을 가장 분명하게 보여준다. 우리가 이제 알게된 것과 같이, 생명은 단순히 물질과 에너지의 결합에 그치지 않는다. 생명은 물질과 에너지, 그리고 정보의 결합이다.[7]

생명이 화학을 넘어선다는 증거는 살아 있는 세포의 DNA '염기서열'에서 발견할 수 있다. 세포의 정보적 측면은 DNA의 네 글자(A, T, G, C)의 **특정한 배열**specific sequence로 구성된다. 화학적 분석은 왜 이 염기들이 이렇게, 또는 특정한 순서로 배열되는지 말할 수 없다. DNA에서 원자를 결합시키는 화학적 요인은 모든 살아 있는 세포에서 동일한 방식으로 기능하지만, DNA의 특정 문자 순서, 즉 염기서열은 화학적 과정에 의해 결정되지 않는다. 유전자 코드에 있는 문자의 정보 배열은 한 유기체는 인간으로, 다른 유기체는 원숭이로, 또 다른 유기체는 뱀으로 드러나게 하는 것이다. 이러한 정보적 차이는 생명이 '단지 화학'이 아니라, 그 이상이라는 것을 보여주기에 충분하다.[8]

하지만 생명의 정보적 차원을 알기 위해 여러분은 화학적 분석 단계와는 또 다른 읽기의 단계로 이동해야 할 것이다. 분석적으로 볼 때 DNA는 '단지 화학'이지만, 정보적 관점에서 염기nucleotide의 특정한 배열은 세포에 있어서 가장 중요한 측면이다. 이 배열은 모든 생명체에서 일어나는 화학 작용으로부터 논리적으로 구별된다. 우리는 여기서 비가시적인 신의 개입이 직접적으로 그 DNA '문자들', 즉 염기서열을 조작했다고 제안하는 것이 아니다. 우리는 지적 설계의 어느 부분도 방어하지 않는다. 단지 생명의 정보적 측면과 분투적 요소가 생명이 화학적 과정으로 환원될 수 없다는 것을 보여준다고 언급하고 있을 뿐이다.

정보와 분투라는 개념을 도입하며, 우주 이야기는 극적인 전환을 맞이한다. 정보와 분투(그리고 이후에 지능)의 출현은 눈에 띄지 않기에, 순전히 환원주의적 관점으로는 그것을 알아차리지 못한다. 여기에서 어떤 물리적·화학적 법칙도 위반되지 않는다. 그럼에도 불구하고, 어떠한 물리적·화학적·생물학적 법칙도 위반하지 않은 채, 또한 과학의 분석적 기록으로는 탐지되지도 않은 채, 의미와 목적은 생명의 드라마 속으로 들어갈 수 있다.

7장

과학은 지능을
설명할 수 있는가?

갈등 ——————————————————————

물론이다. 과학은 여러분의 정신이 지구의 생명 진화 과정으로 출현한, 순수한 자연적 산물임을 밝혀냈다. 신이 존재하지 않기 때문에, 우리는 인간 정신을 비롯한 모든 현상에 대해 자연적인 설명만을 찾아야 한다. 여러분의 지능, 특히 추상적인 사고는 물리 세계에서 일어나는 다른 모든 것들과는 전혀 다른 차원의 현상으로 보일 수 있다. 그러나 객관적인 과학 연구는 이제 여러분의 정신이 뇌로 환원될 수 있음을 보여준다. 만약 여러분의 뇌가 활동을 멈춘다면, 여러분의 정신 역시 멈출 것이다. 그러므로 여러분의 정신 활동은 다름 아닌 뇌의 활동에 불과하다고 할 수 있다.

지난 반세기 동안 과학은 뇌를 이해하는 데 있어서 상당한 진전을 이뤘다. 비록 여러분의 뇌와 신경계가 극도로 복잡하기는 하지만, 이것들은 원자와 분자로 이루어져 있다. 더욱이 최근 인지 과학 분야에서 일궈낸 발전들은 정신이 작동하는 기계적인 구조뿐만 아니라 뇌의 '회로wiring'를 이해하는 데에도 도움이 되고 있다. 놀라운 결과를 산출하는 컴퓨터가 어떠한 영적 요소도 필요로 하지 않는 것처럼, 여러분의 뇌의 기능은 사고_thought를 산출하기에 충분하다. 아직 사실이 아니더라도, 적어도 원리적으로는 순수 자연적 분석만으로 여러분의 정신과 그 기능을 설명할 수 있다.

유물론적 설명에 전념하는 갈등 입장은, 과학이 끊임없이 정신과 뇌의 밀접한 연관성을 밝혀내면서 더욱 강한 자신감을 얻고 있다.[1] 이제는 독자 여러분이 정신은 조직 세포들의 순수 물리적인 네트워크에 불과하다는 사실을 깨닫고, 이에 상응하는 결론들을 받아들여야 할 때다. 철학자 대니얼 데닛은 과학이 정신에 대해 암시하는 것을 직설적으로 서술한다.

> 세상에는 오직 한 종류의 물질, 즉 물리학, 화학, 생리학에서 말하는 물리적 물질만이 존재한다. 정신은 그저 물리적 현상의 일부다. 요컨대 정신은 뇌라고 할 수 있다. 유물론자들에 따르면 우리는 방사능, 대륙 이동, 광합성, 번식, 영양, 그리고 성장을 충분히 설명하는 것과 동일한 물리적 원리들, 법칙들, 원료들을 가지고 모든 정신 현상들을 (적어도 원리적으로는) 설명할 수 있다.[2]

6장에서 소개한 프랜시스 크릭은 데닛의 유물론을 반복한다. 크릭은 '놀라운 가설'이라고 명명한 이론을 제시하며, 다음과 같이 주장한다. "여러분의 모든 기쁨과 슬픔, 기억과 야망, 정체성과 자유 의지는 사실 신경 세포들과 그에 관련된 분자들의 거대한 집약체의 행동에 불과하다."[3] 영원한 영혼이 있다거나, 신이 여러분을 돌보고 있다거나, 여러분이 생명체들 중 특별한 존재라거나 하는 과학 시대 이전의 종교적 관념들은 더 이상 서 있을 자리가 없다. 크릭이 말하는 것처럼, "과학적 확실성은 (그 모든 한계에도 불구하고) 장기적으로 우리 조상들이 물려준 미신을 몰아낼 것이다."[4]

신학 전통은 우주를 여러 차원의 존재들이 계층hierarchy을 이루고 있는 모습으로 이해한다. 각 존재는 신과 비교해서 상대적으로 얼마나 중요성을 띠고 있는지에 따라 그 위치가 결정된다. 이 낡은 세계관에 따르면, 물질은 가장 낮은 차원에 위치하며, 가장 덜 중요하다. 식물은 생명력이 있기에 물질보다는 더 중요하다. 동물은 식물보다 더 가치 있으며, 인간은 동물보다 더 중요하다. 이때 전통 신학은 이 계층의 가장 꼭대기에 보통 신을 위치시킨다. 계층이 한 단계씩 올라갈 때마다, 각 층은 이전 단계의 층들이 갖고 있지 않는 상위의 특성을 갖는다. 신학은 무지하게도 한 층에서 다른 층으로 올라갈 때, '존재론적 단절ontological discontinuity'이 있다고 주장한다. 신학은 순진하게도 '상위의' 층들이 그 아래의 층들의 관점에서는 이해될 수 없다고 신도들을 가르치고 있다.[5]

그러나 과학은 오늘날 이 고대의 계층적 세계관을 부숴버렸다. 크릭이 지적하듯이, 대부분의 신경과학자들은 "영혼이라는 개념이 신화에 불과하다고 믿으며",[6] 정신이 어떤 알 수 없는 방식으로 물리적 뇌로부터 독립해 존재한다는 주장을 부정한다. 갈등 입상에서 보기에, 고전적 신학의 계층 이론은 과학적 진보의 길을 방해하는 일종의 속임수에 불과하다. 정신이 순수하게 물리적이라는 사실을 거부함으로써, 신학은 과학이 스스로 발견하고 설명할 수 있는 영역에 제멋대로 한계를 지어버렸다. 비록 계층 이론의 여러 설명들이 지난 수천 년 동안 지구에 살았던 대다수 사람들의 의식을 잘 설명해주기는 하지만, 과학은 이제 신학에서 주로 사용하는 '위로부터의top-down' 방식으로 정신을 설명하는 것이 안타깝게도 시대가 지난 이론임을 보여준다. 우리는 이제 과학이 화학이나 다른 '더 낮은 단계'의 과학을 통해, 생명뿐만 아니라 인간의 의식마저도 '아래로부터의bottom-up' 방식으로 설명할 수 있다고 확신한다. 우리는 더 이상 정신을 물질 이상의 것으로 생각하지 않는다.

단도직입적으로 말해서 정신은 진화의 산물이다. 여러분의 정신 활동에 대한 **궁극적** 설명은 바로 자연 선택의 맹목적이고 비인격적인 과정에 있다. 여러분은 조상들로부터 특정한 종류의 뇌를 물려받았기 때문에 지능을 소유하고 있다. 여러분은 스스로의 정신을 활용해 문제를 해결하는 것을 자랑스럽게 생각할 수도 있지만, 최소 200만 년 전에 초기 인류의 조상들로부터 특화된 뇌를 가져다준 진화 과정에 감사해야 한다. 인지 기술들을 발달시킨 조상들만이 홍적세Pleistocene 시대의 위험한 생활에서 생존할 수 있을 정도로 뇌를 환경에 적응시켰으며, 우리를 포함해 미래 세대에 자신들의 유전자를 전달할 수 있을 만큼 오래 살았다.

여러분은 뇌와 정신을 탄생시킨 자연 역사가 그 자체로는 정신과는 거리가 멀다는 점을 잊지 말아야 한다. 비록 진화가 최근에 지능을 가진 인간을 출현시켰지만, 정신을 존재하게 만든 물리 과정들은 근본적으로 지능을 갖고 있지 않다. 듀크 대학교의 철학자 오언 플래너건Owen Flanagan에 따르면, 비록 인간 지능이 진화의 기묘한 산물이라고 하더라도, 생물학은 이제 "어떻게 지능이 완전한 비지성적 기원을 갖는지를 설명한다."[7] 데닛도 이에 동의하며 다음과 같이 말한다. "자연의 설계는 [지적인 존재들을 포함해서] 진정 뛰어난 작품이다. 그러나 결과물을 만들어낸 설계 과정에는 지능이 완전히 빠져 있다."[8] 다윈의 과학은 이제 인간 지능을 포함해 생명의 모든 현상에 대한 가장 깊은 설명을 제공한다. 이 말은 신학이 더 이상 인간 지능을 이해하려는 현대의 시도에 대해, 화학이나 생물학과 경쟁할 만한 어떤 특별한 장점도 갖고 있지 않다는 뜻이다.

분리

6장에서 우리는 유물론적 환원주의materialist reductionism를 다뤘다. 거기에서 우리가 생명이 화학으로 환원될 수 없음을 논증한 방식은, 정신을 순수 물리 과정으로 환원하고자 하는 과학주의의 비논리적인 시도에도 그대로 적용될 수 있다. 여기에서 우리는 정신이 궁극적으로 진화적 적응으로 설명될 수 있다는 갈등 입장의 주장에 한정해서 논하고자 한다. 과연 이것이 합리적인 주장인가? 우리는 그렇게 생각하지 않는다. 정신을 '궁극적으로' 자연 선택의 산물로 설명하려는 시도에 있어서 진화적 자연주의는 논리적으로 자기모순적이며,

따라서 근거가 없는 신념 체계로 보인다.

왜 진화적 자연주의가 비논리적인지를 설명하기 전에, 우선 분리 입장은 다윈의 진화 이론의 기저에 있는 과학적 지식을 전적으로 받아들인다는 사실을 강조하고 싶다. 앞에서 언급한 것처럼, 우리는 진화과학을 반대하는 것이 아니라 진화적 자연주의를 반대한다. 이번 장에서는 진화생물학이 인간 지능에 대해 충분하거나 근본적인 설명을 제공할 수 있다는 **믿음**을 비판하려고 한다. 정신에 대한 다윈주의적 '설명'에서, 진화적 자연주의자들은 논리적으로 우리(또는 그들)의 정신이 우리를 진리에 도달하게 할 수 있다는 어떤 확신도 약화시킨다.

어떻게 그러한가? 진화적 자연주의자들은 정신을 형성한 자연 과정이 본질적으로 비정신적mindless이라고 주장한다. 그러나 과연 비정신적인 과정이 정신의 최종 설명이 될 수 있을까? 어쩌면 독자 여러분이 이 질문에 답을 스스로 내릴 수도 있다. 잠시 여러분이 도킨스, 데닛, 플래너건 또는 다른 진화적 자연주의자라고 가정해보자. 즉, 여러분이 여러분 자신의 정신과 그 활동들의 궁극적 설명이, 자연 선택을 포함한 여러 비정신적인 물리 과정들의 무자비하고, 비합리적이며, 침묵하는 세계로부터 유래한다고 믿는다고 가정해보자. 플래너건이 주장하는 것처럼, 만약 우리의 지능을 탄생시킨 모든 인과적 연쇄가 실제로는 비지성적이라면, 여러분은 어떻게 여러분의 정신이 지금 어떤 진실한 주장을 할 수 있다고 **믿을** 수 있는가? 진화적 자연주의는 여러분 자신의 정신 활동들을 신뢰할 만한 모든 이유를 파괴하지 않는가? 간단한 논리성과 지성적 정직함을 갖춘 사람이라면, 진화적 자연주의가 참일 때, 여러분이 여러분의 정신을 신뢰할 만한 어떠한 이유도 없다는 사실을 알 것이다.

이 질문을 던지는 사람은 우리만이 아니다. 찰스 다윈도 만일 우리의 정신이 단지 순수 비정신적인 자연 선택의 과정에서 탄생했다면, 과연 우리가 우리의 주장을 확신할 수 있을지를 우려했다. 다윈은 이렇게 기록했다.

> 나는 항상 다음과 같은 무서운 의심이 들곤 한다. 더 낮은 동물 정신으로부터 발전된 인간 정신의 신념은 과연 어떠한 가치가 있거나 신뢰할 만한 것일까? 그렇게 발전된 정신에 어떤 신념이 존재한다면, 우리는 원숭이가 가진 정신의 신념도 믿어야 하지 않을까?[9]

신학과는 거리가 멀지만 존경받는 철학자인 리처드 로티Richard Rorty도 이렇게 지적했다.

> 생명체의 한 종이 다른 모든 종과는 달리 자신의 종족 번식(곧 '적응')이 아닌, 진리를 지향한다는 사상은, 모든 인류가 사회 역사social history와 개인 운수individual luck 사이를 자유롭게 오갈 수 있는 내재한 도덕적 잣대를 갖고 있다고 주장하는 것만큼이나 다윈적이지 않다.[10]

그러나 로티와 다윈은 자신들의 의심의 심각성을 파악하지 못한 것 같다. 만일 누군가 물어본다면, 그들은 진리를 사랑한다고 주장할 것이다. 또한 이 상당히 지적인 사상가들은 우리가 방금 인용한 저 주장들을 형성한 자신들의 정신을 명확히 신뢰할 것이다. 하지만 지능에 대한 순수 다윈적 설명은, 비록 인간 정신이 점진적으로 발전한 이야기를 믿을 만하게 설명할 수는 있겠지만, 그 자체만으로 지능적 행위 기저에 있는 신뢰를 **정당화**할 수는 없다. 사실, 진화생물학과는 뚜렷이 구별되는 진화적 자연주의는 정신이 누군가를 진리로 이끌 수 있다는 신뢰 자체를 논리적으로 약화시킨다. 데닛, 플래너건, 그리고 다른 유물론자들은 갈등 입장이 옳고, 분리 입장이 틀렸다고 선언한다. 정신에 대한 근본적 설명이 비정신적인 과정이라는 그들의 신념을 상기한다면, 왜 우리는 그들의 주장에 관심을 가져야 할까? 인간 지능에 대한 그들의 주장 중에서 그들의 정신 활동의 결과물을 믿을 수 있게 해주는 것은 도대체 무엇인가?[11]

지능에 관한 진화적 자연주의의 설명은 과학보다는 일종의 연금술 같다. 이 설명은 완전히 비합리적인 물리 과정에서 비정신적 물질의 찌꺼기 같은 물질이, 반짝거리는 금 조각 같은 지능으로 변화된다는 점을 여러분에게 설득시키려고 한다. 그러면서 그 일이 정확히 어떻게 일어나는지는 결코 말해주지 않는다. 단지 엄청나게 긴 시간 동안 일어난 작은 우연적 변화들이 이 기적적인 변화를 성취하기에 충분하다고 말할 뿐이다. 여러분이 그 설명을 왜 신뢰해야 하는지를 보여주는 정신에 대한 순수 화학적 또는 진화적 이론은 존재하지 않는다. 틀림없이 화학적이고 진화적인 요소들은 여러분의 정신이 출현하는 데 필수적이며, 분리 입장은 뇌의 출현을 가능하게 한 자연 역사에 관한 과학적 연구를 격려한다. 그러나 순수 물리적 또는 진화적 설명은 지금 당장 여러분이 왜 여러분의 정신을 **신뢰할** 수 있는지를 논리적으로 설명하지 못한다.

만약 진화 과정에서 어떻게 지능이 생겨났는지를 묻는다면, 과학은 지능의 기원과 발달에 대해 몇몇 중요한 사항들을 제공할 수 있다. 그러나 만약 왜 여러분의 정신을 신뢰할 수 있는지를 묻는다면, 설명을 위한 다른 재료들이 필요하다. 물론 여러분은 적어도 암묵적으로는 여러분의 정신이 신뢰할 만하다고 **믿는다**. 만약 여러분이 이것을 믿지 않는다면, 지금 이번 장을 읽고 있지도 않을 것이다. 만약 여러분이 아직도 여러분의 정신이 올바른 이해력을 가지고 있음을 믿지 않는다면, 여러분은 우리 분리 입장이 과연 옳은지 그른지에 대해 질문조차 할 수 없을 것이다. 여러분은 정신이 이해와 진리에 도달할 수 있다고 분명히 믿는다. 하지만 진화적 자연주의자들이 옳다면, 여러분은 이 믿음을 어떻게 정당화할 수 있을까?

우리는 이 빈 공간을 신학이 채울 수 있다고 생각한다. 물론 과학적 설명들과 경쟁하거나 갈등을 일으키지 않는 방식으로 말이다. 분리 입장은 모든 것이 비경쟁적인 설명의 다양성에 열려 있다고 보기 때문에 '다층적 설명'을 지지한다. 이 장의 논지를 이해할 때, 다층적 설명이란 여러분의 지능이 과학적 방법과 신학적 방법 모두를 아무런 모순 없이 이해할 수 있음을 의미한다.

우리의 논지를 더 명확하게 하기 위해 질문을 하나 던져보려고 한다. 여러분이 이 장을 읽을 때, 왜 여러분의 정신은 활동하고 있는가? 여러분은 이 질문에 대해 얼마나 많은 방법으로 대답할 수 있을까? 어떤 차원에서는 여러분의 뇌의 신경 세포들이 움직이고 시냅스 연결이 활성화되기 때문에 우리의 정신이 활동한다고 답할 수 있을 것이다. 신경과학은 이런 접근법의 답을 매우 공들여 상술한다. 분리 입장은 신경과학자들이 뇌와 정신에 관한 물리적 이해를 최대한으로 넓혀가도록 응원한다. 마찬가지로, 분리 입장은 진화생물학자들이 여러분의 사고 능력을 출현하게 한 유전 전달 과정의 흥미로운 역사를 계속 탐구하도록 독려한다.

그러나, 비록 과학이 우리가 사고하는 과정을 물리적·신경학적·진화적 용어들로 설명할 수 있다고 하더라도, 정신의 탄생에 필요한 모든 것을 다룰 수는 없다. 진화 과정 중 정신의 출현에 필수적인 조건 중 하나는, 정신을 출현시킨 그 우주가 이해 가능해야 한다는 것이다. 만약 우주가 본질적으로 이해 불가능하다면, 지능적 활동은 존재할 수가 없었고, 따라서 정신 역시 존재할 수 없었을 것이다.

하지만 과학은 우주가 왜 이해 가능한지를 설명할 수가 없다. 과학은 왜 진리가 추구할 만한 가치가 있는지, 또는 왜 여러분이 여러분의 정신을 신뢰할 수 있는지를 말해줄 수 없다. 여러분이 위의 세 개의 명제를 **믿지** 않는다면, 여러분의 사고 과정은 아예 시작조차 할 수 없다. 지금까지 한 번도 인식하지 못했을 수도 있지만, 여러분의 사고에는 믿음이 필요하다. 여러분은 세상이 이해 가능하다고 믿어야 하고, 진리가 추구할 만한 가치가 있다고 믿어야 하며, 또 여러분의 정신이 여러분을 이해와 진리로 이끌 것이라는 사실을 믿어야 한다. 따라서 왜 여러분이 지금 생각할 수 있는지에 대한 **온전한** 설명을 위해서는 다음의 세 질문에 답해야 한다. 왜 우주는 이해 가능한가? 왜 진리는 추구할 만한 가치가 있는가? 왜 여러분은 여러분의 정신을 신뢰할 수 있는가?

이 질문들에 대해 과학은 도움을 줄 수 없다. 심지어 과학자들도 이해를 위한 탐구를 시작하기 전에 우주가 이해 가능하다는 사실을 **믿거나** 신뢰해야만 하기 때문이다. 하지만 신학은 이 세 질문에 대해 합리적인 답을 줄 수 있다. 우주는 무한한 지성에 토대를 두고 있기 때문에 궁극적으로 이해 가능하다. 진리를 추구하는 것은 궁극적으로 가치 있는 노력이다. 왜냐하면 우리의 정신을 가장 실제적인 것과 합치시키는 것만이 진정한 행복을 선사하며, 환상으로부터 여러분을 해방시킬 수 있기 때문이다. 또한 여러분이 여러분의 정신을 신뢰할 수 있는 이유는 이미 그것이 무한한 의미와 진리의 통제 아래에 있기 때문이다. 심지어 질문을 던지기도 전부터 여러분의 정신은 이미 영원히 이해 가능하고 실제적인 것의 매력에 암묵적으로 굴복하고 있는 것이다. 이것이 여러분이 여러분의 정신을 신뢰할 수 있는 정당한 이유다. 의미와 진리를 고대함으로써, 여러분의 정신은 이미 무한의 영역에 사로잡혀 있다. 진화적 자연주의는 여러분의 정신을 비정신적인 물질로 환원시켰기 때문에, 여러분의 정신을 불신하게 만든다. 반면에 신학적 세계관은 여러분의 인지적 확신을 온전히 정

당화할 수 있다. 물론 진화생물학을 포함해 유익한 과학과 갈등을 빚지 않고서 말이다.[12]

대화

인류가 의식을 자각한 사건은 우주 드라마에서 지금까지 일어난 것 중 가장 중요한 사건이다. 인류 안에서 우주는 드디어 스스로를 자각할 수 있게 되었다. 천문학과 우주론, 생물학 분야에서 이뤄낸 최근의 발견들은 인간 지능을 우주 이야기 **안에** 정확하게 위치시켰다. 갈등 입장이나 분리 입장과는 다르게, 대화 입장은 여러분의 정신을 아직도 형성되고 있는 우주 이야기 안에 위치시킨다. 과학은 사고할 수 있는 능력을 갖춘 존재가 약 140억 년 된 우주로부터 탄생했음을 밝혀냈다. 물리학이 발견한 내용을 토대로 판단하면, 여러분의 정신은 아직 완성되지 않은 우주에 속해 있다. 정신은 다른 세계에서 난입한 낯선 침입자가 아니다. 그렇다면 정말 흥미로운 질문은 과연 과학이 지능을 설명할 수 있는지의 여부가 아니다. 대화 입장에서 보다 중요한 질문은, 우주가 이제 스스로를 자각하게 되었다는 사실이 무엇을 **의미하는가** 하는 것이다.

천체물리학과 우주론은 인간 의식의 존재가 아주 특정한 종류의 우주, 즉 사고를 출현시킬 수 있기에 딱 알맞은 물리적 성질들을 보유하는 우주를 수반한다는 깨달음을 과학자들에게 선사했다. 따라서 과학이 지능을 설명할 수 있는지에 관한 질문은, 이제 과학이 왜 우리 우주가 애초부터 정신을 잉태한 우주였는지를 설명할 수 있는지를 다루는 더 큰 질문에 흡수된다.

천체물리학자들은 빅뱅 우주가 140억 년 전, 그 첫 시작부터 이미 생명과 정신을 잉태하고 있었다고 결론 내렸다. 낡은 유물론적 또는 '물리주의적' 세계관은 우주를 근본적으로 비정신적으로 보지만, 이제 대부분의 과학자들은 정신이 우주의 시초부터 사고의 탄생을 발아시키기에 매우 높은 가능성을 가지고 있는 물리적 특성들을 갖춘 우주로부터 출현했을 것으로 추측하고 있다. 우주의 가장 초기의 순간에서도 정신은 이미 발현하기 시작했다. 그리고 수십억 년이 지난 후에 정신은 비로소 깨어났다. 우주가 앞으로 수백만 년 후에는 어떤 종류의 의식, 그리고 어느 정도의 의식을 출현시킬지 궁금하다.

아무튼 진화 과정 중 비교적 최근에 의식이 가능한 자기인식self-awareness이 등장한 것은 거대한 **우주적** 자각의 증거다. 이 극적인 현상 하나만으로도 정신, 우주, 신에 대한 우리의 새로운 생각들이 발전되기에 충분하다. 우주 안에 정신이 출현한 것이 물리학, 화학, 진화생물학의 관점에서는 별로 인상적이지 않을 수도 있다. 정신이 진흙에서부터 나왔을 때는 어떠한 물리적·화학적·생물학적 법칙들도 침해되지 않았다. 그러나 서사적 우주의 관점에서 보면, 우리가 정신이라는 개념을 고려하는 순간, 자연의 모든 것은 다르게 보이게 된다. 최근에 의식이 가능한 자기인식의 등장은 (도덕적 자각심, 미적 감성, 종교적 갈망과 함께) 길고 긴 우주의 모험에서 일어난 가장 극적인 발전이다.

이것이 바로 대화 입장이 과학적 발견들과 신앙의 의미를 파노라마와 서사적으로 보도록 여러분을 초청하는 이유다. 만약 정신의 등장을 우주적 과정을 담은 드라마의 일부분으로 보는 방식을 체득한다면, '사고'의 탄생은 더 이상 급진적 환원주의자들이 말하는 것처럼 하찮은 출현이 아니라는 점이 명백해질 것이다. 인간의 사고가 등장하면서 우주는 이미 수십 억 년 전에 뿌려진 잠재력과 약속을 드러내기 시작했다.

틀림없이, 옥스퍼드 대학교에서 가르쳤고 자칭 유물론자인 피터 앳킨스는 정신을 포함해 자연에 있는 모든 것은 단지 물리적으로 '복잡성을 가장한 단순성'일 뿐이라는 자신의 주장을 계속해서 고집할 것이다. 듀크 대학교의 알렉스 로젠버그는 존재하는 모든 것이 양자, 전자, 경입자 등의 조합에 불과하다고 계속해서 자신의 제자들에게 가르칠 것이다. 시카고 대학교에서 가르쳤고 진화적 자연주의를 맹신하는 제리 코인Jerry Coyne은 생물 진화에 필요한 높은 정도의 우연과 맹목성을 언급하며 정신의 탄생을 다름 아닌 자연의 요행이라고 주장할 것이다. (그렇다면, 그가 자신의 정신을 어떻게 그만큼 신뢰할 수 있는지는 여전히 미스터리로 남아 있다.) 또한 텍사스 대학교에서 가르쳤고 우주적 비관론cosmic pessimism의 전형을 보여준 스티븐 와인버그는 물리학이 신이나 어떤 궁극적 의미의 흔적을 전혀 암시하지 않는다고 계속해서 주장할 것이다.[13]

그러나 위에서 언급된 과학주의의 신봉자들 중 그 누구도 자신들의 발치에서 진행되고 있는 우주 자각의 **이야기**를 이해하려고 시도하지 않는다. 이들은 자신들의 정신에 유물론적 세계관이 논리적으로 허용하는 범주를 상회하는 정도의 가치를 두고 있다. 이들은 자신들이 의심없이 의존하고 있는 정신이, 우주 역사에서 발생한 가장 극적인 결과라는 사실을 인식하지 못하고 있다.

대화 입장은 우주 자각의 드라마에서 과학과 신앙의 관계를 이해할 수 있는 풍부하고 새로운 틀을 찾아내고 있다. 우리의 서사적 관점은 과학이 신앙에 대치하는지에 관한 질문은 잠깐 미뤄 놓고, 우선 새로운 과학적 발견들 하나하나가 어떻게 우주 이야기를 바라보는 우리의 새로운 개념을 정립하는 데 공헌하는지 살피기를 권한다. 과학의 다양한 분야들은 비교적 좁은 범위의 데이터에 집중하며, 우리가 여기에서 권하는 더 넓은 시각에 대해서는 관심을 갖지 않는다. 우리는 물론 과학자들이 분석하고 전문적으로 연구해낸 사실을 반대하지 않는다. 우리는 분석가들과 전문가들이 종종 너무 성급하고 편협하게 일반화시키는 것을 반대하는 것이다.[14] 우리는 각자의 분야에서 사용되는 제한적인 개념으로 모든 지식을 통합시키려는 그들의 시도에 저항한다.[15] 전문화는 필요하지만, 자연을 현미경, 망원경, 수학의 도움 등으로 살펴본 후에는 한 발자국 뒤로 물러서서 모든 것을 서사적 관점에서 볼 필요가 있다.

인간 출현의 더 넓은 우주론적 상황을 아우르기에는 생물학이 방법론적으로 한계를 지닐 수밖에 없는데, 이 한계는 다수의 현대 과학자들과 철학자들이 정신이 '단지' 화학이거나 '단지' 진화적 요행일 뿐이라는 게으르고 모호한 결론을 내리는 기반이 되었다. 진화적 유물론자에게 정신은 무작위적 돌연변이와 맹목적 자연 선택의 불합리하고 의도되지 않은 결과에 지나지 않는다. 그러나 우리가 근래에 있었던 정신의 등장을 우주 역사의 전 범위 안에 놓고 이해할 때 물리학, 화학, 생물학, 신경과학의 전문화된 시각에서 보았을 때에는 보이지 않았던, 극적인 중요성을 갖게 된다.

대화 입장은 모든 과학적 발견을 서사적 정합성이라는 더 넓은 관점으로 바라보도록 독자들을 초청한다. 대화 입장은 단순히 기계론적인 정밀성이나 수학적인 확실성(둘 다 감탄할 만한 목적이긴 하지만)을 위해 결론을 내리기보다는, 과학적 발견을 신학적으로도 읽을 수 있는 우주적 드라마라는 무대에 위치시키고자 한다. 우주 이야기의 온전한 이해는, 지금 당장 최종적 분석과 명료성을 요구하는 과학주의의 성급함이 아니라, 오직 희망적인 기대를 통해서만 접근할 수 있다. 신앙과 신학은 우주 이야기를 과학적 분석과는 다른 관심의 차원에서 읽도록 우리의 정신을 준비시킨다. 우리가 추구하는 서사적 정합성은 오직 미래에만 성취될 수 있기에 기다리고 기대하는 자세가 필요하다. 과학주의가 자연을 이해하기 위해 우주의 과거를 살펴보는 데 비해, 대화 입장은 우주에서 진행되는 것들을 더욱 풍성하게 파악하기 위해 미래에 집중한다. 과학주의는 우주의 과거를 파헤쳐서 나오는 모든 조각을 복원하는, 오직 고고학적이고 분석적인 접근을 취한다. 하지만 대화 입장은 여전히 진행 중인 우주를 이해하기 위해 **고대하는**anticipatory 방식을 취한다.

우주는 여전히 원자 상태 때의 먼지로부터 계속해서 전개되고 있는 중이기에, 우리의 제한적인 정신과 탐구 방식으로는 그것을 논리적으로, 또는 온전히 이해하기 어렵다. 신앙은 본성상 우리에게 더 깊은 이해력을 기대하도록 격려한다. 그러므로 신앙에 의해 불붙은 소망은, 환상에 불과하거나 현실 도피적이지 않다. 소망은 순진한 낙관주의와 같지 않다. 오히려 소망은 여전히 진행 중인 우주를 조사하기 위해 정신이 취할 수 있는 가장 현실적인 태도다. 만약 우주가 아직도 생성되고 있는 중이라면, 앞으로 변화될 우주에 대한 소망은 유물론의 신화를 수반하는 환원주의적이고 회고적인 사고방식보다는, 이해와 진리를 향한 인간 정신의 갈망에 좀 더 힘을 실어준다.

대화 입장의 관점에서 물질과 생명에 관한 모든 새로운 예들은 우주가 적어도 이해될 수 있다는 힌트를 제공한다. 그럼에도 불구하고, 최근에 우주가 선물해준 정신의 발현은 우주의 내적 의미 이상의 것을 보여준다. 지능의 등장과 함께 우주는 한 종류의 존재를 탄생시켰는데, 이 존재의 생명력과 행복은 무한한 것에 대한 갈망, 즉 무한한 존재, 의미, 진리, 선, 미에 대한 갈망에 의존한다.

우주는 언제나 무한에 둘러싸여 있지만, '무한을 향한 능력'을 부여받은 의식적 존재의 탄생과 함께, 우주는 지금까지 가장 극적인 도약을 이루었다. 우주는 사고thought뿐만 아니라 자유도 자각하게 되었다. 사색적인 자기인식과 희망의 잠재력을 가지고 있는 존재를 탄생시킴으로써, 우주는 과거보다 **더 나은** 무언가가 될 수 있는 여지를 여전히 남겨놓고 있음을 보여준다. 이러한 이유로, 오직 고대하고 소망하는 인지적 태도만이 여전히 진행 중인 세계에 온전히 부합할 수 있다. 우리의 관점에서 전적인 환원주의는 실재에 마주하기를 거절하는 것과 같다.

우리 인간이 우주가 **그 이상이** 되는 과정에 다양한 방식으로 기여할 수 있다는 사실은, 또한 우리가 전 피조물 가운데 특별한 위치를 점하고 있다는 것을 시사한다. 10장에서 살펴보겠지만, 우리의 특별한 위엄은 이미 우리가 우주라고 부르는 것 안에서 일어나는 변화의 과정에 각자가 독특한 형태로 참여해야 한다는 소명을 경험한다는 데서 암시된다. 우리의 창조성, 서로 친밀한 관계를 형성하는 능력, 그리고 도덕적으로 행동하거나 다른 이들과 함께 예배하려는 열망 안에서, 우리는 우리를 존재하도록 한 우주 이야기에 충실하게 된다. 우리의 서사적·소망적 관점은 우리 인생의 의미가 적어도 부분적으로는 앞으로 계속되는 우주 드라마에서 좀 더 계획적인 역할을 감당하는 데 있다고 주장한다.[16]

소망의 관점에서 우주는 늘 주관적이고 의식을 지니게 될 잠재성에 감싸여 있었다. 심지어 지능을 가진 주체가 존재하기 전에도, 우주는 결국 지능을 자각하도록 촉진할 넓은 길 위에 이미 서 있었다. 우주 이야기의 맨 처음은, 벌써 지성과 진리를 포착할 수 있는 능력을 가진 정신이, 결국 우주 이야기 안으로 들어올 것이라는 약속을 품고 있었다. 우리의 관점에서, 새로운 미래를 향한 아브라함 전통의 소망으로부터 시작된 신앙 전통은, 가장 초기 단계에서부터 결국 사고, 자유, 사랑, 그리고 약속을 지킬 수 있는 능력을 탄생시킬, 약속을 품은 우주 이야기와 아주 잘 어울린다.

8장

우리는 신 없이
선해질 수 있는가?

갈등

물론이다. 적어도 다윈의 대답은 그럴 것이다. 진화생물학은 이
제 인류가 왜 도덕적이게 되는지를 온전히 자연적인 방식만으로도
설명할 수 있다. 타자를 돌보고 타자와 협력하는 행위를 뜻하는 도
덕성morality은, 우리 종이 생존하고 번성하기 위해 택한 진화적 적응
adaptation이다. 서로 협동하고자 하는 성향은 우리 조상들이 후손을
출산하기에 충분한 시간만큼 생존할 수 있도록 도왔으며, 따라서 이
협동적 유전자는 미래 세대로 전수될 수 있었다. 우리는 조상들의 적
응 유전자를 물려받았다. 그러므로 우리의 논지는 도덕성의 기원, 또
는 도덕성의 지속에 어떤 신학적 설명도 필요하지 않다는 것이다. 우
리는 신 없이도, 그리고 신앙 없이도 선해질 수 있다. 다른 말로 하면
도덕성은 순전히 자연 현상에 불과하다.[1]

만약 도덕성이 신에 대한 신앙을 요구하지 않는다면 도덕적 명령
들에 순종하는 모습을 우리는 어떻게 설명할 수 있을까? 도덕적으로
선하기 위해서는 우리에게 신적인 명령이 필요한 게 아닐까? 그렇지
않다. 오래된 심리학적·사회학적 설명이 이 질문에 합당한 대답을

제공할 수 있지만, 오늘날 가장 적절한 답변은 다윈 생물학으로부터 나온다. 도덕성은 영원한 선을 향한 인간의 자유로운 **반응이라기보다는**, 단지 비인격적인 진화 과정의 산물에 불과하다. 대부분의 인간이 도덕적으로 행동하고자 하는 경향은, 신학자들이 주장하는 것처럼 인간의 마음에 영원히 신성한 율법divine law이 새겨져 있기 때문이 아니다. 이는 오래전 진화가 도덕적 행동을 통해 미래 세대에 유전자의 생존 가능성을 높이도록 인류를 빚어냈기 때문이다. 의심의 여지 없이 문화적 영향은 도덕적 행동의 특정한 내용을 결정하는 데 도움이 된다. 그러나 협동성은 이미 우리의 유전자에 기록되어 있기 때문에 비협동적인 행위를 금지하는 경향은 보편적인 현상이다. 우리는 신학이 아니라 자연 선택이, 인간이 지속적으로 협동하는 삶을 추구하는 이유에 대한 가장 **궁극적인** 설명을 제공한다고 여긴다.

　최근에 많은 진화학자들이 '자연 선택'은 각각의 개체보다는 유전자를 공유하는 어떤 종의 구성원 전체에 더 정확하게 적용된다고 주장했다.[2] 우리가 도덕적 존재인 이유는 협동적으로 살아가는 것이 인간 유전자의 전달과 생존에 더 용이하기 때문이다. 따라서 우리는 도덕성을 신학적으로 설명하거나 정당화하려고 노력할 필요가 없다.[3] 주요한 종교 전통들에 따르면 이타적인 사랑은 도덕적 존재의 최고봉이다. 신학자들은 항상 이타적 사랑의 실천이 신의 도움 없이는 불가능하다고 주장했다. 그러나 오늘날의 진화학자들은 덕virtue의 기원을, 우리 조상들 중 일부가 다른 조상들에 비해 더 협동적이고 자기희생적으로 행동하도록 설계된, 비의도적이고 우연적인 유전적 현상에서 찾는다. 관대한 행위를 촉구하는 유전자가 충분히 퍼져 있었던 조상 공동체가, 그 유전자가 적게 퍼진 공동체보다는 생존하고 번식하는 데 더 좋은 기회를 가질 수 있었을 것이다. 신이 아닌 유전자 생존이 우리가 가장 고귀하게 생각하는 도덕적 본능의 궁극적 근원이다.

타인을 향해 사심이 없는selfless 행위는 주로 '이타주의altruism'라고 불린다. 최근까지만 해도 이 용어는 우선적으로 인간의 덕을 묘사하는 데 사용됐다. 하지만 오늘날의 생물학자들은 이타주의가 진화 과정에서 인류가 등장하기 훨씬 이전에 흐릿하게나마 등장했음을 지적한다. 예를 들어 이타주의는 이미 개미 사회에서 관찰될 수 있는 공동 협동에서 드러난다. 엄밀히 말하면, 진화생물학에의 이타주의는 같은 유전자로 묶여 있는 더 큰 집단의 생존을 위해, 개인의 유전적 미래를 위험에 빠뜨리는 것을 포함한다. 일례로 개미 집단에서 '일개미workers'들은 번식을 통해 자신의 유전자를 물려주지는 못할 것이다. 그러나 그들의 이타적 행동은 전체 집단의 생존에 기여하는데, 이는 일부 생물학자들이 '포괄 적합도inclusive fitness'라고 부르는 것이다. 진화학자 맷 리들리Matt Ridley는 이렇게 말한다. "하나의 개미나 꿀벌은 마치 절단된 손가락처럼 미미하고 불운한 존재다. 그러나 그들이 집단에 속해 있을 때는 마치 엄지손가락처럼 유용해진다. 그들은 자신의 번식력을 희생하고 목숨을 길면서까지 집단의 더 큰 유익을 위해 행동한다."[4]

이와 유사한 이타주의의 예는 동물계에 허다하다. 협동심은 전적으로 자연 진화적인 발전이다. 만약 개미가 신 없이도 충실하게 살 수 있다면, 우리는 왜 그러지 못하겠는가? 심지어 우리의 가장 순수한 도덕적 이상들마저도 하늘에서 뚝 떨어진 것이 아니다. 오히려 그것들은 단지 인간의 게놈에서 뽑혀져 나왔다. 신앙인들은 도덕적 명령이 신적 법제정자divine lawgiver의 생각이나 의지에서 기인한다고 주장하는데, 그들은 망상에 빠져 있는 것이다. 신적 허가divine sanction라는 환상은 우리의 행동 강령에 허구적 권위를 부여할 수는 있겠지만, 다윈 과학은 인간의 도덕성이 불멸하고자 하는 유전자의 필요에 의해 산출된 순수 자연적 결과임을 드러냈다. 물론 우리가 도덕적으로 행하려고 할 때마다 영원한 가치에 의해 동기를 부여받는다고 **보일 수도** 있다. 그러나 다윈은 더 현명한 답을 가지고 있다. 윤리적 존재의 전체 드라마를 지휘하는 것은 신이 아니라 유전자다.

지금까지 갈등 입장을 유심히 살펴본 독자들은 이 논지에 대해 회의적일 수도 있을 것이다. 따라서 우리는 도덕성에 관한 다윈주의의 입장을 조금 더 상세하게 설명해보려고 한다. 다윈에 의하면, 생존을 향한 투쟁에 있어서 어떤 생명체들은 승리하고 다른 생명체들은 패배한다. 승리한 생명체들은 패배자들보다 생존하고 번식할 가능성이 더 높다는 의미에서 '적합하다fit'라고 불린다. 존재하고 번식하기 위한 투쟁에서 생명은 경쟁을 수반하며, 투쟁의 승자들은 후손을 낳을 수 있을 정도로 오래 환경에 적응한 개체들이다. 그러나 어떤 종도 경쟁에서 홀로 생존하지는 못한다. 한 종이 여러 세대를 버티기 위해서는 생명 유지를 위해 다른 이들과 자원을 두고 경쟁할 뿐만 아니라, 다른 개체들이나 심지어 때로는 다른 종들과도 협동을 해야만 한다. 진화는 경쟁을 수반하는 것만큼이나 협동도 수반한다. 심지어 진화는 자기희생을 요구하기도 한다.

앞에서 언급했듯이 생명체가 가족, 공동체, 또는 종을 보존하기 위해 자신의 번식 기회를 희생하는 것을 생물학자들은 '이타주의'라고 부른다. 또한 이미 살펴보았듯이 인간 사회에서 이타주의와 자기희생은 일반적으로 가장 고상한 도덕성의 표현으로 간주된다. 그러나 진화적 관점에서 인간의 덕은 이미 인간 이전의 생명에 나타난 협동과 이타주의에 그 뿌리를 두고 있다. 인간 도덕성의 족보는 생명 이야기의 길고 긴 여정에 나타난 유전자 전달 과정으로 완전히 소급될 수 있을 것이다.

다윈은 유전자에 대해서 아무것도 알지 못했다. 그는 자연 선택을 우선적으로 각각의 유기체 차원에서 일어나는 것으로 생각했다. 그러나 이제 여러 존경받는 진화학자들은 자연 선택이 각 유기체의 차원이 아닌 유전자를 공유하는 한 종의 집합체에 더 정확하게 적용된다고 결론을 내리고 있다. 선택을 유전자 개체군의 차원에서 생각하는 것은 진화를 통계적으로 측정 가능하게 함으로써 과학의 정량적 관심을 만족시킨다. 진화적 적합도는 여전히 성공적인 번식의 가능성을 의미하지만, 그 성공은 이제 각 유기체의 속성이라기보다는 더 커다란 유전자 집단의 속성이라고 할 수 있다. 협동적인 유전자들의 수가 전반적으로 충분하다면, 비록 어떤 개체들은 번식할 기회도 갖기 전에 사라진다 하더라도, 그 종은 비교적 강한 생존 가능성을 갖추고 있는 것이다. 따라서 가장 적합한 개체가 살아남는 것이 아니라, 가장 적합한 유전자 집단이 살아남는다고 말할 수 있다.[5]

예를 들어, 어린 프레리도그prairie dog 한 마리가 그 형제들이나 친척들보다 더 이타적으로 행동하게 하는 유전자들을 소유하고 있다고 가정해보자.[6] 만약 그렇다면 그 개체는 다른 개체들보다 자신의 생명을 희생하거나, 아니면 그 자신의 번식 성공의 기회를 희생하는 경향을 보일 것이다. 그 개체의 이타적인 유전자는, 구멍 밖으로 목을 내밀고 친척들에게 포식자가 근처에 있다고 경고하도록 이끈다. 그러나 이러한 행동을 함으로써, 이 개체는 포식자에게 포착되어 죽을 가능성이 높아진다. 그래서 이 개체의 유전자는 자손에게 전달되지 못한다. 하지만 자기 자신을 희생함으로써, 이 개체는 집단의 다른 개체들과 공유하는 자신의 이타적인 유전자가 생존할 뿐만 아니라 결과적으로 미래 세대까지 전달될 수 있는 기회를 제공한다. 따라서 이타적인 행동을 한 프레리도그의 유전적 미래가 희생되었다고 하더라도, 실제로 이타적인 본능은 계속 이어지게 된다. 진화에 대한 이런 유전적 이해는 '혈연 선택kin selection'으로 알려져 있다. 이는 개인 적합도보다 포괄 적합도에 힘을 실어준다.

포괄 적합도 개념을 받아들이는 생물학자들은 프레리도그의 외로운 자기희생이나 인간의 이타적 사랑의 표현을 포함해 어느 곳에도 진정한 도덕적 영웅주의는 존재하지 않는다는 결론을 내리고 싶어한다. 이는 아주 깜짝 놀랄 만한 관점이다. 왜냐하면 신학은 언제나 타인을 위해 자신의 생명을 내려놓을 수 있는 능력이야말로 인류가 보여줄 수 있는 가장 위대한 초자연적 덕이라고 가르쳐왔기 때문이다. 그러나 다른 포유동물의 경우를 보면 상당히 영웅적인 행위들도 이제는 순수 자연적인 행동으로 보인다. 그러니 인간이라는 포유동물이 다를 필요가 있겠는가? 이제는 도덕성이 영적인 방법이 아니라 순수 물리적인 방법으로 설명될 수 있는 것처럼 보인다. 이타주의와 협동의 표현들은 그저 원자들이 뭉쳐 있는 것에 불과한 **유전자**가, 성공적인 번식을 위해 필요한 것을 시각적으로 묘사한 것이다. 과학은 이제 이타주의와 협동적 행위를, 어떤 의미에서든 고결하거나 희생적인 행위로 보지 않게 만들었다. 덕(德)은 단지 맹목적인 자연 법칙의 표상일 뿐이다.

그렇다면 우리의 비도덕적 경향성은 어떻게 설명할 수 있을까? 모든 사람이 본성적으로 이타적이지는 않다. 우리는 누군가를 증오하거나 시기하거나 살인적으로 변할 수도 있다. 왜 그러할까? 우리는 진화가 우리의 비도덕적 충동도 설명할 수 있다고 본다. 그것들은 우리의 원초적 조상들로부터 물려받은 비사회적 본능의 잔재물이다. 이기적인 본능은 진화 초창기에는 적응에 필요했을 것이다. 그러나 이기적인 본능이 사회적·문화적 환경에서는 일반적으로 적응에 불필요하다. 그럼에도 불구하고 이기적인 본능은 아직도 인간 게놈에 뿌리내리고 있는 것으로 보인다.

아무튼 사람들로 하여금 서로 협동하게 이끈 도덕적 이상이 플라톤적 천국을 반영하지는 않는다. 영원한 가치의 영역이 있다는 생각 역시 인간 유전자의 기발한 발명품이다. 비록 여러분은 도덕성을 신의 초월적 선에 참여하는 인간의 독특성이라고 생각하겠지만, 여러분의 도덕적인 행동들은 과학을 통해 더 효율적으로 설명될 수 있다. 협동, 이타주의, 그리고 도덕적 행위를 향한 어떤 경향성이든지, 그것들은 이제 다윈주의 생물학에 의해 수면 위에 드러난, 순수 자연적 과정의 결과들이다.

진화가 도덕성에 대해 암시하는 것은 또한 세상의 모든 종교에도 동일하게 적용된다. 종교가 존재하는 이유는 어떤 신적인 실재가 정말로 있기 때문이 아니라, 자연이 과학 이전의 시대에 살고 있었던 어떤 인류에게 종교적 감정, 생각, 행동을 하게 하는 유전자를 선택했기 때문이다. 종교적 본능은 사람들로 하여금 자신들의 삶에 영원한 의미가 있다고 (거짓으로) 믿게 함으로써, 사람들이 도덕적으로 행동할 수 있는 허구적 동인을 선사했다는 점에서, 인류의 적응 과정에 필요했다고 볼 수 있다. 명백히 인간이 현대에도 여전히 종교적일 수 있는 이유는, 종교적 경향성이 과거의 우리 종이 적응하는 데 도움이 됐기 때문이다. 생물학의 유전 법칙으로 인해, 우리는 본래 우리 조상들이 가혹한 환경에 적응할 수 있도록 도와주었던 그 신념 체계에 여전히 매력을 느낀다. 그러나 과학은 이제 우리가 선해지기 위해서 신을 믿어야 한다는 환상으로부터 우리를 해방시킬 수 있다.

분리 ────────────────────────────

인간이 왜 윤리적 동물인지를 이해하기 위해서는 진화적 자연주의자들의 얕은 사고적 틀을 벗어나야만 한다. 우리의 도덕 관념의 발전에 대한 진화적 설명은 기껏해야 꺼져가는 희미한 등불일 뿐이다. 생물학은 선을 향한 인간의 윤리적 열망을 설명하지도, 정당화하지도 못한다. 마치 정신의 진화에 대한 연구가 우주의 이해 가능함을 설명할 수 없는 것처럼 말이다. 도덕성에 관한 신학적 진술을 공격하는 갈등 입장에 대한 우리의 답변은, 결국 도덕성이 온전히 자연적으로만 설명될 수 없음을 여러분에게 보여줄 것이다.

사실 여러분의 도덕적 성향이 비록 문화적 요소들에 의해 수정된다고 하더라도, 결국 최종적으로는 진화적 적응으로 환원된다는 사상을 문자적으로 받아들인다면, 여러분을 윤리적 행위로 이끄는 그 모든 힘은 사라지고 만다. 여러분의 행동에 대한 문화적·역사적 영향이 고려된다고 하더라도, 여러분 자신의 도덕적 열망에 관한 진화적 설명은, 여러분이 내키지만 않는다면 더 이상 협동하지 않아도 된다는 모든 변명거리를 제공할 수도 있다. 진화적 자연주의자들은 여러분의 도덕적 이상들이 궁극적으로 맹목적 자연 선택의 산물이라고 주장한다. 그렇다면 여러분이 계속해서 도덕적이어야 하는 이유는 무엇인가?

도덕성에 대한 순수 진화적 설명은 어떤 종류이든 자기전복적self-subverting이다. 여러분의 윤리적 의무에 대한 순수 자연주의적 설명을 제공하고자 하는 갈등 입장의 시도에는 논리적 자기모순이 존재한다. 이 논지를 이해하기 위해서는 과학적 자연주의자들 스스로가 윤리적 신념 체계에 깊이 의존하고 있다는 사실을 관찰할 필요가 있다. 만약 여러분이 도킨스, 데닛, 히친스, 해리스 또는 플래너건의 저술들을 읽어봤다면, 그들의 대중 서적들에 만연해 있는 도덕 이상주의moral idealism를 포착했을 것이다. 지속적이고 열정적으로 상대방이 세상을 이해하는 데 도덕적으로 책임 있는 접근법을 따르지 않는다고 비판한다. 그들은 특히 신자들이 과학주의와 자연주의적 신념의 요구를 따르지 않는다는 이유로 강하게 비판한다. 새로운 무신론자들은 계속해서 신을 믿는 것이 **옳지 않다고** 말한다.[7] 그들은 신에 대한 우리의 믿음을 지적인 실패이자 도덕적인 실패로 규정하며 비난한다. 그들의 자연주의적 윤리관은 사실 도덕적 엄중함에 있어서는 여타의 종교들보다도 더 청교도적puritanical이라고 할 수 있다.

그러나 만약 진화적 자연주의자들이 주장하는 것처럼 인간의 도덕적 본능이 적응으로 환원될 수 있다면, 새로운 무신론자들의 엄격한 도덕성도 단지 적응의 한 갈래에 불과한 것이 아닌가? 만약 그렇다면 그들의 의견에는 어떠한 도덕적 권위도 없으며, 따라서 우리는 그것에 관심을 기울일 필요도 없다.

조금 더 파헤쳐보자. 몇몇 저명한 과학적 자연주의자들에 따르면, 올바로 안다는 것은 단지 인지적 옳음뿐만 아니라 도덕 발전의 정화 과정도 필요로 한다. 우리는 이 자연주의적 요구 사항들을 '지식 윤리ethic of knowledge'라고 부를 것이다. 저명한 생화학자 자크 모노

Jacques Monod는 독자들에게 자신의 이론에 순종하기를 고집한 것으로 유명하다. 그의 도덕 명령은 우리 모두가 **반드시** '객관성의 공리 postulate of objectivity'에 복종해야 함을 뜻한다. 즉, 우리는 과학적 방법이 허용하는 것 외의 다른 방법을 우리의 마음에서 제거해야 할 도덕적인 의무가 있다.[8] 이와 유사하게 철학자 클리포드W. K. Clifford는 1877년에 다음과 같이 선언했다. "불충분한 증거를 가지고 무언가를 믿는 것은 언제든, 어디에서든, 그리고 누구에게든 잘못된 것이다."[9] 크리스토퍼 히친스는 자신의 신념을 과학주의에 기대면서 반복적으로 종교가 본질상 '비도덕적'이라고 비난하기도 했다.[10] 따라서 과학적 자연주의의 신념도 '옳음'과 '그름'에 대한 나름대로의 잣대를 갖고 있다. 과학적 자연주의가 엄청나게 도덕주의적이라는 사실은 두말할 필요도 없다.

하지만 우리가 자연 선택과 적응이 도덕성에 대한 궁극적 설명이라는 진화적 자연주의자들의 원리를 받아들인다면, 이 원리가 그들 자신의 지식 윤리에는 적용되지 않을 이유가 어디에 있는가? 자연주의는 도덕적 책임에 대한 어떤 영원한 기준점을 거부하는데, 우리는 왜 우리가 절대로 객관성의 공리를 거역해서는 **안 된다**는 그들의 요구에 복종해야만 하는가? 다시 말해 자연주의자들이 우리가 그들의 지식 윤리를 **반드시** 수용해야만 한다는 법령을 선포할 때, 그들 자신은 도대체 얼마나 단단한 기반에 서 있는 것인가?

사실 자연주의자들이 여러분의 도덕적 열망에 대해 순수 진화적 설명을 제공하는 것과 동시에, 그들 자신의 지식 윤리는 진화적 적응

이상이라고 선언하는 것은 논리적으로 자기모순적이다. 왜 지식 윤리를 향한 그들의 도덕적 신념은 여러분이 가지고 있는 도덕적 이상만큼 다원주의의 비판 대상이 되지 않는가? 만약 그렇다면 여러분은 그것들을 진지하게 받아들일 필요가 없다.

이에 대한 답변으로 분리 입장은 도덕적 명령들이 적응의 산물이기 때문이 아니라, 본질적으로 선하기 때문에 순종해야 한다는 의견을 제시한다. 진화적 적응 이론은 어떠한 도덕적 순종도 정당화하지 못한다. 결과적으로, 속임수나 성적 난잡함도 유전자의 차원에서는 적응의 산물일 수 있다. 반대로 금욕주의나 순교 역시 포괄 적합도에 기여한다. 서로 명백히 반대되는 행위들 전체를 적응이라는 용어로 설명함으로써, 도덕성에 대한 진화적 진술은 그 어떤 것도 설명하거나 정당화하지 못하게 되었다.

만약 진화과학이 여러분의 도덕적 신념을 설명하거나 정당화하지 못한다면, 무엇이 그것을 설명할 수 있는가? 물론 자연적·사회적·개인적 역사가 여러분의 의식을 형성하는 데 관련이 있다. 그러나 진화적이고 문화적인 영향들 외에 또 다른 무언가가 정말로 진지한 의미의 책임감을 일깨우는 데 필요하다. 우주가 이해 가능하다는 믿음을 정당화하기 위해 진화과학 외에 다른 무언가가 필요했던 것처럼 (7장 참고), 선을 향한 우리의 신념을 정당화하기 위해서는 다원주의 이론 외에 또 다른 무언가가 필요하다. 따라서 분리 입장은 여러분의 도덕적 삶에 대한 **적절한** 기반을, 오직 기저에 신학적 차원을 포함하는 실재에 대한 관점에서만 얻을 수 있다고 주장한다. 왜냐하면 여러분의 개인적 존재의 가장 깊은 중심은 이미 무한하고 영원한 선과 접촉함으로써, 일생을 살아가며 도덕적 책임감에 점진적으로 눈을 떠가기 때문이다.

그러나 이 도덕성의 자각은 단계별로 이루어진다. 우리가 도덕성에 대한 단순한 다원적 설명을 거부하는 가장 큰 이유 중 하나는, 다원적 설명이 도덕 관념은 오직 점진적으로만 발전된다는 사실을 외면한다는 데에 있다. 도덕성은 사람들이 어린 시절에서 성인으로 자라가며 얻게 되는 다양한 행동 특성이나 기질을 뜻한다. 도덕적 성숙의 과정은 이기심에서 이타심으로 변화되기 위해, 오랜 시간에 걸친 분투와 엄청난 패배의 시기들을 필요로 한다. 그래서 만약 진화적 자연주의자들이 인간 도덕성에 대한 생물학적인 설명이 설득력이 있기를 기대한다면, 그들은 각각 구별된 도덕 발전의 단계를 염두에 두어야 할 것이다.

하지만 진화적 자연주의자들은 그러지 못한다. 각각 다른 단계의 도덕적 동기는 '적응'이라는 모두 동일한 궁극적 설명으로 소급된다. 일부 다원주의자들은 문화적 영향이 우리의 가장 서툰 자연적 행위 본능을 뒤집어 놓을 수 있다고 주장하기도 한다. 그러나 그들은 도덕에 대한 '궁극적' 설명이 여전히 진화생물학에서만 발견될 수 있다고 주장한다.[11] 다시금 진화적 설명은 인간의 도덕 신념의 모든 단계를 적응이란 용어로 설명하고자 함으로써, 결국 아무것도 설명하지 못하게 된다.

보다 명료하게 하기 위해 우리는 도덕 발전을 세 단계, 즉 전인습

적 수준, 인습적 수준, 후인습적 수준으로 나누어 살펴볼 것이다.[12]

| 도덕 발전의 전인습적Preconventional 수준

가장 기초적, 또는 '전인습적'인 수준에서, 인간 행동은 보상과 처벌을 통해 형성된다. 아이들은 다양한 행동들과 관련된 보상과 처벌이 있다는 사실을 인지할 때, 행동하는 법을 배운다. 어쩌면 진화생물학이 도덕 성장의 과정 중, 이 가장 초기 수준을 이해하는 데 도움이 될 수 있다. 인정을 선호하는 욕구와 고통을 혐오하는 경향은 분명히 인류 유전자가 생존하는 데 도움이 되는 적응적 특성이다. 따라서 우선은 논지를 이어가기 위해, 이 유아적 도덕성이 적어도 부분적으로나마 진화적 적응으로 설명될 수 있다고 인정해보자.

| 도덕 발전의 인습적Conventional 수준

우리가 '인습적' 도덕성이라고 부를 수 있는 도덕 발전의 두 번째 시기는, 어떤 특정한 사회 공동체에 받아들여지기를 원하는 자연적 갈망에 근거한다. 이 공동체는 가족, 패거리, 학급, 여학생 클럽sorority, 직장 동료, 교회 공동체, 군부대, 정당 등일 수 있다. 다른 생물 종들과 같이, 우리도 소속되고자 하는 자연적 욕구가 있다는 사실은 명백하다. 예를 들어 최근에 진행된 영장류 연구는 소속감의 근거를 제공한다.[13] 소속되고자 하는 욕구는 협동을 요구하고, 따라서 도덕 발전의 두 번째 단계 역시 부분적으로는 생물학적으로 해석될 여지가 있다.

| 도덕 발전의 후인습적Postconventional 수준

비록 도덕 발전의 전인습적, 인습적 수준이 진화론적 개념으로 설명될 수 있더라도, 적어도 어떤 사람들은 궁극적인 진화적 설명을 제공하는 자연주의자들의 꿈을 완전히 묵살시킬 정도의 도덕적(종교적) 발전의 수준에 도달하곤 한다. 우리는 이 수준을 '후인습적' 도덕성(종교)이라고 부를 것이다.[14] 이 단계에서의 인간 행위는 보편적이고 무조건적인 가치들에 기반한다. 후인습적 도덕성은 특정한 행동들이 개인이나 공동체의 안정성과 전혀 관련 없이, 본질적이며 무조건적으로 선하다는 신념에 뿌리박고 있다. 그런 가치들에 대한 복종은 심지어 비협동적이고 부적응적인 행동을 통해 공동체를 불안정하게 하거나 사회적 동요를 일으키기도 한다. 진리, 사랑, 정의, 평화와 같은 무조건적인 가치에 의해 자극받은 행동은, 순수 인습적 도덕성의 관점에서는 악하다고 규정될 수도 있다.

예를 들어, 아브라함 종교 전통에서 '예언자'는 현재의 안정된 상황을 혼란스럽게 하며, 가난하고 소외된 자들의 하나님에 대한 신앙을 천명하는 사람이다. 유대교, 기독교, 이슬람교를 포함해 예언자들의 하나님은 사회적 약자들의 권리를 위해 싸우는 분이시다. 도덕성에 대한 예언자적 이상을 따르는 사람들은 좁은 전통적 배경에 자리잡아 안락함을 누리고 있는 권력자들에 의해 종종 박해를 받거나 처형되기도 한다. 아브라함 신앙을 따르는 세 종교 모두가 이상으로 지향하는 예언자는, 영원하고 절대적인 선에 의해 붙잡히게 되었다고 증언하는 사람이다. 예언자는 우리 모두가 보편적, 또는 영원한 가치들을 무조건적으로 따라야 한다고 주장한다.

물론 이러한 후인습적 도덕 자세를 유지하는 일은 쉽지 않다. 공동체에 순응하라는 압박은 상상을 초월할 정도로 강하다. 우리 중에 있는 예언자들은 부적응적인 도덕적 삶을 이끌며, 종종 처음 두 단계의 도덕 발전 수준에 있는 사람들과 협동하기를 거부하기도 한다. 다윈을 따르는 도덕주의자들은 상당히 영웅적인 도덕성도 적응과 혈연 선택으로 설명하고자 시도할 것이다. 그러나 앞에서 언급했듯이, 도덕성의 모든 예들을 전부 동일한 원인으로 설명하려고 한다면 결국 아무것도 설명하지 못하는 결과를 낳을 뿐이다. 예를 들어, 나치의 도덕성에 순응하는 사람들과 반나치 저항 운동을 펼치는 후인습적 사람들을 정확하게 같은 원인(적응과 혈연 선택)으로 설명하는 진화적 자연주의자들은, 사실 도덕성에 대해 어떤 유익한 말도 하지 못한 것이나 다름없다.

비록 전인습적 행동과 인습적 행동이 유전자 생존에 도움이 된다고 하더라도(이것이 불가능하지는 않다), 그 사실은 예언자적 유형의 독특함을 설명하지 못한다. 유전자 전달은 인간의 도덕성을 형성하는 다양한 단계의 원인을 설명하기에는 너무나 일반적인 개념이다. 비유하자면, 열역학의 법칙들은 오늘날 야외 온도가 높든지 낮든지 작동하기 때문에, 한편으로는 열의 교환heat exchange이 덥거나 추운 날씨에 대한 원인이라고 설명하는 것과 유사하다. 이런 식의 설명이 틀리지는 않았지만, 상당히 공허한 설명이다. 비슷하게 유전자 전달은 사람들이 악하든 선하든, 비겁하든 영웅적이든 계속된다. 그러나 그

차이를 설명하기 위해서는 유전자 생존 외에 다른 무엇인가가 필요하다.[15]

대화

비록 자연 선택만으로는 선을 향한 우리의 경향성을 설명할 수 없음에도 불구하고, 우리는 여전히 인간의 도덕성에 대한 진화적 관점을 풍성하게 채택할 수 있다. 도덕성의 진화는 지성의 자각과 같이 우주 드라마의 중대한 새로운 장이다. 지능과 신앙의 의미에 대한 우리의 우주적 관점은 도덕적 열망에 대한 우리의 이해 역시 설명해준다.

도덕적 본능이 자연적 사회적 상황과는 무관한 채, 반드시 신적 명령에 따라 각 사람의 정신에 곧바로 주입된 것이라고는 말할 수 없다. 또한 우리의 도덕적 감수성이, 영혼이 잠시 쫓겨나 있는 완전한 플라톤적 영역에 대한 희미한 **추억**remembrance에 기반해 있는 것도 아니다. 이 고전적 신학 이론들은 다윈 이전 시대에나 이해 가능한 사상이다. 더욱이 이 고전적 신학 이론들은 도덕성에 대한 순수 자연주의적 정당화가 불충분하다고 주장한다. 이 이론들은 도덕적 복종이 우리 자신을 영원한 선에 의해 **붙잡히도록** 내어주는 행위라는 사실을 올바르게 표현한다. 그럼에도 불구하고, 우리가 이제 생명과 정신의 진화에 대해 알게 된 것처럼, 우리는 도덕성을 아직 완성되지 않은 우주라는 상황에서 이해할 필요가 있다.

플라톤, 아퀴나스, 칸트와 함께 대화 입장은 우리의 존재가 초월적 **선**goodness을 지향하게 되어 있다는 사실에 동의한다. 그러나 영원한 선을 향한 우리의 경향성은 우리가 온 우주의 긴 여정을 통해 하나님께 참여하는 여러 방법들 중 하나다. 우리는 하나님을 세상 위에 계셔서, '여기 밑에down here' 있는 인간이 '저기 위에up there' 있는 영원한 완전을 모방하려는, 불충분할 수밖에 없는 시도를 지속적으로 평가하는 분으로 생각하지 말아야 한다. 만약 그것이 사실이라면 우리 도덕적 존재는 낙심해버리고 말 것이다. 만약 인간의 덕이 변함없는 완전을 모방하는 데 그친다면 모든 시대에 걸친 인간의 도덕적 분투는 지극히 미미한 것이 되어버린다. 그것은 대부분 실패에 대한 기록일 뿐이다. 도덕적 삶을 향한 완벽주의적 접근은 때때로 죄책감과 심지어 자기 거절감이라는 막막함을 선사하기도 했다. 우리는 결코 위의 것에 도달할 수 없기 때문에 항상 우리 자신을 증오하게 되는 것이다. 완벽주의가 '무신론'이라는 반응을 촉발시킨 것은 납득할 만하다.

의심할 바 없이 우리에게는 도덕적 삶이 본받을 만한 선의 표준이 필요하다. 선한 삶을 살고자 하는 우리의 열망은 우리의 존재와 행동이 세상에서 실제적 변화를 일으킬 수 있음을 깨달을 때 가장 생동적이 된다. 우리는 도덕성에 관한 진화적 관점이 정적인 우주의 틀 안에서는 생각도 할 수 없었던 우주적 중요성을, 우리의 도덕적 행위에 부여할 수 있다고 본다.

따라서 우리 대화 입장은 이 과학의 시대에 여러분의 도덕적 삶을 단지 모방imitation이 아닌 일종의 기대anticipation로 간주하도록 초청한다. 만약 여러분이 속해 있고 또 여전히 진행 중인 세계에 여러분의 삶과 행동이 실제로 중요할 수 있다는 희망을 갖는다면, 여러분은 도덕적 삶을 살고자 하는 열망을 갖게 될 것이다. 또한 진행되고 있는 창조 사역에 무언가 중요하게 기여할 수 있다고 인식한다면, 여러분은 더욱 선한 삶을 추구하게 될 것이다. 심지어 여러분이 하는 가장 단순하고 단조로운 일조차도 여러분이 그것을 더 크고 지속적인 사업의 한 부분이라고 이해한다면, 더욱 견딜 만한 일이 될 수 있다. 오직 '삶에 대한 열정'만이 여러분의 도덕적 수고를 장기간 유지시킬 수 있다. 그러나 삶에 대한 열정은 우리가 태어난 이 우주적 드라마에 무언가 엄청 중요한 것이 진행되고 있다는 기대에 기인한다.[16]

그러므로 우주를 서사적으로 이해하는 것은 여러분이 도덕적 완벽주의자들에 의해 비난받도록 방치하는 것이 아니라, 여러분에게 새로운 윤리적 기회가 부여되는 미래를 계속해서 열어준다. 여러분이 우주가 여전히 창조되고 있음을 인지한다면, 도덕적 회심은 자책감이나 후회 속에서 허우적거리는 것을 의미하지 않는다. 오히려 도덕적 회심은 여러분에게 처음으로 생명을 부여했던 창조성의 흐름에 다시 뛰어드는 것을 의미한다.[17] 만약 우주가 움직이지 않고 가만히 정지해 있다면, 여러분의 도덕적 삶은 모범적인 덕을 모방하는 행위나 개인의 완전을 향해 분투하는 행위로 환원될 것이다. 그러나 우리가 강조했듯이 우주는 여전히 진행 중이며, 여러분이 이 과정의 일부라고 할 수 있다. 여러분이 도덕적 선택과 헌신을 쏟아부을 수 있는 우주적 창조성의 위대한 이야기를 발견함으로써, 과학은 의도하지는 않았지만 결론적으로 인간 도덕성의 기반을 놓는 데 커다란 공헌을 했다고 볼 수 있다.

우리는 모방과 덕 추구의 윤리적 중요성을 거부하는 것이 아니다. 여러분의 삶, 일, 그리고 다른 사람들과 관계하는 방식들이 우주적 차원의 드라마에, 비록 사소하더라도 변화를 일으킬 수 있다는 사실을 자각했다고 생각해보자. 그렇다면 도덕적 영웅을 모방하는 행위와 도덕적인 사람이 되고자 하는 열의는, 중요한 무엇인가가 우주적 미래에서 구체화될 것이라는 생동감 넘치는 새로운 차원의 희망적 기대를 받아들이게 된다. 그때 여러분의 도덕적 삶은 천국으로 들려 올려지기를 기다리며 그저 쳇바퀴를 돌리기만 하는 삶이 될 필요가 없다. 도덕성은 자기개선이나 또 다른 세상에 들어가기 위해 영혼을 준비시키는 것뿐이 아니다. 도덕성은 창조에 참여하는 문제와 결부되어 있다.

만약 여러분이 우리의 도덕적 행위를 아직 완성되지 않은 우주라는 상황에 위치시키기를 배울 수 있다면, 여러분은 유대교인들과 기독교인들이 '하나님 나라kingdom of God'라고 불렀던 왕국을 건설하는 데 있어서 덕이 얼마나 중요한지를 이해할 수 있을 것이다. 여러분은 여러분의 인생을 단순히 하나님을 모방하는 차원을 넘어, 창조의 역사에서 하나님과 협력하는 과정으로 보게 될 것이다. 신앙의 역할은 여러분이 스스로의 노력을 기울여 새로운 미래를 여는 데에 있다. 미래를 향한 이런 희망이 없다면 도덕적 존재의 예언자적 이상은 관습적 도덕주의conventional moralism, 비현실적 완벽주의unrealistic perfectionism, 그리고 우주적 현실도피cosmic escapism에 빠져 부패하게 될 것이다.[18]

갈등 입장이나 분리 입장은 원기 왕성한 윤리적 존재를 위한 적절한 구조를 제공할 수 없다. 갈등 입장은 우주와 모든 인간의 노력이 결국 무로 돌아간다고 선언함으로써, 여러분의 동기를 약화시키고 도덕적 노력의 범위를 줄일 뿐이다. 만약 우주가 궁극적으로 무의미하다면, 여러분이 우주로부터 얻을 수 있는 최상의 의미는 필연성에 저항하는 프로메테우스적인 용기가 필요한 개인적이고 비극적인 영웅주의밖에 없다. 우주의 명백한 불합리성에 직면하는 것이 곧 명예로운 행위처럼 보일 수도 있다. 그러나 갈등 입장의 우주적 무용성cosmic futility은 전반적인 책임감 회피를 예방하는 데 아무런 도움이 되지 못한다.

분리 입장은 지난 몇 세기 동안 수많은 신자들을 도전하고 붙들었던 내세적 신학 관점으로부터, 그 나름대로 도덕적 행위에 대한 충분한 동기를 찾아냈다. 고대 철학자 플라톤의 사상과 현대 문화에 여전히 상주하는 이분법에 기반해서, 분리 입장은 생성과 소멸을 반복하는 현재의 세계 너머에 완벽한 선(하나님)을 지닌 초월적 세계가 있음을 가정한다. 이런 배경에서의 도덕적 삶은 하나님과 더 가까워지기 위해 자신을 세상으로부터 스스로 분리시킨 성인들의 삶을 모방하기 위해 분투하는 것이다. 말할 필요도 없이, 분리 입장은 우리의 윤리적 삶을 지금도 진행 중인 우주의 생성과 창조성에 연결하는 데에는 관심이 거의 없다. 분리 입장이 오늘날 진화와 천체물리학을 타당한 과학으로 인정하는 것은 사실이지만, 신앙이나 도덕성을 우주적 여정 그 자체와 연관시키는 데에는 관심이 없다.

그러나 대화 입장은 도덕적 열망도 지능과 자유를 탄생시킨 것과 동일한 극적인 우주적 자각의 한 부분이라고 본다. 책임적인 존재가 되도록 부름을 받았다는 의식은, 여러분이 포함되어 있으며 미래를 기대하게 하는 우주의 드라마와는 떨어질 수 없는 개념이다. 도덕 의식을 지닌 인간에게 실제로 에너지를 공급할 수 있는 것은, 더 복잡해지고 **그 이상의 존재**more being를 향해 나아가는 이 세계 자체의 추진력이다. 우리의 도덕적 삶은 **그 이상의 존재**가 되고자 하는 거대한 우주적 움직임의 일부이기 때문에, 우리는 우리를 출산한 드라마의 진취적 추진력으로부터 벗어날 수 없다. 우리 인간은 미래를 향해 쉼없이 움직이는 우주를 지능, 도덕적 열망, 미적 추구의 형태로 의식적으로 경험할 수 있다.

이해와 진리를 향한 끝없는 탐구, 더 강렬한 아름다움을 향한 미적 이끌림, 그리고 선을 향한 도덕적 열망은 모두 명백히 미래 지향적이다. 지능은 희망하지만 아직 도달하지는 못한, 점차 드러나는 정합성을 먹고 자란다. 미적 자각은 더 강렬한 미가 현재 너머에서 우리를 기다리고 있다는 그런 모호한 직관에 의해 점화된다. 그리고 도덕적 자각은 궁극적으로 우리가 의도하는 것보다 더 많이 우리를 사로잡는 그런 선을 향한 갈망에 의해 유발된다. 하지만 대화 입장은 이 미래 지향적 경험들을 아직 완성되지 않은 우주 안에 위치시킬 때 가장 합리적인 설명을 제공할 수 있다고 생각한다.

우리를 탄생시킨 이 우주는 **그 이상의 존재**가 될 수 있도록 항상 열려 있는 우주다. 인간의 정신을 통해 우주는 무궁무진한 의미와 진리를 고대한다. 우리의 미적 갈망을 통해, 우주는 이제 그 자신을 끝없는 미를 향해 열어놓는다. 그리고 우리의 도덕적 감수성을 통해, 우주는 무한한 선을 자각한다. 이 우주적 격변에서 신앙이 차지하는 역할은 의미, 진리, 미, 그리고 선이 **영원하다**는 것에 대한 신뢰라고 할 수 있다. 만약 그것들이 영원하다면 그것들을 향한 우리의 응답은 영원히 중요하다고 확실히 말할 수 있다.

9장

우리는
특별한 존재인가?

갈등

우리는 특별한 존재가 아니다. 우리는 그저 맹목적인 우연과 비인격적인 물리적 필연성의 산물일 뿐이다. 자연 선택이라는 생물학적 기전뿐만 아니라 물리, 화학 법칙들도 우리의 존재를 설명하기에 충분하다. 우주가 우리를 돌보고 있다거나 지적인 신이 우리가 여기에 존재하도록 의도했다는 증거는 없다. 우리가 존재하지 않았을 가능성은 너무나 크기에, 우리의 존재를 이상하게 여기는 것도 놀라운 일이 아니다. 여러분은 정신을 갖고 있고, 정신이 없는 물질과는 상당히 달라 보이기 때문에 여러분은 전반적으로 무관심해 보이는 우주와는 구별된다고 믿을 수도 있다. 그러나 과학적으로 보면 여러분의 존재는 전혀 특별할 것이 없다. 앞에서 살펴본 것처럼 여러분의 정신 활동과 도덕 활동은 단지 물리적 용어들로 설명될 수 있다. 만약 충분한 시간이 주어진다면 (우리 우주에는 충분한 시간이 주어졌다) 우연과 맹목적인 물리 법칙들의 결합으로 말미암아 살아 있고, 생각하고, 도적적인 존재들이 엄청난 우주 역사 가운데 일정 기간 동안 존재하게 될 수 있다. 그러나 결국 여러분의 불안정한 정신 생활을 포함해 의식이 존재하는 시대는 물리 우주가 차갑게 얼어붙을 때 영원히 사라질 것이다. 그러면 마치 인간이 전혀 존재하지 않았던 것처럼 될 것이다. 이때에도 우리가 특별한 존재라고 진지하게 주장할 수 있을까?

물질은 우리를 특별하게 보이게 만드는 정신의 흔적 없이도 쉽게 수많은 배열을 이루며 계속해서 존재할 수 있었다. 빅뱅으로 탄생한 우주는 우리가 존재하기 전, 약 140억 년 동안 정신적 존재들이 없이도 상당히 잘 지냈다. 물리적 실재는 우주에서 정신이 출현하는 것에 대해 조금의 관심도 없다. 우주에서 지적 존재의 등장은 비정신적인 물질의 본질적 상태로부터 출발한 아주 우연적인 사건이었다. 갈등 입장에 속한 유물론자의 관점에서 보면, 인간의 정신은 종종 외계에서 침입한 것처럼 보인다.

여러분의 존재가 바위와 무radishes보다 더 특별하다고 생각하는 것은 여러분이 얼마나 과학과 동떨어져 있는지를 보여준다. 그러나 여러분은 과학이 지구와 인간을 중심이라는 환상으로부터 멀어지게 하는 것에 대해 슬퍼할 필요가 없다. 만약 일단 과학이 나쁜 소식인 것처럼 보인다면 여러분은 잘못된 길에 들어선 것이다. 사실 종교적으로 지지받는 인간중심주의를 권좌에서 몰아낸 것은 현대 과학의 가장 큰 공헌이다. 이제 여러분이 특별하지 않다는 것을 배우는 것은 여러분을 가짜 율법을 부여하는 신으로부터, 그리고 거짓된 자만감을 수반하는 불필요한 죄책감으로부터 해방시킬 수 있다. 갈등 입장에서는 여러분의 정신을 포함해, 우주에서 일어나는 모든 일이 비인격적인 물리 법칙의 결과라는 것을 당연하게 받아들인다. 지적 존재인 여러분의 존재는 어떤 영원한 설계의 산물이 아니다. 어떤 인격적 신도 여러분이 여기에 존재하도록 설계하지도 않았고, 지금 여러분의 삶을 감독하고 있지도 않는다.

결론적으로 우리는 특히 일부 과학자들이 최근 천체물리학을 오용해, 심지어 종교에서 가정했던 것보다 더 우주에서 인간을 특권의 자리로 복귀시키려는 불편함에 직면해 있다. 구체적으로 말해서 우리는 '인류 원리Anthropic Principle'라고 불리는 새로운 매혹적인 해석들에 대해 여러분에게 경고해야 할 의무가 있다. 인류 원리는 '정신'의 궁극적인 출현, 또는 우주 역사에 우리와 같은 지적 존재들의 등장이 우주 이야기의 최초 순간에 이미 예정되어 있었다는 주장이다. 인류Anthropic라는 단어는 인간을 의미하는 그리스어 anthropos로부터 나왔다. 따라서 인류 원리는 전 우주 이야기가 처음부터 결국 우리가, 아니면 적어도 우리와 같은 지적인 존재들이 탄생되는 것으로 주의 깊게 설정되어 있었다고 주장하는 듯 보인다. 물리학자 프리먼 다이슨Freeman Dyson이 소망하듯이, 우주는 시작부터 "우리가 출현할 것"[1]을 알고 있었던 듯하다.

인류 원리는 빅뱅 우주의 초기 물리 조건들과 기본 상수들이 마치 생명과 정신이 약 140억 년 후에 우리 우주에 출현하도록 초기부터 '딱 알맞게' 또는 '미세하게 조정되었다'고 가정한다. 그래서 일부 과학자들에게 인류 원리는 우리의 존재가 결국 특별하다는 것을 효과적으로 주장하는 것으로 간주된다.[2] 우리가 보기에 일부 인류 원리지지자들의 주장, 즉 이 광활한 우주가 인류가 출현하기 위해 만들어졌다는 주장은 상당히 비과학적이고 이기적인 주장이다. 물론 우리는 우리 정신의 존재가 특정한 초기 우주 조건들과 상수들을 제외하고는 이해할 수 없다는 주장에 동의한다. 심지어 유물론적 과학자들도 생명과 정신의 존재가 단지 물리적 요인들과 수학적 측정치들과 양립할 수 있다는 것을 주장하는 약한 인류 원리Weak Anthropic Principle는 받아들이는 듯하다.

우리가 거부하는 것은 이런 속성들이 정신을 부여받은 특별한 존재를 만들기 위한 목적으로 아마도 신에 의해 미세하게 조정되었다는 주장이다. 다시 말하면, 우리는 신학적 인류 원리Theological Anthropic Principle를 거부한다. 만약 신학적 인류 원리가 옳다면, 그리고 우주가 생명과 정신의 출현을 위해 의도적으로 미세하게 조정되었다면, 이 주장은 우리의 자연주의적 세계관에 도전하고, 우리가 결국 특별한 존재라는 믿음을 정당화하는 것이다. 그러나 우리는 신학적 인류 원리가 훌륭한 과학이기보다 희망 사항에 불과하다고 본다. 다만 공정성을 위해 인류 원리를 좀 더 면밀하게 살펴보고, 인류 원리가 신학적인 함의를 지니고 있는지의 여부에 대한 여러분 스스로의 결론을 도출해보자.

인류 원리는 중력과 우주 팽창률과 같은 우주의 근본적인 특징들이 현대 과학이 20세기 초반에 발견했던 것보다는 생명과 정신의 존재에 보다 밀접한 관계를 맺는다는 믿음에서 출발한다. 예를 들어 만약 생명과 정신이 우리 우주에서 생겨났다면, 빅뱅 우주가 시작된 첫

100만분의 1초 때에 중력과 우주 팽창률 사이의 정교한 균형이 존재했어야만 한다. 특별한 접착 특성을 가진 탄소의 존재는 생명의 구성 요소인 유기분자들organic molecules의 생산에 꼭 필요하다. 생명이 있는 세포들과 인간의 뇌는 탄소 없이 존재할 수 없다. 그러나 만약 우주가 조금이라도 빠르거나 느리게 팽창했었다면, 생명과 정신의 본질인 탄소와 다른 원소들을 만들었던 거대한 별들은 결코 형성되지 못했을 것이다. 이 지점이 바로 여러분이 신학으로 빠질 위험성이 있는 지점이다. 이런 정교하면서도 정확한 초기의 우주 숫자들의 조합, 즉 초기 우주물리학의 '미세 조정'이 단지 비정신적인 우연에 불과한가?

신학적 인류 원리의 지지자들은 그것이 우연이 아니라고 생각하며, 자신들이 신적 설계를 위한 여지를 만들었다고 주장한다. 즉, 창조주 하나님께서 태초부터 우주가 우리의 존재를 산출하도록 설정해놓으셨다는 말이다. 여러분이 아는 것처럼, 신앙인들은 자신들이 중요하다고 생각하는 것을 지지하기 위해 가장 터무니없는 생각에 의존한다. 그러나 갈등 입장은 미세 조정의 원인이 단지 우연이었다고 생각한다.

인류 원리에 따르면, 만약 우리 우주에 정신이 등장해야 했다면 초기 우주의 다른 특징들 또한 '딱 알맞게' 존재했어야만 했다. 예를 들면 전자와 양성자 질량의 비율, 초기 우주 복사에서 파동의 진폭, 그리고 강한 핵력과 약한 핵력의 비율은 우리 우주에 생명과 지능이 출현하려면 정확히 그 비율이어야 했다.[3] 갈등 입장은 이 모두를 받아들일 수 있다.

그러나 흥미로운 질문은 **왜** 물리적 측정값이 세포와 뇌가 출현하도록 정확히 맞춰져 있는가 하는 것이다. 신의 설계인가, 아니면 우연과 맹목적인 물리적 필연성의 산물인가? 우리의 회의적인 입장과는 반대로, 신학적 인류 원리는 우주가 선하고 지적인 신에 의해 태초부터 미세하게 조정되었다고 주장한다. 물리적 측정값은 탄소가 기반이 된 생명과 정신을 가진 인간이 우주에 결국 필연적으로 출현할 수 있도록 정확히 준비되어야 했다. 정신이 출현하기 수십억 년 전에, 신적 지성은 우리가 존재하게 될 물리 조건들과 상수들의 정확한 수학적 측정값을 결정했다. 그래서 결국 우리는 특별한 존재라는 것이다.

그러나 갈등 입장은 여러분에게 신학적 인류 원리보다 더 간단하게 설명한다. 즉, 우주의 '미세 조정'은 단지 우연에 불과하다. 초기 우주의 물리학을 설명하는 순전히 자연적 방식은 신, 기적, 또는 신앙의 불필요한 개입을 허락하지 않는다. 우리의 설명 방식을 '무작위 인류 원리Random Anthropic Principle'라고 부르고자 한다. 무작위 인류 원리에 의하면 우리 우주가 정신을 산출하도록 허락하는 정확한 측정값들의 조합은 전적으로 우연적이다. 그렇다. 측정값들은 '딱 알맞아야' 하지만 그것들은 신적 설계가 아니라 우연으로 인해 그렇게 된 것이다.

그렇다면, 어떻게 물리적 속성들(이 속성들은 각자 달랐음에 틀림없다)의 불가능해 보이는 배열이, 우리 우주의 초기 순간에 설계가 아니라 우연에 의해 결합될 수 있었는가? 과학은 어떤 것을 설명하기 위해 신을 끌어들일 수 없기에, 우리의 대답은 '다중우주multiverse' 개념에 있다. 우리는 무한한 우주들의 존재를 가정하고, 다중우주의 대부분은 생명과 정신을 산출하기에 알맞은 물리적 우연이 없었다고 가정한다. 우리의 자연주의적 설명에 의하면, 만약 충분한 우주들이 존재한다면 결국 정신을 잉태하는 우주가 이 풍성한 복권 중에 하나 정도는 당첨될 것이다. 다중우주는 상상할 수 없을 정도로 넓고 많은 수의 독립된 세계를 상정한다. 정신을 잉태한 우주의 존재 가능성이 별로 없어 보여도, 통계적으로 어마어마한 수를 상정하면, 어떤 신적 개입이 없이도 가능할 수 있게 된다.

그러므로 갈등 입장에서 신학적 인류 원리는 물리학과 우주론의 도움을 받아 인간 스스로를 중요하게 여기는 유아적 감정을 지지하기 위해 고안된 비상식적인 주장이다. 비록 일부 과학자들이 신학적 인류 원리에 대해 흥미를 느끼고 있지만, 우리는 신학적 인류 원리가 보다 명확하고 지적인 무작위 인류 원리에 비해 상당히 비과학적이라고 생각한다. 또한 신학적 인류 원리는 시기적으로 더 일찍 발생한 사건들(초기 우주론적 조건들과 근본적인 상수들)을 시기적으로 상당히 지난 후에, 즉 정말로 수십억 년 이후에 등장하는 결과들(생명과 정신)의 측면에서 설명하고자 시도함으로써 과학적 방법론과 충돌한다. 그렇다면 여러분은 어떻게 신학적 인류 원리를 진정한 의미의 '설명'이라고 부를 수 있겠는가? 건전한 과학은 시기적으로 앞서서 그 이후의 사건들을 유도하는 사건들만이 설명 가능하다고 본다. 신학적 인류 원리는 단지 인간의 허영심을 정당화시키는 절망적인 시도에 불과하다. 그것은 자존심이 있는 과학자들에게는 더 이상 고려의 대상이 아니다.

분리

우리는 신학적 인류 원리에도, 또한 무작위 인류 원리에도 큰 관심이 없다. 우리는 인간이 특별하다고 믿지만, 이 믿음을 지지하기 위해 과학이 필요하다고 생각하지는 않는다. 과학은 본성상 가치 중립적인 연구 방법론을 사용하기에, 무엇인가를 특별하게 보이게 만들 수는 없다. 과학의 전반적인 목적은 일단 특별해 보이는 것이 상당히 평범한 것임을 분석을 통해 보여주는 것이다. 과학적 우주론이 아니라, 신앙만이 우리를 향한 신의 특별한 사랑과 돌보심을 정당화할 수 있다. 우주가 얼마나 크고 오래되었는지, 또는 심지어 얼마나 많은 세계들이 존재하는지는 우리의 개인적 가치와는 전적으로 무관하다. 신앙은 각 개인이 신의 관점에서 유일무이하고 특별한 존재라는 것을 우리에게 알려준다. 예언적 종교들의 인격적인 신을 신앙 안에서 만나는 것은 궁극적으로 영원한 가치와 존엄의 감정을 우리에게 주는 것이다. 과학은 어떻게 해서든지 우리 스스로의 가치에 대해 어떤 것도 말하지 않는다.

그러므로 분리 입장은 신학적 인류 원리와 무작위 인류 원리를 둘

다 선호하지 않는다. 우리가 이 두 가지 인류 원리를 모두 거부하는 것은 과학적 이유 때문이 아니라 신학적 이유 때문이다. 과학적으로 신의 존재를 입증하거나 인간의 진정한 정체성을 확립하려는 시도는 신학적으로 모순이다. 왜냐하면 과학은 주체가 아니라 객체만을 다룰 수 있고, 또한 시대가 변함에 따라 상당히 많이 변하기 때문이다. 과학이 발견한 듯 보이는 어떤 신도 추상적인 개념이 될 수밖에 없다. 그러한 신은 아브라함 신앙 전통의 살아계신 하나님이 아니다. 이 신은 모세, 예수, 또는 무함마드를 통해 드러나는 도전하시고 구원하시는 인격적 신이 아니라, '틈새의 신god of the gaps'이다. 우리는 무작위 인류 원리가 신적 섭리를 위한 어떤 여지도 마음대로 배제하기 때문에, 무작위 인류 원리를 거부한다. 그리고 우리는 신학적 인류 원리가 신의 존재에 대한 고전적 설계 논증보다 더 이상 우리의 삶을 변화시키거나 신앙을 깊게 할 수 없기 때문에, 신학적 인류 원리를 거부한다. 만약 여러분이 우주가 실제로 무엇인지 알고 싶다면, 모든 별들을 연구하거나 천체물리학의 모든 이론들과 방정식들을 공부하는 것보다는, 인간의 친절한 하나의 행동을 살펴보는 것이 더 낫다.[4]

더군다나 신학적 인류 원리나 무작위 인류 원리와는 반대로, 우리의 특별함을 인정하기에 앞서, 우리 인간이 우주에 **잘 맞지 않는다**는 것을 인정해야 한다. 우리의 신앙에 의하면 인간은 물질 세계에 적응하기 위한 이유를 찾아서는 안 된다. 우리는 히브리서에 기록된 것처럼 "땅에서는 이방인과 나그네"(히 11:13)다. 심지어 인지과학자들도 비정신적인 물질 세계에서 정신과 인격을 위한 여지를 발견한다는 것이 얼마나 어려운 일인지를 안다. 생각과 물리적 실재는 완전히 달라서 그것들을 연합하려는 시도는 양쪽 모두를 잘못 이해하게 만들 수밖에 없다. 현대 유물론자들은 우리의 정신과 영혼의 환원 불가능한 비물질성을 제거하고자 시도했지만 철저히 실패했다. 정신과 물질의 완벽한 종합을 추구하는 신학자들은 실재의 영적인 차원에 자신들의 관심을 돌리려고 한다. 즉, 정신과 인간에 대해 온전히 과학적으로만 연구하는 것은 틀림없이 유물론이라는 막다른 길로 후퇴하는 것이다.

정신에 대한 유물론자들의 설명은 지적으로도 도덕적으로도 불만족스럽다. 대니얼 데닛과 같은 당대의 유물론자들처럼, 우리의 정신을 완전히 물리적으로 환원하려는 시도는 사실상 인간을 무가치한 물질로 변화시키는 것이다. 유물론자들은 자신들의 세계관이 전례 없는 몰개인화의 지적 유산임을, 심지어 20세기 폭군들과 그들의 지지자들에 의해 수백만 명이 학살된 사건의 지적 유산임을 인지하지 못한다. 유물론적 환원주의로 인해 현대적 사고는 개개인의 자아가 영원과 맺는 친밀한 감정을 잃게 되었다. 그러므로 유물론은 인간의 존엄성을 지지하기 위해 유일하게 신뢰할 만한 근거를 파괴한다. 일단 우리가 현대의 세속적 사고에 의해 무한한 선(善)과의 연결 고리를 잃게 되면, 우리는 인간의 존엄성을 단지 경건한 환상으로 취급한 독재자들과 사회 사업가들에 의해 자행된 수많은 인간 학살에 반대해 어떤 도덕적 방어도 할 수 없게 된다.

그러므로 오늘날 많은 과학적 사상가들이 여전히 인간의 존재를 이전보다 더 별볼일 없는 것으로 간주하는 것은 참으로 안타까운 일이다. 이러한 집착의 한 예는 인간의 생명을 '복잡성으로 가장한 물리적 단순성'으로 간주하는 환원주의자들의 태도다. 그러나 17세기 이래 지구가 태양계와 더 넓은 우주에서 얼마나 '평범하고' 우주적으로 사소한 것인지를 점점 더 강조해왔던 '코페르니쿠스 원리'에 호소하는 것은 잘못이다. 코페르니쿠스는 당시 상황에서 우리 행성을 특별한 위치로부터 내려오게 했다. 따라서 코페르니쿠스 원리는 과학이 인간의 특별함에 도전해 권력을 분산시켜왔다는 사실을 잘 보여준다.

우선 지구는 더 이상 태양과 다른 행성들이 공전하는 중심이 아니다. 지구는 규모와 위치 면에서 단지 '평범한' 행성에 불과하다. 코페르니쿠스 원리에 따르면 지구도 그리고 지구의 거주자들도 특별하다고 불릴 수 없다. 20세기 천문학자들은 태양과 행성들이 수십억 개의 별들과 (아마도) 그보다 더 많은 행성들을 포함하는 평범한 나선 은하의 팔에 있는 평범한 물리 체계에 불과하다는 것을 밝혀냈다. 허블 망원경이 관측 가능한 우주가 무려 2,000억 개나 되는 은하들을 포함한다는 것을 밝혀내면서, 최근 코페르니쿠스 원리는 더 많은 영역을 차지하게 되었다. 그러므로 우리 은하는 이제 평범해 보인다.

그렇다면, 코페르니쿠스 원리가 나아갈 다음 단계는 다중우주에 대한 갈등 입장의 주장이다. 갈등 입장은 아무런 증거도 없이, 우리가 사는 관찰 가능한 우주를 넘어 무한한 수의 '우주들'이 틀림없이 존재한다는 최근의 주장을 받아들이며, 우리 자신의 무가치함에 몰두한다. 따라서 인류뿐만 아니라 전 빅뱅 우주 또한 이제는 특별할 것이 없다. 통계적으로 비정신적인 우주들이 충분히 많다면, 정신을 발생시킨 우리 우주는 존재할 만하다.

이러한 계속되는 평범함의 강조에 대해 분리 입장에서는 어떻게 응답할 수 있을까? 과학은 우리가 다소 의심해왔던 것보다 우리 인간의 '평범함'을 더 잘 증명했는가? 전혀 그렇지 않다. 분리 입장에 의하면 우주의 광대함과 복잡성에 대한 풍성한 과학적 설명이, 의식이 있고, 자유롭고, 도덕적인 인간 주체의 특별함을 전혀 감소시키지 않는다. 우리 인간의 특별함은 비정신성mindlessness에 대한 계속되는 과학적 설명과 대조될 때 더욱 예리하게 드러난다. 왜 전 우주에서 우리의 작은 물리적 크기 또는 '평균'적 위치가, 무엇으로도 대체할 수 없는 인간의 가치를 부인하는 이유가 될 수 있을까? 정신, 영혼, 자유, 인간성은 신앙인들이 물리적 지평선에 대한 새로운 천체물리학의 확장에서 어떤 큰 신학적 중요성을 찾을 필요가 없는 우주의 비인격적인 일반 상태와는 상당히 구별된다.

그럼에도 불구하고 우리는 분리 입장이 다중우주의 존재를 부인할 이유가 없음을 분명히 하고자 한다. 우리가 아는 한, 수많은 우주들의 존재는 물리학에서의 끈 이론 또는 다른 새로운 개념들과 완벽히 조화를 이룬다. 또한 다중우주 개념은 우리가 이미 믿고 있는 창조주 하나님의 어마어마한 관대함과도 잘 어울린다. 그러나 이것이 핵심은 아니다. 여기에서 우리의 관심은, 그리고 설명이 요구되는 것은 코페르니쿠스 원리의 분위기를 확산시키기 위해 과학적 자연주의자들에 의해 행해지는 현재의 압력 뒤에 있는 **동기**다. 심지어 실험적 증거가 없음에도 불구하고, 수많은 세계들의 존재에 대한 천체물리학적 사색에 최근 왜 이렇게 많은 관심이 몰려들고 있는가?[5] 지금까지 다중우주에 대한 어떤 물리적 증거가 없음에도 불구하고, 과학적 사상가들은 다중우주를 자신들의 자연철학의 중심에 두는 것을 멈추지 않았다. 왜 그런가?

적어도 갈등 입장을 지지하는 사람들 사이에서는, 새로운 다중우주의 물결이 과학보다는 우리 자신의 존재가 궁극적으로 중요하지 않다는 유물론적 세계관과 더 관계가 있어 보일 것이다. 이러한 비인격적 믿음을 과학의 지위에 부여하는 가장 쉬운 방법은 코페르니쿠스 원리를 인간의 존재가 특별할 것이 없다는 증거로 해석하는 것이다. 그것을 위한 한 가지 방법은 우리 우주가 인류를 위해 미세 조정된 것으로 보임에도 불구하고, 뭐니 뭐니 해도 그 자체로 특별할 것이 없다는 것을 보여주는 것이다. 끝없이 많거나 계속되는 세계를 상정하는 것은 명백히 전 우주로부터 (우연히 그리고 놀랍지 않게) 적어도 하나의 미세 조정되고 정신을 품은 우주가 등장할 가능성을 허락한다. 이 경우, 우선 정신을 품은 우주의 존재가 전혀 놀라운 일이 아니기 때문에 지구에 정신이 출현한 것은 전혀 특별한 일이 아닌 것으로 보일 수 있다. 하지만 분리 입장에서는 이런 종류의 추론이 그 자체로 가장 놀랄 만하다고 본다. 이것은 인간 존재의 헤아릴 수 없는 가치를 부인하고 유물론적 계획을 수행하는, 상당히 어색한 방식이다.

마지막으로, 갈등 입장의 지지자들은 거의 예외 없이 코페르니쿠스 이전의 천동설(지구가 움직이는 모든 것의 중심이다)이 종교적 오만함의 표현이었다고 가정하는 실수를 범한다. 그러나 사실상 지구를 우주의 중심에 위치시키는 것은 지구를 특별한 지위를 가진 장소라기보다 세계의 쓰레기 처리장, 즉 우주 잔해의 집합소로 만들었다. 천동설은 지구를 우주에서 가장 중요한 지역이라기보다 가장 하찮은 지역으로 만들었다. 천동설에서 태양과 별 같은 존재의 상위 단계들은 달 너머에 존재한다. 따라서 코페르니쿠스와 갈릴레오가 태양을 중심에 두고 지구를 태양의 궤도에 위치시켰을 때, 이것은 인간의 허영심을 감소시킨 것이 아니라, 특별한 존재로 여겨졌던 하늘의 격하를 의미하는 것이었다.

대화

신학적 인류 원리든 무작위 인류 원리든 간에 인류 원리는 논쟁거리다. 그러나 어떤 형태의 인류 원리든지, 인류 원리는 인간의 정신이 오랜 우주 역사 속에 얼마나 친밀하게 연결되어 있는지를 보여준다. 신적 설계에 의해서든 전적인 우연에 의해서든, 정신을 부여받은 존재는 오랜 이야기 과정의 결과라는 것이 이제는 이전보다 더욱 분명해졌다. 그러나 분리 입장과는 다르게 대화 입장은 우리의 정신이 우주로부터 분리될 수 없다는 것을 전혀 곤란하게 생각하지 않으며 신학적으로 흥미롭게 받아들인다. 이제 우리는 사고$_{thought}$가 빅뱅 우주에서 물리적 속성의 배열에 단단히 엮여 존재하게 되었다는 것을 안다. 창조주 하나님이 이런 구성에 어떤 역할을 했는지에 관계없이, 뇌와 정신의 설계가 약 140억 년 전에 시작되었다는 것을 부인할 수 없다. 인간의 정신이 물리적 우주로부터 분리될 수 없다는 새로운 과학적 개념이 여러분의 자아 존중감을 감소시키는가? 오히려 반대로, 그것이 갈등 입장과 분리 입장이 간과해온 전 우주적 이야기(여러분도 이 이야기의 한 부분이다)를 가치와 중요성의 단계까지 고양시키지 않았는가?

갈등 입장은 여러분을 비정신적 물질로 환원시키며 인간의 특별함을 억누르려 시도한다. 이런 특별함의 감소로부터 여러분을 보호하기 위해, 분리 입장은 (불행하게도) 여러분의 정신을 물리적 우주와는 다른 특별한 곳에 위치시키고자 시도한다. 그러나 대화 입장은 여러분의 정신과 물리 우주의 연결을 느슨하게 만드는 어떤 시도도 (신학적이며 과학적인 근거로 인해) 철저히 거절한다. 아직도 끝나지 않은 우주 이야기에 연결된 채로, 인간의 특별함은 사고, 자유, 도덕적 열망을 일깨우며 우주의 위대한 드라마에 적어도 부분적으로 기여한다. 적어도 극적인 우주론적 관점에서 우리의 특별한 소명은 우리 각자가 이 일깨움을 조성하고 이에 참여하는 것이다.

대화 입장의 의하면, 우주는 우리의 제한된 인간 정신이 선호할 수도 있는 기계적 방식이 아니라 아직 끝나지 않은 이야기의 측면에서 이해해야 더 쉽게 파악된다. 결론적으로 우주 이야기의 의미 또는 이 해 가능함을 받아들이는 것은 기계, 세포, 또는 유기체의 설계를 이 해하려는 시도와는 다른 마음가짐이 요구된다. 우주 이야기의 의미 가 드러나기 위해서는 오랜 기대 속에서의 **기다림**이 요구된다. 기계 적인 설계와는 다르게, 만약 우리가 우주 이야기를 이해하기 원한다 면, 우리가 스스로 그 이야기 속에 빨려 들어가거나 휩쓸려갈 만하도 록, 이야기의 일관성 또한 요구된다. 순전히 객관적이고, 거리가 있 고, 비인격적인 배열은 우리로부터 그 이야기의 의미를 감출 것이다.

우주 이야기는 지금도 전개되고 있는 중이기에, 우주가 지니고 있 는 의미는 미래에, 아마도 먼 미래에 완전히 드러나게 될 것이다. 우 주의 이해 가능 여부는 현재로서는 대부분 우리의 시야를 넘어선다. 과학은 이 의미를 판독할 수 없다. 과학적 분석은 본성상 우리의 정 신을 세포, 분자, 또는 사물의 원자 구조로 이끈다. 과학적 분석은 동 시에 우리를 생명과 정신이 존재하기 전이었던 우주의 과거로 이끈 다. 그러나 결국 우주 이야기가 말고하자 하는 바는, 우리가 11장에 서 다시 논하겠지만, 과학이 답할 수 있는 질문이 아니다. 그것은 신 앙과 신학이 대답할 수 있는 질문도 아니다. 신앙과 신학이 할 수 있 는 것은 우리의 정신과 마음이 미래를 향해 계속해서 훈련받고, 놀라 움에 대해 열리게 하는 것이다. 우주 이야기가 지닐 수 있는 이야기 의 일관성은 무엇이든지 현재로서는 희망과 기대의 정신으로만 파 악될 수 있다.

그러므로 대화 입장은 특정한 개체나 유기체의 기계적 설계에 대해 묻는 것이 아니라, 생명과 우주적 드라마의 의미에 대해 묻는다. 우리는 자연의 물리적 구조보다는 극적인 의미에 더 관심이 있기 때문에 진화적 적응에서 '설계의 결함들design flaws'을 신학적으로 받아들이는 데에 어려움이 없다. 결국, 만약 생명 세계에서 현재의 모든 설계가 완벽했다면 생명은 변하지 않고 활기가 없었을 것이다. 거기에는 새로운 어떤 이야기도, 드라마도, 미래를 향한 개방성도 없을 것이다. 모든 것은 죽은 것과 다름없을 것이다.

대화 입장은 예언자적인 아브라함 신앙이 우리에게 의미에 대한 **약속**을 깨닫게 할 수 있다고 믿는다. 오직 기대와 기다림의 자세만이 우주의 이야기가 내포하는 일종의 명료함으로 우리의 정신을 향하게 할 수 있다. '역사상 가장 위대한 이야기'라고 종종 불리는 우주 이야기의 전체 의미와 정체성을 산출해낼 수 있는 때가 바로 미래다. 비록 미래를 붙잡는 것이 너무 먼 이야기 같아 보여도, 신앙의 기능은 우리로 하여금 미래를 향한 희망을 바라보게 하는 것이다. 만약 우주가 현재 완전히 이해 가능하다고 가정한다면, 우리는 무엇인가가 완벽하지 않다는 것을 불평할 수도 있다. 그러나 우주가 여전히 생성 중이라면, 따라서 이야기가 여전히 전개되고 있는 중이라면 우리는 인내심을 가져야 한다. 인내심을 가르치는 것은 항상 우리 신앙 전통의 주요 관심사였다.

그러므로 우주는 하나님을 기술자, 또는 신적 설계자라고 가정하는 신학적 인류 원리가 제시하는 방식으로 구조화되지 않는다. 또한 무작위 인류 원리가 제안하는 것처럼 우연이 초기 우주 배열의 유일한 원인인 것도 아니다. 오히려 우리 우주는 우연, 예측 가능한 '문법' 규칙들, 그리고 시간이라고 하는 세 가지 본질적인 요소들의 정교한 혼합이다. 이것이 의미하는 것은 우주가 우리가 '서사적 인류 원리Narrative Anthropic Principle'라고 부를 수 있는 원리를 따른다는 것이다.[6] 우주는 이야기들을 발생시키기 위해 만들어졌다. 서사적 인류 원리는 신학적 인류 원리, 무작위 인류 원리와 공유하는 부분이 있지만, 초점은 우주의 극적인 특성에 있다. 서사적 인류 원리는 우주가 이해 가능하며 정신은 우주 이야기에서의 전적인 우연의 산물이 아니라 우주의 본질적인 부분이라고 가정하는 신학적 인류 원리의 주장을 받아들인다. 서사적 인류 원리는 또한 우주에 존재하는 모든 것들이 무작위성, 신뢰성, 시간의 상호작용으로부터 생겨난다는 무작위 인류 원리의 주장도 받아들인다.[7] 이 세 가지는 이야기의 재료가 되고, 그것들은 우리가 빅뱅 우주와 심지어 다중우주까지도 이해할 수 있는 근간이 된다.

앞서 3장에서 살펴본 것처럼 우주 이야기에서의 우연, 법칙, 시간의 혼합은 다윈의 진화가 발생하는 우주적 기반을 제공한다. 그러므로 진화는 우주에 본질적으로 극적인 특성을 부여하는, 보다 근본적인 서사적 인류 원리를 생명의 단계로 표현한 것에 불과하다. 대화 입장은 초기의 우주적 설계 또는 생물과 세포 이하의 복잡성을 설명하기 위해 신을 **우선적으로** 찾지 않는다. 신에 대한 우리의 탐구는 전 우주적 이야기의 의미에 대한 탐구를 요구한다. 그러나 우리가 현재로서는 우주의 완벽한 의미를 이해하기를 기대할 수 없는데, 특히 우리가 자연 설계의 복잡함에 너무 좁게 초점을 맞춘다면 더욱 그러하다. 의미는 설계가 아니라 이야기에 의해 드러난다.

우주의 드라마는 여전히 완성되지 않았기 때문에, 과학은 아직 완벽하고 최종적인 방식으로 그 이야기의 일관성을 이해하는 위치에 설 수 없다. 우주의 의미에 대한 탐구는 희망을 근간으로 행해져야 한다. 우주 이야기가 결국 인간의 단계에 이르러 스스로 의식을 산출했다는 것은 우리의 특별함을 말해주는 것이다. 우주 이야기는 앞으로 어떻게 변해갈지에 대한 기대감을 지닌 채 개방되어 있다. 과학과 신앙은 우주 이야기를 읽는 서로 다른 방식이다. 과학은 우리에게 우주 이야기의 알파벳, 어휘, 문법에 대해 말한다. 신앙과 신학은 우주 이야기의 의미를 찾는다. 우리는 건축학적으로 완벽한 의미를 발견하기를 기대하지는 않는다. 단지 자연 현상의 구성을 역추적하는 역설계에 관심이 있는 것이 아니다. 그것은 분석과학에 알맞은 역할이다. 대화 입장에서는 직접 보는 것에 의해서가 아니라 기대에 의해서만 의미를 파악할 수 있다고 본다. 우리는 깊은 인내심을 가지고 그 의미를 기다려야 한다. 이것이 우리의 의무이자 존엄성이다.

10장

사후 세계는
존재하는가?

갈등

이 책에서 갈등 입장이 지지하는 세계관인 과학적 자연주의는 여러분의 의식이 사후에는 존재하지 않을 것이라고 예측한다. 갈등 입장을 받아들이는 사람들은 보통 물질 외에는 어떤 것도 존재하지 않는다는 유물론자(또는 물리주의자)의 주장을 수용한다. 영혼, 정신, 신과 같은 개념들은 기껏해야 적응에 도움을 주는 허구다. 여러분이 죽으면, 의식은 무의미한 허공으로 사라져 결코 깨어날 수 없을 것이다. 지금으로부터 수십억 년, 또는 아마도 심지어 수조 년이 지나면, 빅뱅 우주 자체도 영원한 안식 속으로 사라질 것이다. 우주에서 모든 감각과 의식을 지닌 존재들은 완전히 멸종할 것이다. 그 어떤 것도, 그 누구도 기억될 만한 흔적을 남기지 못할 것이다. 여러분의 운명은 전 우주의 운명과 같이 아무것도 아닌 것이다.

듀크 대학교의 자연주의 철학자 오언 플래너건은 사후 세계에 관한 질문에 대해 갈등 입장의 관점을 정확히 대변한다. 그는 대부분의 사람들이 여전히 사후 세계를 믿는다는 것을 인정한다. 그러나 그는 과학이 그것을 지지할 어떤 증거도 제공할 수 없기 때문에 이 믿음은 비이성적이라는 것을 상당히 정확히 지적한다. 과학은 사물에 대한 진리를 얻을 수 있는 신뢰할 만한 유일한 방법인데, 과학이 사후 세계가 우리를 기다린다는 어떤 증거도 발견하지 못했다는 것이다. 플래너건에 의하면, 불멸성에 대한 믿음은 비이성적일 뿐만 아니라 자연주의의 확산에 방해가 된다.

> 21세기 대부분의 철학자들과 과학자들은 자신들의 직업이 순전히 자연주의적 관점에서 세계를 바라보게 만드는 것이라고 본다. 하지만 인간의 비자연적인 속성을 믿는 것, 즉 신을 포함해 어떤 비자연적인 것들을 믿는 것이 우리 자연을 충실히 이해하는 방법을 대신하고 있다.[1]

존경받는 현대 철학자인 플래너건은 우리 자신의 '인간적 이미지 humanistic image'를 자유 의지와 불멸의 영혼을 부여받은 영적인 존재로 인식하는 것은 지적으로 쓸모 없는 일이라고 강하게 주장한다. 플래너건은 보다 실제적인 유물론적 세계관을 수반하는 '과학적 이미지scientific image'를 지지한다. 과학적 이미지는 이제 인간적 이미지를 대체해야 한다. 플래너건은 말한다. "한 이미지는 인간이 비물질적인 정신과 영혼 같은 영적인 부분을 소유하고 있어서, 인간의 생명과 영원한 운명이 이 영혼의 운명에 의해 결정된다고 본다. 다른 이미지는 영혼 같은 것은 존재하지 않으며, 따라서 그 어떤 것도 운명의 장난에 의해 결정되지 않는다고 본다." 이성적인 인간이라면 과학적 자연주의의 결론을 받아들일 의무가 있다.

> 우리가 죽으면, 우리 또는 더 나은 말로, 한때 우리를 구성했던 입
> 자들은 하나님의 오른 팔이 아니라 자연의 품으로 되돌아간다.[2]

그러면 여러분은 왜 사후 세계에 대한 믿음이 심지어 과학 시대에
도 여전히 계속되는지 물을 수 있다. 그렇게 많은 사람들이 어떻게
완벽히 잘못될 수 있는가? 다윈은 이 질문에 답하는 데에 도움을 줄
수 있다. 불멸에 대한 믿음이 진화에 유리하기 때문에 궁극적으로 우
리의 본성에 깊이 내재되어 있다고 보는 것이다. 불멸에 대한 희망은
먼 옛날의 종교적 조상들로 하여금 우리 각자가 **영원한** 가치와 운명
을 가진다는 허황된 이야기를 받아들이게 했다. 이 잘못된 확신은 그
들에게 윤리적인 삶을 살 이유를 부여했다. 그들은 죽음 이후에 신으
로부터 선한 행위에 대한 보상을 기대했고, 악한 행위로 인해 처벌받
을 것을 두려워했다. 불멸에 대한 믿음은 우리 조상들로 하여금 자신
들의 삶이 영원히 중요하다는 환상을 붙들고 살게 했다. 불멸의 존재
에 대한 종교적 기대는 그들이 살아가는 동안 타인들과 협동하도록
이끌었다. 진화적 관점에서 보면, 다른 사람들과의 협동은 인류가 성
관계를 맺고, 자녀를 낳고, 그러므로 미래 세대에 협동하는 유전자를
전파하기에 충분한 삶을 살게 해줄 것이다. 불멸에 대한 믿음이 비록
비합리적이라 하더라도, 그것은 유전자의 생존에 유익을 주었다. 이
것이 이 믿음이 계속해서 존재하는 이유다.

오늘날의 사람들은 조상들로부터 도덕적인 삶을 살도록 프로그래밍 된 협력하는 유전자cooperative genes를 물려받았다. 이 유전자는 사후 세계를 믿는 것을 무척 좋아하는 뇌를 계속해서 만들 것이다. 오늘날에도 신 개념 같은 불멸에 대한 환상은 조용히 사라지지 않을 것이다. 다른 어떤 과학 사상보다도 진화생물학은 인간이 여전히 죽음을 넘어 생존할 수 있는 불멸하는 영혼을 지니고 있다고 생각하는 이유를 잘 설명해준다. 따라서 우리와 같은 과학적 회의론자들이 신앙을 가진 사람들에게 그들의 희망이 헛되다는 것을 확신시키기는 어려울 것이다.

이것이 갈등 입장을 받아들이는 우리 중 일부가 인간의 종교적 경향성에 대해 도킨스와 새로운 무신론자들보다는 관대한 이유다. 이제 우리는 사후 세계를 믿는 경향이 우리의 유전적 기질이며, 이런 경향이 이전 세대의 사람들에게 잘 맞았다는 것을 알았다. 비록 죽음 이후의 삶을 믿는 것이 오늘날 과학적으로 교육받은 사람들에게는 잘 받아들여지지 않지만, 우리는 우리 조상들이 종교에 적응하지 않고는 결코 생존하지 못했을 것이고, 우리도 오늘 여기에 존재하지 않았을 것이라는 사실을 충분이 인정한다. 비록 불멸에 대한 생각이 전적으로 허구라고 확신한다고 해도, 우리는 이런 환상이 계속해서 번성하리라는 것에 크게 개의치 않는다.[3] 내세에 대한 생각이 인간 유전자의 생존을 촉진시키는 한, 비록 그것이 과학적 이성에 반대된다 하더라도 생물학적 가치는 지닌 것이다.

분리

    과학주의 옹호자들이 사후의 의식적인 삶에 대한 추측을 거부하는 것은 놀랍지 않다. 그러나 과학주의가 옳다고 누가 말할 수 있는가? 우리는 앞에서 과학주의 자체가 비과학적인 믿음임을 살펴보았다. 과학주의는 자기모순적이며 비합리적이다. 과학주의는 여러분에게 신앙에 대한 어떤 것도 받아들이지 말라고 말하지만, 과학주의를 옹호하는 신앙은 받아들인다. 그렇다면 여기에서 누가 비이성적인가? 사후의 삶을 믿는 우리인가, 아니면 과학주의라는 자기모순적인 교리를 받아들이는 사람들인가?

    아무튼 플래너건을 포함해 사후 세계를 믿지 않는 사람들은 자신들의 물질주의적 세계관이 실제로 함축하는 바가 무엇인지에 대해 거의 주의를 기울이지 않는다. 그러나 미국의 위대한 심리학자이자 철학자인 윌리엄 제임스William James는 유물론이 실제로 의미하는 것을 이렇게 표현했다. 일단 무엇인가가 소멸된다는 것은 그것이 "어떤 존재가 머물렀던 무대와 공간으로부터 완전히 사라진다는 것을 의미한다. 울림도 없고, 기억도 없으며, 비슷한 이상을 이어갈 수 있는 어떤 것에 대한 영향도 없이 말이다. 이 완전히 최종적인 파괴와 비극이 현재 알려진 과학적 유물론의 본질이다."[4]

    플래너건과 같은 과학적 유물론자들은 논리적으로 다음의 진지한 평가에 동의해야 한다. 생명과 정신은 모두 사라져버릴 것이기에 **궁극적으로** 어떤 가치나 중요성도 없다. 그러나 여러 시대에 걸쳐 대부분의 사람들은 자신들의 존재에 대해 상당한 가치를 부여해왔다. 그들에게 있어서 정신과 영혼의 최종적 소멸을 말하는 것은 최고의 악으로 간주될 것이다. 의식 또는 인격이 완전한 무로 끝날 수도 있다는 가능성은 생각할 수도 없고, 도덕적으로도 치명적이다. 인간이 불멸하는 영혼을 소유한다는 우리의 믿음은 우리로 하여금 각 개인을 영원히 가치 있는 존재로 존중하게 한다. 근대 사상이 불멸의 영혼 개념에 의문을 제기했을 때 스탈린, 히틀러, 마오쩌둥 같은 사람들이 수많은 사람들을 본질적으로 무가치한 것으로 보며 학살했다. 게다가 모든 사람이 불멸의 영혼을 가진다는 개념은 우리로 하여금 약하고, 장애가 있고, 아프고, 나이 들고, 정신적으로 장애가 있는 사람들에 대해 소중함을 느끼게 한다. 모든 사람은 하나님의 눈으로 보면 한없이 소중하고, 따라서 우리의 존중을 받을 만하다. 만약 여러분이 영혼 개념을 제거한다면, 여러분은 가장 무시무시한 악의 형태에 문을 개방하는 것이다.

불멸성에 대한 믿음이 항상 신자들로 하여금 신의 이름으로 서로를 죽이는 것을 막아온 것은 아니다. 종교인들은 종종 거대한 증오, 탄압, 폭력과 살인의 죄를 저질렀다. 하지만 사망자 수만 고려해볼 때, 종교적 폭력을 행한 모든 국가들의 폭력이 최근 무신론 독재자들에 의해 수백만 명이 학살된 것에 비할 수 있는지는 의문이다.

아무튼 과학의 이름으로 불멸하는 영혼의 존재를 부인하는 것은, 인간을 무가치한 대상으로 변화시키는 것을 막을 수 없다. 따라서 과학적 자연주의자들과 새로운 무신론자들을 포함해 현대 지성인들이, 자신들의 동료들이 지구상에서 의식의 출현 이래 계속해서 믿어왔던 것을 과학의 이름으로 너무 강하게 폐기시켜왔다는 것은 놀라운 일이다. 신앙인들은 과학이 사후 세계에 대한 질문에 거의 기여를 하지 못하거나, 아니면 전혀 기여를 하지 못한다고 생각한다. 사후 세계에 대한 우리의 기대는 과학적 증명에도, 또한 과학적 반증에도 기인하지 않는다.

사후 세계에 대한 희망은 신에 대한 믿음에 매우 밀접하게 연관되기 때문에, 과학적 탐구의 출입이 완전히 금지된다. 신앙인들이 항상 믿어온 것처럼, 만약 신이 신뢰할 만하다면 신은 우리를 사후에도 포기하지 않을 것이다. 과학과 신앙은 서로 독립적이기 때문에, 분리 입장에 있는 우리에게는 심지어 '임사체험'과 특별한 정신적 현상에 대한 과학적 연구들도 전혀 예외가 될 수 없다. 영혼의 불멸에 대한 믿음처럼, 몸의 부활에 대한 믿음도 과학적 발견의 문제가 아니라 신앙과 희망의 문제라는 것은 말할 필요도 없다.

사후 세계에 대한 기대는 인간의 의식이 등장한 이래 거의 보편적인 생각이었고, 이 보편적인 믿음이 정당화되는지의 여부를 결정하는 것은 과학의 범위를 넘어선다. 힌두교인들과 불교인들도 죽음이 삶의 끝이라는 주장을 전적으로 부인한다. 그들은 해탈에 이르기까지 윤회를 통해 환생한다고 믿기 때문에, 모든 존재의 최후 운명이 비정신적인 물질이라는 유물론자들의 사상을 거부할 것이다. 그러므로 과학의 시대에도 분리 입장은 우리의 현 존재가 상당히 넓은 형이상학적 체계의 작은 부분이라고 여기는 수많은 사람들의 증언을 진지하게 받아들인다. 역사상 존재했던 대부분의 사람들은 죽음이 삶의 끝이 아니라고 여겼다. 심지어 일부 급진적 유물론자들도 여전히 의식이 완전히 사라질 수 있다는 개념에 반대한다.

여러분이 지금까지 이해한 것처럼, 분리 입장은 우리가 영원에 연결되어 있다는 감정sense이, 신앙이 요구하는 인격적 변화와 극적인 세계관의 변화를 아직 경험하지 않은 정신mind과는 별개의 문제라고 계속해서 주장한다. 영원에 대한 본질적 감정은 과학주의로 포장되며, 단지 관중의 얕은 증거에 맞춰진 정신과는 가까이하기 어렵다. 예를 들면, 이것이 일부 기독교 신학자들이 제자들이 경험한 예수의 부활이 카메라나 과학 실험자들에게 접근 가능하지 않았는지를 논하는 이유다. 그러한 중대하고 세상을 뒤흔드는 사건의 실재를 파악하기 위해서는 우리가 '신앙의 여정'이라고 부르는 급진적인 경계선의 변화가 수행되어야 한다. 이것은 불멸에 대한 진지한 확신에도 동일하게 적용된다.

오늘날 많은 지식인들은 사후 세계에 대한 질문에 별로 관심이 없다. 그들은 자연이 존재하는 전부이고 어떤 형태의 불멸성도 불가능하다는 과학적 자연주의자들의 주장에 매력을 느낀다. 그러나 우리는 다른 종류의 자연주의자들이 존재한다는 것에 주목한다. 일부 자연주의자들은 밝고 긍정적인 반면, 다른 자연주의자들은 진지하고 부정적이다. 긍정적 자연주의자들sunny naturalists은 자연의 아름다움, 인간의 연구, 그리고 창조성을 향유하며, 현 시점에서 충분한 영적인 성취를 발견하는 사람들이다. 그들에게 자연은 인간의 삶을 의미로

채우기에 충분하다. 많은 과학자들은 발견을 위한 모험에 헌신된 삶을 충분히 만족하는 긍정적 자연주의자들이다. 그들에게 죽음 이후의 삶에 대한 생각은 호소력이 없다.[5]

반면에 모든 생명이 죽음으로 끝나고, 인간의 의식과 업적이 결국 되돌릴 수 없이 비정신적 상태가 된다는 사상은 진지한 자연주의자들sober naturalists을 슬프게 한다. 그들은 자연이 영원한 의미, 불멸성, 행복에 대한 자신들의 갈망을 만족시키기에 충분하지 않다는 것에 깊이 실망한다. 진지한 자연주의자들 속에는 자신들 또한 종교적 열망을 가지고 있다는 것을 충분히 인정할 만큼 정직한 과학자들도 포함된다. 그러나 그들은 과학주의와 연합함으로써 죽음이 끝이 아니라는 어떤 희망도 가지지 못하게 되었다. 그들에게 자연은 불안한 인간의 마음을 의미와 기쁨으로 채우기에 충분하지 **않다**. 사후 세계에 대한 개념은 그들에게 단지 희망 사항에 불과한 듯하다.

분리 입장은 진지한 자연주의자들을 진심으로 받아들인다. 긍정적 자연주의자들과는 달리 진지한 자연주의자들은 구원의 희망 없이 죽음으로 끝나는 삶의 궁극적 무용성을 충분히 인정한다. 프랑스 작가 알베르 카뮈Albert Camus가 궁극적 의미와 영원한 삶에 대한 자신의 욕망을 자유롭게 고백했을 때, 그는 진지한 자연주의를 대변한 것이었다. 그는 우리가 각자 불멸성과 무한한 행복을 향한 열망을 지니고 있다는 것을 부인하는 것은 정직한 행동이 아니라고 말한다. 자연 세계가 아무리 광대하고 사랑스럽다 할지라도, 영원을 향한 우리의 열망을 결코 만족시킬 수는 없다는 것을 인정해야 한다는 것이다. 만약 죽음이 삶의 완전한 끝이라면, 그리고 의식을 품은 자연의 궁극적 운명이 의식 없이 끝난다면, 실재는 결국 무의미한 것이다. 생명을 사랑하는 사람들이 죽음을 초래하는 우주에서 스스로를 발견한다는 생각은, 카뮈가 '부조리Absurd'라고 부른 것과 일맥상통한다. 카뮈는 어떤 희망도 이런 불가능한 상황을 극복할 수 없다고 결론 내린다. 그러므로 인간의 영웅은 무의미함을 극복하고자 발버둥치는 표본인 시시포스Sisyphus*다.[6]

진지한 자연주의에 대한 보다 과학적인 대변인은 스티븐 와인버그다. 그는 노벨상을 수상했으며 텍사스 대학교에서 가르쳤던 물리학자로, 파괴할 수 없는 의미를 향한 자신의 열망을 충분히 인정할 만큼 생각이 깊다. 하지만 그는 과학이 희망 없는 미래를 보여준다고 주장한다.

> 자연 법칙에서 인간이 어떤 특별한 역할을 행하도록 창조주가
> 설계했다는 주장은 놀랍다. 나는 우리가 특별한 역할을 할 것이
> 라는 주장이 의심스럽다. 내 과학자 동료들 중에는 자연에 대한
> 숙고를 통해, 사람들이 신을 믿는 믿음에서 발견해온 모든 영적
> 인 만족을 얻을 수 있다고 말하는 과학자들이 있다. 그들 중 일부

---

* 그리스신화에 등장하는 시시포스는 저승의 왕 하데스를 속인 대가로 저승의 높은 산에 바위를 올려놓으라는 명령을 받는다. 시시포스가 온 힘을 다해 바위를 정상에 올려놓으면, 바위는 계곡으로 굴러 떨어져서 다시 처음부터 바위를 굴려야 하는데, 그는 이 일을 영원히 계속해야만 한다. 카뮈가 이 신화를 자신의 소설 제목으로 삼은 이유는, 이 세상의 부조리를 지적하고, 피할 수 없는 비극적 운명에 대한 메시지를 전하고자 했기 때문이다.

는 그렇게 생각할지도 모르지만, 나는 동의하지 않는다.[7]

카뮈와 같이 와인버그도 신과 인간의 운명에 대한 질문을 진지하게 받아들이지만, 그는 과학주의의 영역에 머물러 있다. 와인버그는 과학이 우주의 비인격성, 죽음으로 인한 최후, 삶의 궁극적인 무용성을 드러내 보였다고 믿는다. 아인슈타인처럼 와인버그도 과학이 우리의 개인적 삶에 관심을 가진 창조주의 존재를 배재한다고 생각한다. 그러므로 우리가 우리의 삶을 숙고하며 얻을 수 있는 유일한 유익은, 모든 비극에 직면하는 자세를 배우는 것이다.[8]

분리 입장을 대표하는 우리들은 긍정적 자연주의를 거부하는 와인버그를 존중한다. 우리는 죽음으로 모든 것이 끝나버리는 우주의 무의미성을 인정하지 않는 것은 부정직하다고 말하는 와인버그와 카뮈의 주장에 동의한다. 따라서 여러분이 적어도 과학적 자연주의에 매료된다면, 여러분은 긍정적 자연주의보다는 진지한 자연주의로 이끌릴 것이다. 앞서 윌리엄 제임스를 인용하며 분명히 언급한 것처럼, 진지한 자연주의는 자연주의가 실제로 수반하는 것을 보다 진솔하게 다룬다. 만약 죽음이 끝이라면, 죽음으로 인한 최후는 여러분의 삶을 궁극적으로 의미 없게 만든다. 그러므로 여러분이 선택을 해야 한다면, 카뮈와 와인버그의 비극적 실재론을 선택하게 될 것이고, 플래너건과 긍정적 자연주의자들의 활기 넘치는 낭만주의를 피할 것이다. 다행히도 분리 입장이 이 책에서 주장하는 것처럼, 여러분은 진지한 자연주의와 긍정적 자연주의에 대한 합리적인 대안을 가지고 있다. 여러분은 신앙의 노선을 선택할 수 있다.

그러나 잠시 삶의 지향성으로써 진지한 자연주의와 긍정적 자연주의 중 하나를 선택한다고 가정해보자. 철학자 존 힉John Hick이 관찰한 것처럼, 두 경우 모두에서 여러분은 여전히 자연주의가 "인간 전체에 매우 나쁜 소식"[9]이라는 사실에 직면해야 한다. 평화로운 시대에 살 수도 있고, 자연주의자들의 거짓 파라다이스에 충분히 만족할 수 있는 풍요로운 곳에 살 수도 있다. 그러나 수많은 사람들의 아픔, 가난, 참을 수 없는 고통은 그들이 자연 안에서 완성을 발견하는 것을 불가능하게 만든다. 그렇다면 여러분은 어떠한가? 설령 오래 살거나 결실 있는 삶을 살더라도 존 힉이 말하는 것처럼, 죽기 전에 여러분이 스스로의 가능성을 완벽하게 성취할 수 있을지는 의심스럽다. 따라서 어떤 유형의 자연주의자라고 하더라도, "자연주의가 대부분의 인류에게 좋은 소식이 아니라는 것"[10]을 알지 못한다면, 사실에 직면하기를 거부하고 있는 것이다.

그러나 신앙은 사건들과 각 생명체들의 일시적인 흐름 아래에, 그 흐름을 넘어서, 그리고 그 흐름 뒤에 지속적이고 상당히 '실제적인' 세계가 있다는 것을 우리에게 가르친다.[11] 과학은 우리를 실재의 보다 깊은 차원과 만나게 할 수 없다. 그러나 신앙인에게 우주에서의 시간 흐름과 사건의 영구적인 소멸은 단지 베일에 불과하다. 베일 뒤에는 끝없이 장대한 영원한 것이 존재한다. 시간은 죽음과 손실로 이끌지만, 신앙은 시간과 과정을 초월해 영원의 영역을 가리킨다. 신앙을 가진 삶은 무한하고 영원한 신을 향해 지금도 우리의 영혼을 확장시킴으로써, 모든 순간이 소멸되는 것을 정복할 수 있는 방법을 우리에게 가르친다.

대화

죽음에 대한 인간의 성찰은 일반적으로 갈등, 분리, 대화의 세 가지 입장으로 구분된다. 인간 운명에 대한 이 세 입장을 '자연주의적 운명론naturalistic fatalism', '초자연적 낙관론otherworldly optimism', '끈기 있는 희망long-suffering hope'이라고 하자. 앞으로 우리는 이것들을 '운명론', '낙관론', '희망'으로 약칭해 부를 것이다. **운명론**fatalism은 모든 손실은 영원하며 되돌릴 수 없다고 본다. 시간의 흐름과 소멸되는 사건들이 완벽히 무nothingness로 향할 뿐만 아니라, 우주는 궁극적으로 '목적이 없다'고 가정한다. 죽음이라는 실재에 직면해 가끔씩 용기 있는 행동 같은 만족할 만한 순간들도 보이지만, 운명론은 또한 인간의 삶이 어떤 변함없는 목적을 갖고 있지 않음을 함축한다. 이것이 갈등 입장의 관점이다.

낙관론optimism은 신앙을 가진 대부분의 사람들이 여전히 매력을 느끼는 죽음에 대한 접근 방법이다. 낙관론은 우리의 운명이 시간을 초월해 영원한 현재에 거하시는 하나님에게 있음을 믿는다. 세상의 영구적 소멸에 대한 낙관론자의 초자연적인 주장을 받아들이는 사람들은, 종종 과학적 지식은 갖고 있지만 일반적으로 진화를 포함해서 현대 과학을 종교적으로 중요하게 여기지는 않는다. 과학은 오직 일시적인 세계에만 관련되기 때문에 다윈과 아인슈타인의 저명한 사상들을 포함한 과학의 발견들은, 모든 현상을 초월해 영원한 현재에서 우리를 기다리는 영원한 숙명에 대한 종교적 의미와는 어떤 관계도 없다는 주장이다. 이것은 분리 입장이 일반적으로 취하는 관점이다.

마지막으로 **희망**hope은 영구적인 소멸을 받아들이지만, 초자연적 낙관론이 수반하는 우주적 비관주의cosmic pessimism와 현실 도피를 둘 다 반대한다. 희망의 관점에서 되돌릴 수 없는 시간의 흐름은 단지 각각의 인간 영혼뿐만 아니라 계속되는 완성을 향해 전 우주를 하나님의 신비 안에서 이끄는 것을 의미한다. 희망은 자연과학에 의해 드러난 새로운 우주 이야기를 진지하게 받아들인다. 영원에 대한 우리의 개인적 갈망이, 전 우주에 결국 무슨 일이 일어나는지에 대한 포괄적인 질문과 분리될 수 없다고 보는 것이다. 우리 자신의 운명은 우주의 운명과 분리될 수 없다. 이것이 바로 대화 입장이다.

운명론은 우주와 인간에 대해 어떤 궁극적 의미를 부여하지 않는다. 낙관론은 인간의 영혼, 또는 개인적 '자아self'의 생존에만 관심이 있으며, 물리적 우주에서 무엇이 일어나는지에 대해서는 거의, 또는 전혀 관심이 없다. 그러나 희망은 우주를 구성하는 사건들의 전 과정에서 무엇이 일어났는지에 관심을 갖는다. 희망은 생명 이전의 세계, 생명의 탄생과 진화, 수십억 개의 별과 은하의 생성 과정, 그리고 인간 역사의 전 과정을 포괄한다. 각각의 생명의 의미에 대한 질문은 우주 이야기의 궁극적 의미와 운명에 대한 질문과 연결되어 있다. 희망은 시간을 낭비하거나 뒤집거나 정복하려 하지 않는다. 대신 광대하며 시간의 제약을 받는 우주 이야기의 전개를 하나님 안에서 모든 피조물의 흥미진진한 여정으로 묘사한다. 하나님의 영원하신 사랑 안에서 우주는 절대적인 손실로부터 구원받는다. 희망은 우주를 하나님에게 정말로 중요할 뿐만 아니라 하나님의 삶에 영원한 무엇인가를 기여하는 이야기로 본다. 물리적 우주(또는 다중우주)가 에너지 고갈로 결국 '죽음'에 이르게 된다 하더라도, 희망의 사람들에게 우주가 경험한 역사는 (모든 개개인의 이야기와 함께) 하나님의 삶과 연민 속에 영원히 머무를 것이다.

물론 이런 결과에 대한 과학적인 증거는 존재할 수 없지만, 희망은 지금까지의 우주 역사를 통해 무엇인가 새롭고 중대한 것들이 항상 형성되어왔다는 사실과 조화를 이룬다. 우리가 아는 것처럼, 과학은 우주가 여전히 생성 과정 중에 있다는 것을 보여주었다. 따라서 희망은 우주를 완벽하게 보는 것이 아니라, 약속으로 가득 찬 드라마로 본다. 초자연적인 낙관론과는 다르게, 희망은 우리가 우주라고 부르는 변화의 드라마에 즉시 충분히 포함되도록 우리를 초청한다.

그러므로 희망은 시간을 낭비하지도, 우주의 계속적인 창조에 기여하는 인간의 역할로부터 도망가지도 않는다. 앞에서 강조한 것처럼 위대한 창조 사역에 대한 우리의 기여는 매우 일상적이고 단조로운 것들이겠지만, 우리의 작은 노력들은 궁극적으로 중요하다. 희망의 관점에서 각각의 순간은 선례가 없는 미래를 잉태한다. 희망의 관점에서 영구적인 것은 시간 속에 숨어 있는 영원한 신적 고요함이 아니라, 미래의 지평선에서 끊임없이 발생하는 존재의 새로움이다. 희망은 이해보다는 기대를 통해 신적 영원성을 경험한다. 매 순간의 지나감은 단지 우리가 운명적으로 물러나야만 하는 손실이 아니라, 계속해서 새로운 미래를 향해 열려 있음을 의미한다. 〈이사야〉서에서 하나님이 "새 일을 행하려고"(사 43:19) 하신다는 말씀을 읽을 때, 우리는 이 본문을 인간의 존재뿐만 아니라 전 우주에 적용해야 한다고 생각한다.

미래가 매 순간 신선하게 다가올 때, 미래가 가져오는 존재의 새로움은 현재를 과거로 밀어 넣는다. 그럼에도 불구하고, 과거는 여전히 어떻게든 살아남는다. 과거는 각각의 새로운 순간 속으로 인과적으로 들어간다. 희망은 단지 고정적이지 않고, 새로운 것에 열려 있다. 희망은 또한 과거를 완전한 망각 또는 의미 없음으로 이해하는 것을 거절한다. 희망은 과거로 사라져간 것들을 포함해, 미래에 만물이 구원받기를 고대한다. 구원을 수반하는 미래는 아름다움이 계속 증가하는 방식으로 어떤 식으로든 과거를 보존하고 과거와 연결되는 이야기를 가져올 것이다.[12]

운명론, 낙관론, 희망은 모두 오랜 전통을 갖는다. 운명론의 오랜 예는 고대 그리스 비극Greek tragedy과 스토아 철학 Stoicism으로부터 찾아볼 수 있다. 낙관론은 플라톤 철학, 즉 소멸되지 않으며 시간을 초월해 존재하는 불변하는 이상 세계를 강조하는 철학에서 전조가 드러난다. 희망은 무상함의 연속인 시간을, 우리의 범위를 초월하는 약속의 성취로 이해하는 예언자적 신앙 전통에서 뿌리를 발견할 수 있다. 아브라함 전통에서 말하는 희망에 뿌리를 두는 대화 입장은, 영원을 썩어질 것들과는 별개로 고요히 존재하는 변하지 않는 완벽함으로 이해하기보다는 시간의 완성으로 이해한다.

여러분은 운명론, 낙관론, 희망 중에 어떤 것을 선택할 것인가? 현실적으로 우리들 대부분은 이 세 가지가 혼합된 형태를 만들어낼 것이다. 운명론, 낙관론, 희망은 종종 서로 뒤섞여 어느 정도의 현실 도피를 포함해 개인의 삶을 모양 짓는다. 운명론은 종종 낙관론적 색채를 띠고, 낙관론은 희망의 색채를 띠며, 희망은 결코 조바심에서 완전히 분리되지 않는다. 게다가 누군가는 평생 동안 이 선택의 범위속에서 계속해서 방황할지도 모른다.

실제 생활이 그러한 모호성으로 가득 차 있다 할지라도 신학은 논리적인 일치를 추구한다. 운명론, 낙관론, 희망이 모두 다 옳을 수는 없다. 다만 이 세 가지가 유일한 선택지라는 전제하에 이 중 하나는 다른 것들보다 과학이 발견해온 것들을 포함해 사물의 본성에 더 잘 어울림에 틀림없다. 과학은 운명론, 낙관론, 희망 중에 어떤 것과 가장 잘 어울리는가?

여러분 스스로의 응답을 위한 무대를 마련해보자. 여러분 가운데 일부는 운명론, 다른 일부는 낙관론 또는 희망 사이 무언가를 선택할 것이다. 즉 여러분은 소멸로 끝날 것이라고 보거나 아니면 어떤 식으로든 구원받을 것이라는 주장 사이에서 선택해야 한다. 그러나 불멸성에 대한 부분은 낙관론과 희망으로 갈라진다. 초자연적인 낙관론은 인생 무상이라는 장벽을 갑자기 제거하고, 이른바 자연과 인간 존재를 초월해 존재하는 신적 영원성을 보여주려 할 것이다. 분리 입장이 지지하는 낙관론은 생성과 소멸의 베일 뒤에서 변하지 않는 존재, 선함, 아름다움의 영역을 바라본다. 플래너건과 그의 철학 동료들에게 있어서 초자연적 낙관론은 자신들의 자연주의적 운명론에 대한 유일한 대안이다.

그러나 대화 입장은 다른 종교적 선택이 가능하다고 주장한다. 소멸하는 우주적·생물학적·역사적 사건들의 연속이 영원을 향하는 길에 장애가 아니라, **그 자체가** 영원을 향하는 길이라는 주장이다. 우주 이야기는 우리가 기꺼이 우리 자신을 즉시 담글 수 있는 개울이다. 희망은 영원한 것이 인접한 것들의 유입 아래 또는 뒤에 있다기보다 위에, 즉 미래에 있다는 것을 말한다. 하나님은 전 우주의 이 세상 여정의 목표다. 낙관론과 희망은 우리를 영원으로 이끌지만, 낙관론은 우리를 우주로부터 떼어놓는다. 하지만 희망은 소멸하는 우주 사건들의 전체적 흐름이 목적 없이 흘러가는 것에 도전한다. 희망의 관점에서, 형성되는 우주의 흐름은 무엇인가가 갑자기 생겨나는 것이 아니라 운명론과 낙관론이 허락하는 것보다 더욱 철저하고 신뢰할 만할 정도로 서서히 스며드는 것이다.

낙관론(분리 입장)은 종교적 조바심의 일종이다. 영원을 향한 우리의 갈망을 직접적으로 다루기 때문에 매혹적이다. 낙관론은 우리의 본질적인 부분, 즉 영혼이 어느 정도 초자연적이라는 것을 지지한다. 따라서 물리 우주가 영혼 형성의 상황을 제외하면 궁극적으로 중요하지 않다고 본다. 낙관론의 최고의 매력은 사후에 영혼이 갑자기 하늘 너머로 솟구칠 수 있다는 믿음에 있다. 낙관론은 생성되는 우주적 창조성을 우리가 우선적으로 충분히 맛보게 하지 못한 채, 불운하게도 우리의 영혼 또는 자아를 지구로부터 분리시킨다. 신학자 라인홀드 니버가 지적한 것처럼, 낙관론(니버는 '신비주의'라고 부른다)은 "역사의 책임성에서 도망가려는 경향성과, 영원으로 너무 일찍 모험을 떠나려는 경향성"[13]을 지니고 있다.

모순적이게도 낙관론은 우주를 너무 일찍 포기한다는 점에서 일종의 우주적 비관론이 된다. 낙관론은 유한한 세계와 진화 과정에는 실용주의적 가치만이 존재한다는 것을 함축한다. 즉, 우주는 주로 인간이 시간을 초월해 있는 영원을 준비하는 학교로서 존재한다. 분리 입장과 낙관론은 최근에 밝혀진 140억 년의 우주 이야기의 깊이를 평가하는 데 실패한다. 낙관론의 관점에서 우주 이야기는 단지 부수적인 것에 지나지 않는다. 내세를 추구하는 낙관론자는 우주가 비결정적이고 풍부한 창조적 여정을 따라 자신의 속도에 맞게 변화하는 이 미완성의 불완전한 우주, 모호한 우주로부터 완전히 분리된다.

희망은 우주에 대한 기대를 품고 나아갈 때 인내의 자세를 길러준다. 또한 모든 변화를 초월하는 영원에 대한 직관을 낙관론과 공유한다. 희망은 하나님과의 연합을 위해 노력하는데, 이 연합은 우주가 갑자기 변해서가 아니라 인간을 포함한 전 우주를, 상상할 수 없는 미래의 완성으로 이끌 사건들의 흐름에 끈기 있게 머무는 것에 의해서 시작된다. 이 인내심은 우주의 계속적인 창조에 열정적으로 참여하기에 수동적이 아니라 능동적이다. 희망의 관점에서 영원이란 시간에 영향을 받지 않고 고정된 완성의 영역이 아니라, 계속되는 시간의 흐름 속으로 들어가 매 순간 새로워진 우주다. 희망은 구원을 얻기 위해 세상에서 벗어나기를 추구하지 않는다. 대신에 새로워진 우주이자 여전히 생성 중인 우주에서 하나님의 임재를 찾는다.

카를 라너Karl Rahner가 지적하듯이 하나님은 절대적인 미래Absolute Future이다. 결국 모든 미래는 소멸될 것이지만, 모든 각각의 미래를 초월해, 희망은 모든 사건들의 흐름이 완성될 미래를 소망한다. 우주의 무상함을 희망의 관점에서 바라보면, 일시적인 것들은 무시되는 환상이 아니라, 항상 오고 있으나 아직 완전히 도래하지 않은 절대적인 미래를 고대하며 자신들 속에 이미 품고 있는 **약속**promises이다. 대화 입장은 이 희망이 신앙과 과학에 모두 완벽히 조화된다고 본다.

플래너건의 운명론과는 다르게 희망은 지금 당장은 보이지 않지만 전 우주가 목적 또는 서사적 일관성을 지니고 있다고 믿는다. 희망은 우주적 비관론의 이른바 '실재론realism'에 의해 주어진 현재의 자연과학 데이터를 선택적이며 임의로 읽지 않도록 돕는다. 우리는 희망과 약속이 현재 우주의 모호함, 미완성, 불확실성과 논리적으로 잘 어울리는 개념이라고 본다. 과학이 계속해서 발견하는 우주적 드라마와 가장 자연스럽게 어울리는 것은 우주적 비관론 또는 낙관론적 현실도피가 아니라 희망이다.

마지막으로, 지금까지의 설명에서 여러분은 자신의 개인적이고 주관적인 불멸성에 대해 궁금하게 여겼는지도 모르겠다. 우리에게 무슨 일이 일어나게 될까? 만약 우리의 정신 생활이 세포의 화학적이고 물리적인 과정에 의존한다면, 어떻게 정신 생활이 죽음으로 인해 분해될 때 존재할 수 있을까? 죽음 이후 각각의 생존을 보호하기 위해서라도 여러분은 낙관론자들의 선택으로 돌아가야 하는 건 아닐까?

그러나 그럴 필요는 없다. 죽음을 초월해 주관적 정체성이 생존 가능하려면, 적어도 우리 삶의 전체 이야기들이 하나님과 관련되며 영원히 보존되어야 한다. 이것이 바로 부활이 의미하는 것이다. 각 개인의 자아는 평생 동안 상호 연관된 사건들이 독특하게 연결되어 형성된다. 각 개인의 삶은 애쓰고, 분투하며, 즐겁고, 기대하며, 성취하고, 실패하는 반복 불가능한 이야기이다. 이 일련의 사건들에 연속성과 패턴을 부여하기 위해 각 개인은 특별한 종류의 경험들을 기억과 기대 속에 어느 정도 등록하고 보존한다. 이 기억과 기대를 제외하면, 어떤 의미의 주관적인 동일성도 존재할 수 없다.

어떤 유한한 주체도 삶을 구성하는 모든 사건들을 영원히 기억할 수는 없다. 또한 자신의 운명을 명확하게 예측할 수도 없다. 질병, 사고, 노환, 노쇠, 그리고 결국 맞이하는 죽음은 각 객체의 경험과 분투의 중심을 해산시킨다. 운명론자들에게 있어서, 이 해산은 마지막을 의미한다. 낙관론자들에게 그것은 환상에 불과하다. 그러나 희망의 길을 선택하는 사람들에게 있어서, 각 개인의 삶과 경험 이야기는 하나님 안에서의 전 우주적 여정으로부터 분리되지 않는다.

희망은 우주적 드라마를 구성하는 모든 사건들이 즉시, 영원히, 그리고 소멸되지 않은 채 신적 생명으로 여겨진다고 믿는다. 이것은 시편 기자들과 예언자들의 영원한 메시지다. 하나님은 모든 것을 정확하게 영원히 경험하신다. 한정된 주체들에게 있어서 모든 사건들은 과거로 사라져가는데, 잊힐 것이라는 사실이 우리에게 두려움을 야기한다. 그러나 하나님에게는 어떤 것도 완전히 잊히지 않는다. 어떤 것도 결코 망각 속으로 사라지지 않는다. 만약 어떤 감정의 소멸도 없이 우주를 경험하는 영원한 주체, 즉 우주의 모든 세세한 부분을 저장하고 우주의 궁극적 운명을 예측하는 주체가 존재한다면, 과학 시대에 우주는 실제로 이야기 또는 드라마로 불릴 수 있다. 적어도 이것은 '살아 계신 하나님'이라는 우리의 개념이 의미하는 것이다.

그러므로 대화 입장은 우리들 각각의 생존이 우리가 우주라고 부르는 모든 종류의 사건들의 운명으로부터 분리될 수 없다고 여긴다. 만약 전 우주적 드라마의 운명이 하나님에게 달려 있다면, 마찬가지로 우리 자신의 개인적 이야기들의 운명도 하나님에게 달려 있다. 우리는 우리의 개인적 이야기들도 거대한 창조 이야기의 맥락에서 새롭게 만들어지기를 소망한다. 비록 모든 존재와의 친밀한 관계를 더 넓고 더 깊게 인식하게 한다 하더라도, 진정한 부활이 우리 자신의 주관적 의식을 재구성하는 데에 실패할지도 모른다는 것은 상상도 할 수 없다.[14] 그러므로 죽음을 준비하는 방법은 특히 애쓰고 분투하는 주체들에 대한 이야기에 민감하게 반응하며, 지금 당장 우리와 전 우주적 실재와의 관계를 구축하고 강화하는 것이다.

그러나 한 걸음 더 나아가서, 왜 우리는 하나님이 모든 살아 있는 주체들의 이야기들이 아니라, 오직 인간의 이야기들만 변형시키고 재구성하실 것으로 가정해야 하는가? 우리에게 이보다 작은 신은 없을 것이다. 대화 입장에서 말하는 희망은 인간 개체뿐만 아니라 전 생명의 진화적 드라마, 즉 전 우주, 그리고 가능하다면 다중우주가 신적 신비의 일부이며, 상상할 수 없이 깊고 넓고 아름다움을 지닌 채 변화하는 드라마에서 영원히 '재육화reincarnated'될 수도 있다고 당당히 주장한다. 만약 우리가 전체 피조물과 함께 복잡하게 얽혀 있다는 새로운 과학적 직관을 받아들인다면, 어떻게 우리가 변화되길 기대하는 인간의 부활을, 하나님의 돌봄과 관심 속에 있는 전 우주의 운명으로부터 다시금 분리시킬 수 있겠는가?

11장

우주는 목적을
갖고 있는가?

갈등

자연과학에서 그 어떠한 것도 우주가 목적을 갖고 있는지에 대한 단서조차 제공하지 않는다. 무언가 목적이 있다고 말하는 것은, 그것이 목적을 향해 나아가고 있음을 뜻한다. 하지만 140억 년의 우주가 어딘가를 향해 나아가고 있다는 것을 뒷받침할 증거는 없다. 만일 우주에 방향이 있다면, 그 방향의 끝은 소멸이다. 지금까지 우리가 이책의 갈등 입장에서 논한 것들이 이런 결론으로 이끈다. 만일 우주가 1조 년 동안 더 지속된다 하더라도, 우주는 목표goal를 향해서가 아닌 오직 끝ending, 즉 생명이 없는 마지막 상태를 향해 돌진하고 있다. 에너지 소멸로 인한 죽음만이 기다리고 있을 뿐이다.

고대 철학자 아리스토텔레스와 유대교인들·기독교인들·이슬람교인들의 신앙적 주장을 따르는 유신론자들은, 여전히 우주에 목적이 있다는 것을 믿는다. 하지만 과학적 방법은 '왜' 발생하는지에 대한 아리스토텔레스적, 신학적 관심에는 거리를 두고, 오직 '어떻게' 발생하는지에 대해서만 관심을 둔다. 갈릴레오와 뉴턴으로 시작하는 고전물리학은, 목적을 추구하는 종교적 강박이 야기하는 질식으로부터 우리의 정신을 해방시켰다. 17세기 초에 프랜시스 베이컨 Francis Bacon이 지적했듯이 목적은 그 어느 것도 설명해주지 않는다. 자연철학이 '목적론telos(그리스어로 목적을 의미)'에 관한 중세의 관심을 포기한 후에서야, 자연과학이 실제로 등장할 수 있었다. 또한 다윈의 자연 선택 개념이 생명에 목적이 있다는 생각을 제거한 후에야, 그리고 과학자들이 생명은 화학적 용어로 설명 가능하다는 것을 보여준 후에야 생물학은 마침내 완전히 과학적이 될 수 있었다.

갈등 입장에서 보기에, 과학뿐만 아니라 철학과 지적 생활도 목적론에 기인한 선입견으로부터 멀어질 필요가 있다. 계몽된 인간 사고로부터 목적을 제거하는 것은 오늘날 물리학과 생물학에서뿐만 아니라 우주를 연구하는 우주론에도 상당히 많이 적용되었다. 만일 과학이 목적론으로부터 아주 사소하게라도 영향을 받았다면, 과학은 스스로의 진실성을 타협하는 것이다. 과학은 유물론적 세계관에 전념했고, 유물론은 목적이 없음을 암시한다. 하버드 대학교의 생물학자였던 리처드 르원틴Richard Lewontin은 강하고 충실하게 갈등 입장을 대변한다. 그는 상식 선에서는 목적에 대해 이야기하지 않을 수 없다는 것을 인정한다. 예를 들면, 여러분은 지금 이 페이지를 이해하고자 하는 목적을 갖고 읽는 중이다. 하지만 과학은 상식이 아니며 목적에 관심을 두지 않는다. 르원틴의 말을 주의 깊게 들어보자.

상식에 어긋난다 해도 과학적 주장들을 받아들이겠다는 우리의
의지는, 과학과 초자연적인 것 사이의 진정한 갈등을 이해하기

위한 핵심이다. 우리는 과학의 편을 드는데 …… 왜냐하면 우리
는 유물론을 우선적으로 따르기 때문이다. 과학적 방법론과 법
칙들이 어떻게 해서든 여러분에게 현 세계에 대한 물리적 설명
을 받아들이도록 강요하는 것은 아니다. 그 반대로, 우리는 본성
상 물질의 원인에 대해 집착하게 되는데, 아무리 반직관적이고
초보자들에게 혼란스러운 물리적 설명이라 할지라도, 이 원인에
대한 집착은 물리적 설명을 산출하는 조사 기구와 일련의 개념
들을 만들도록 우리를 이끈다. 게다가 유물론은 절대적인 권위
를 지니는데, 그 이유는 우리가 신적 존재를 위한 여지를 조금도
허락하지 않기 때문이다.[1]

유물론적 자연주의를 받아들임으로써, 우리는 목적에 대해 자유
롭게 잊고, 대신에 우주의 과거를 파헤치고, 오늘날의 실재로 이어지
는 물리적 원인들을 추적하는 데 집중하게 된다. 바로 이것이 무엇인
가를 설명하는 단 하나의 신뢰할 만한 방법이다. 자연에서 목적을 찾
고자 하는 것은, 사물을 설명하는 참된 일에서 벗어나는 것이다. 우
리는 그저 관측 가능한 자료에 집중하고, 이 모든 것의 의미에 관한
근거 없는 짐작은 피한다. 경험적인 자료에 대한 우리의 공정한 검증
은 우리를 우주적 비관론, 즉 우주 전체가 어떠한 목적도 갖고 있지
않다는 확신으로 이끈다. 물론 우리는 인간이 의미를 찾아 나서는 존
재라는 사실을 인지하고 있다. 상식적인 세계에서 우리는 스스로를
위해 목표를 설정하지만, 그렇다고 해서 그것이 우주가 목적론적이

라는 것을 의미하는 것은 아니다.

　스티븐 와인버그는 수십 년 전, 우주가 과학으로 점점 더 이해 가
능해짐에 따라 이제는 점점 더 우주가 '목적이 없어pointless' 보인다
고 기록했다.[2] 갈등 입장은 완전히 와인버그의 주장에 동의한다. 예
를 들어, 존 폴킹혼John Polkinghorne, 프리먼 다이슨Freeman Dyson, 폴 데
이비스Paul Davies 같은 물리학자들이 여전히 우주의 목적에 대해 열
려 있다고 주장하는 사실은 우리를 불편하게 만든다.[3] 하지만 그들
이 신학과 어울려 하는 말을 뒷받침할 수 있는 충분한 증거는 없다.
코넬 대학교 자연사 교수였던 윌리엄 프로바인William Provine은 아래
와 같이 논리적으로 말했다.

　　현대 과학은 세계가 기계론적 원리들에 따라 엄격하게 조직된다
　　는 것을 직접적으로 암시한다. 자연에 존재하는 것은 무엇이든
　　지 간에, 어떤 분명한 목적을 지닌 원리들은 없다. 이성적으로 감
　　지할 수 있는 그 어떤 신도, 그 어떤 설계하는 힘도 존재하지 않
　　는다. 현대 생물학과 유대-기독교 전통의 교리들이 모순없이 양
　　립할 수 있다는 주장이 종종 제기되는데, 이는 잘못된 것이다.[4]

　그렇다면, 이 엄격한 우주적 비관론은 여러분에게 개인적으로 어
떤 의미가 있는가? 이에 대해 저명한 물리학자 제임스 진스James
Jeans는 1948년 다음과 같은 흥미진진한 말을 했다.

그렇다면 생명이란 거의 실수로, 분명 생명을 위해서 설계되지는 않은 우주에서, 그리고 어떤 면에서도 생명에 전혀 무관심하거나 확실히 적대적인 우주에서, 거의 실수로 발을 헛디딘 것처럼 우연히 생겨난 것은 아닌가? 우리의 열망은 거의 최종적 절망으로 향하도록 운명 지어졌고, 우리의 업적은 흔적도 없이 우주를 뒤로하고 반드시 소멸된다는 것을 인식한 채, 우리는 이 작은 무대에서 과시하며 살아가고 있는 것은 아닌가?**5**

우리의 대답은 '그렇다'이다. 그러나 이러한 대답으로 인해 낙심해서는 안 된다. 오히려 이 대답은 여러분에게 희망을 줄 것이다. 왜냐하면 이것은 여러분이 이제 여러분 자신의 의미들을 창조할 수 있음을 말하기 때문이다. 따라서 바쁘게 움직여서 자기 자신의 의미들을 창조하고, 우주의 '목적 없음'에 대해 불평하기를 멈춰야 한다. 고생물학자 스티븐 제이 굴드는 자연에서 목적을 발견할 수 없다면, 스스로의 힘으로 의미를 찾아야 한다는 중요한 말을 남겼다. 따라서 우주에 목적이 없는 것은 불운이 아니라 기회다.**6** 무의미한 우주는 여러분이 자신의 가치와 목적을 새길 수 있는 빈 석판이다. 여러분은 신적 설계자에 의해 고안된 어떤 영원한 대본을 따를 필요가 없다.

미국의 철학자 클렘케E. D. Klemke 또한 우주가 무의미함을 강조한다.

현존하는 증거의 관점에서, 의미나 목적 같은 가치 평가적 요소들은 우주의 목적론적 측면으로 간주되어서는 안 된다.…… 오히려 우리가 그러한 가치를 우주에 '부여한다'. …… 우주 안에 내재되어 있거나 외부에 의존하는 목적론적인 의미는 솔직히 말해서 나에게 아무런 영향을 주지 못할 것이다. 그것은 내 것이 아니다. …… 나는 우선 우주가 어떤 의미도 갖지 않는다는 사실에 기뻐한다. 왜냐하면 그렇게 함으로써 인간은 더욱 영광스러워지기 때문이다. 나는 외적인 의미가 존재하지 않는다는 사실을 기꺼이 받아들인다.…… 그로 인해 나는 내 자신의 의미를 자유롭게 개척해나갈 수 있게 된다.[7]

분리

우주적 비관론은 갈등 입장이 지지하는 유물론적 세계관과는 불가분의 관계에 있다. 과학주의와 과학적 유물론은 자연스럽게 우주의 목적을 부인하는 것으로 이어진다. 우주적 비관론의 뿌리에는 과학적 증거만이 받아들일 수 있는 유일한 증거라는 신념이 자리잡고 있다. 과학주의와 유물론은 논리적으로 자연이 존재하는 모든 것이라는 생각으로 이어진다. 만약 그렇다면, 와인버그의 주장대로 우주에는 목적이 없게 된다.

그러나 분리 입장에서 보기에 과학주의와 과학적 유물론은 엄밀히 말해 과학적인 조사나 실험을 통해 얻은 통찰이 아니라, 단지 신념에 불과하다. 어떠한 과학 실험도 물질이 존재하는 모든 것이라거나 우주가 목적이 없다는 것을 증명하지 못했다. 따라서 우주적 비관론은 목적론이나 신학만큼 신념에 뿌리를 두고 있다. 우주적 비관론은 과학적 탐구와는 무관한, 비극적이고 숙명적인 추측을 과학과 혼동한 결과다. 만약 여러분이 르원틴과 같이 우주는 단지 물리적 시스템에 지나지 않는다고 믿는다면, 우주는 분명 여러분에게 목적이 없는 듯한 인상을 줄 것이다. 그러나 과학 자체는 여러분이 우주적 비관주의자가 될 것을 요구하지 않는다.

분리 입장은 과학적 방법이 우주에서 목적을 발견하는 데 관심이 없다는 데 동의한다. 우주에 목적이 있는지의 여부를 긍정하거나 부정하는 것은 과학적 방법에서 논할 사항이 아니다. 따라서 과학은 본성상 답할 자격이 없는 질문에 답하도록 강요되어서는 안 된다. 우주적 비관론은 과학이 아니라, 우주에 내재된 의미가 있는가에 대한 인간의 오랜 질문에 부정적인 답을 주는 세계관이다. 사람들은 모든 종류의 비과학적인 이유들로 인해 우주적 비관론자가 되고, 이러한 외부의 동기 유발 요인은 순전히 변덕스럽거나, 문화적이거나, 철학적일 수도 있다. 예를 들어, 이 장 앞 부분에서 갈등 입장의 지지자로 언급한 르원틴의 말을 자세히 살펴보자. 르원틴은 자연에 대한 어떠한 신학적 이해도 배제시키는 것이 과학적 연구가 아니라 유물론에 대한 자신의 주된 철학적 신념이라는 사실을 분명히 인정한다.

그러나 만일 과학이 우주에서 어떠한 목적도 발견할 수 없다면, 신학은 목적을 발견할 수 있을까? 그렇지 않다. 우리는 신을 믿지만, 우리 분리 입장은 신앙과 신학이 우주의 목적에 대해 많은 것을 말할 수 있을지를 의심한다. 과학뿐만 아니라 신학도 우주가 실제로 무엇인지에 대해서 명확히 알 수는 없다. 그러한 일들은 신비에 둘러싸여 있다. 신앙은 모든 것에 목적이 있다고 믿지만, 이 목적이 무엇인지에 대해서는 알지 못한다.

그러므로 우리는 신이나 목적에 대한 관심으로부터 과학을 분리시키려는 모든 과학자들을 존경한다. 건전한 과학은 항상 가장 중요한 질문들에 대해서는 잠시 답을 보류한다. 과학이 목적론을 피하는 것은 결점이 아닌 강점이다. 동시에 우리는 건전한 신학은 우주의 목적에 대한 질문에 침묵을 지켜야 한다고 믿는다. 신앙이 우리 각자의 삶에 의미를 부여하는 것으로 충분하지 않은가? 왜 우리는 우주의 운명에 대해 걱정해야 하는가? 아무튼 그러한 질문은 우리가 대답하기에는 너무나 큰 질문인데, 이는 과학자들에게도 마찬가지다. 와인버그와 같은 과학자들이 우주적 비관론자가 되었을 때, 그들은 세계의 무목적성에 대한 자신들의 판단이 과학으로부터 직접적으로 기인한다고 가정하고 싶어 한다. 하지만 과학은 그런 정보를 제공할 어떤 준비도 되어있지 않다. 신학자들 또한 우주의 '목적point'이 무엇인지에 대해 말해줄 수 있는 위치에 있지 않다.

결국 진정한 신앙과 신학은 '말로 표현할 수 없는apophatic' 측면이 있다. 즉, 신앙과 신학은 침묵을 위한 공간을 남겨둔다. 신앙의 여정에서 침묵은 우리가 하나님에 대한 이해의 부족을 고백하는 방식이자, 하나님께서 우주에서 활동하시는 방식이다. 우리의 질문이 중요할수록 그 질문에 대한 대답은 점점 희미해질 것이다. 확신은 신앙의 문제와 별로 관련이 없다. 우리가 앞에서 언급했듯이, 신앙은 무엇인가를 완전히 파악하는 것이 아니라, 궁극적으로 중요한 존재에 의해 '파악되는' 것이다. 이는 과학이 결코 하나님을 발견하지 못하는 이유다. 이는 또한 신학이 하나님을 발견하지 못하는 이유이기도 하다. 신앙은 발견하는 것이 아니라 우리 스스로가 발견되도록 허용하는 것이다. 기도에서 침묵 훈련은, 심지어 가장 중요한 부분인 하나님을 이해하는 우리의 상징과 이름까지도, 한계를 인정하는 중요한 훈련 방법 중 하나다. 우주의 의미나 목적에 대한 신학자들의 자신감 넘치는 주장은 모두 걸러서 들을 필요가 있다.

진정한 과학 연구가 보여주는 겸손함은 인간의 한계를 직시하는 신앙의 모습과 잘 어울린다. 하나님의 신비로운 섭리와 지혜에 우리의 가장 큰 질문들을 맡김으로써, 인간의 정신은 해방되어 날마다 인간의 한계에 맞는 문제들에 집중할 수 있게 된다. 신앙은 과학자들이 긴장을 풀고 과학적 탐구를 할 수 있도록 돕는다. 왜냐하면 신앙은 우주의 목적과 같은 커다란 문제들이 과학자들의 관심이 될 필요가 없다는 것을 말해주기 때문이다. 우리 신앙의 지혜 전통은 우주의 목적을 탐구하는 것이 우리가 할 일이 아니라는 것을 강조하고 있다. 우리는 〈욥기〉를 통해 그 단서를 확인할 수 있다.

> 그 때에 주님께서 욥에게 폭풍이 몰아치는 가운데서 대답하셨다. "네가 누구이기에 무지하고 헛된 말로 내 지혜를 의심하느냐? 이제 허리를 동이고 대장부답게 일어서서, 묻는 말에 대답해

보아라. 내가 땅의 기초를 놓을 때에, 네가 거기에 있기라도 하였느냐? 네가 그처럼 많이 알면, 내 물음에 대답해 보아라." (욥 38:1-4)

마지막으로, 분리 입장은 목적이 없는 우주가 우리 각 사람이 스스로의 의미를 만들어낼 수 있는 기회라고 말하는 굴드와 클렘케의 주장에 섬뜩해진다. 그 어떤 것도 이보다 더 어리석거나 위험할 수는 없다. 만일 우리가 스스로의 가치, 의미, 목표에 대한 유일한 창조자였다면, 더 나은 삶을 위해 스스로의 권력을 강화하거나 세계를 정복하는 것을 무엇이 막을 수 있다는 말인가? 이와는 반대로, 목적은 우리가 발명하는 무언가가 아니라 오직 우리가 응답할 수 있는 무언가다. 우리 삶의 의미는 가치를 창조하는 데에 있는 것이 아니라 우리 스스로가 가치에 의해 붙들리고 도전받는 데에 있다. 이것이 바로 신앙이, 즉 무한한 선함, 아름다움, 진리에 의해 '압도당하는' 상태가, 의미를 찾는 가장 확실한 방법이라고 제안하는 이유다.

대화

우리는 자연과학의 도움 없이는 우주에서 진정 무슨 일이 벌어지고 있는지를 이해하기 어렵다. 비록 과학적 방법이 목적에 직접적으로 관심을 두지는 않지만, 우리는 과학적 **발견들**이 제기할 수 있는 중요한 문제들에 대해 심사숙고하지 않을 수 없다. 지질학, 생물학, 우주론의 발견은 우주의 목적에 관한 질문에 어느 정도 관련이 있지 않은가?

하지만 우리에게 목적이 의미하는 것은 무엇인가? **목적**이란 단순히 좋은 것을 지향하는 것을 의미한다. 목적을 가지려면, 일련의 사건들이 가치 있는 것을 실현하는 과정 속에 있어야만 한다. 예를 들어 만약 우리의 삶을 우리보다 오래 지속될 가치나 원인에 기여하는 것으로 경험한다면, 우리의 삶은 목적을 지니고 있다고 볼 수 있다. 대화 입장은 우주를, 중요한 의미를 지닌 무엇인가가 스스로 작동하고 있는 일련의 사건이라고 생각한다. 이것이 무슨 의미인지 좀 더 자세하게 살펴보자.

우주가 최근 지능을 출현시켰다는 부정할 수 없는 사실에서부터 논의를 시작해보자. 우주가 여러분의 정신처럼 정교하고 숭고한 무언가를 만들어냈다는 것은, 정신을 출현시킨 우주가 분명 목적이 없다는 것을 우주적 비관론자들과 함께 선언하기 전에, 여러분을 분명 잠시 멈추게 만든다. 9장에서 살펴본 것처럼, 초기 우주의 물리학은 더 이상 생명과 정신의 출현과 별개로 이해될 수 없다. 과학자들은 우리가 본질적으로 정신을 출현시키는 우주에 살고 있으며, 빅뱅 우주에서 정신의 출현은 우연이 아니라는 것을 점점 더 인정하려고 한다.

하지만 우주적 비관론자들은 무슨 수를 써서라도 목적을 부인할 의무를 느끼는 것 같다. 빅뱅 우주는 항상 정신이 출현할 가능성을 지니고 있었기 때문에, 이것이 우주에 목적이 없다고 선언하는 것을 제한하기에 충분하지 않은가? 이에 대해 우주적 비관론자는 "충분하지 않다"라고 답한다. 그들은 정신 또는 지능은 우주의 우연으로, 우주 자체에 대해서는 아무것도 말해주지 않는다고 생각한다. '정신이 있는mindful' 우주가 깊고 지속적인 중요성을 가질 수 있다는 인상을 억누르기 위해, 우주적 비관론자들은 오늘날 종종 본질적으로 비정신적인 '다중우주multiverse'라는 개념에 의지한다. 만일 우리의 정신을 출현시킨 우주가 수많은 우주들 중 하나에 불과하다면, 우리 우주는 단지 우연히 생겨날 수도 있었기 때문이다. 우주적 비관론자들은 다중우주를 강조하며 다시 우연을 등장시켜, 사물 전체의 계획에 목적이 없다는 주장을 한다.

하지만 지능은 그 자체로 철저히 목적 의식이 있다. 목적이란 '목표를 향해 분투하는 것'이고, 정신의 행위는 우리가 목표를 실현하기 위해 분투하는 가장 우수하고 즉각적인 예다. 인간의 정신은 계속 소용돌이치는 목표를 갖지 않는다면 존재하거나 기능할 수 없다. 과학적 유물론자들의 정신도 지능과 진리의 자명한 가치를 추구하지 않을 수 없다. 여러분이 의미와 진리를 **중요시하기** 때문에, 여러분 자신의 정신 또한 활동하고 있는 것이다. 바로 지금도 이 장을 읽으면서 여러분은 이해라는 목표에 도달하기 위해 분투하고 있다. 이 페이지에 있는 단어들의 의미를 이해하려고 노력하는 중이며, 또한 이 책에서 제기하는 다양한 주장들이 사실인지를 묻고 있다. 이는 여러분이 진리를 지적 탐구의 목표 중 하나로 중요시하기 때문이다. 따라서 여러분의 정신에 목적 의식이 있다는 증거는 바로 여러분 앞에 놓여 있다. 이해와 진리를 향한 목적 있는 분투가 여러분의 정신 속에서 진행되고 있다는 것을 합리적으로 의심할 여지가 없다. 이해와 진리를 향한 동일한 종류의 분투가 심지어 우주적 비관론자들의 정신 속에서도 진행되고 있는 것이다.

그러나 지금 여러분의 정신이 이해와 진리에 도달하기 위해 분투하고 있다는 사실이, 우주에 목적이 있다는 것을 의미하는가? 만약 여러분의 정신과 물리적인 우주 사이에 충분히 밀접한 관계가 있다면 그렇게 볼 수 있다. 하지만 갈등 입장의 주된 주장인 우주적 비관론은 정신과 우주 사이에 연관성이 있다는 존재한다는 것을 부인한다. 우주적 비관론은 정신과 자연은 분리되어 있고, 본질적으로 무관하다는 암묵적인 가정에 근거한다. 근대 초기에 유행한 정신과 물질의 이원론은 여전히 존재하며, 이 이원론은 우주적 비관론자들로 하여금 인간 정신이 목적을 향해 분투하는 것은 무엇이든지 간에 자연을 이해하는 데 아무런 영향도 없다고 말한다. 분리 입장도 마찬가지로 자연과 인간 사이의 완전한 분리를 가정한다. 갈등 입장과 분리 입장은 멀리 떨어져 있는 것처럼 보일 수도 있으나, 동일하게 정신이나 주관성subjectivity이 실제로 자연계의 일부가 아니라고 주장한다. 이러한 이원론적 전제는 갈등 입장이 자연을 본질적으로 비정신적이라고 선언하게 하고, 분리 입장이 물리적 우주에 대한 과학적 발견을 신학적으로 타당하지 않다며 묵살해버리도록 한다.

반면에 대화 입장은 우주의 물리적 현상과 여러분의 정신 사이의 서사적 연결을 강조한다. 우주는 지금 하나의 이야기로써 드러나고 있으므로, 우리는 우주의 의미를 복잡한 진화의 결과를 원소 단위로 분해하는 것에서뿐만 아니라, 우리가 9장에서 언급했듯이 그 의미를 모든 것을 하나로 묶을 서사적 정합성으로 미래를 바라봄으로써 찾는다. 우리 대화 입장은 여전히 펼쳐지고 있는 하나의 이야기 속에서 우주를 일련의 사건events, 에피소드episodes, 시대epoch로 읽는 것에 관심이 있다. 만일 우리가 우주를 이렇게 서사적인 방식으로 읽는다면, 우주 역사 초기에 벌어진 물리적 사건들은 이해와 진리에 도달하기 위해 현재 여러분의 정신이 분투하는 가운데 드러나는 목적과 분리될 수 없다. 자연과 정신은 하나의 큰 이야기의 양면이다. 우주의 드라마가 정신을 꽃피울 만큼 무르익을 때까지는 140억 년이 걸렸지만, 적어도 그 기간 내내 약간의 방향성은 존재해왔다.

그리고 만일 정신을 잉태한 우주를 만들기 위해 다중우주가 필요하다면, 우주 이야기는 예상보다 훨씬 커질 것이지만, 여러분의 정신과 가상적인 전체 우주 사이에는 여전히 서사적인 관계가 존재할 것이다. 여러 차례 언급했듯이, 이야기가 만들어지려면 우연, '법칙성', 그리고 기간이 혼합되어야 한다. 다중우주 또한 서사적인 구조를 가질 것이다. 다중우주는 이야기를 가능하게 할 세 가지 요소 즉, 엄청나게 큰 숫자들, 선택의 원리에 의해 합법적인 가지치기 또는 체로 걸러지는 확률, 그리고 상상할 수 없이 계속되는 시대들의 연속으로 구성될 것이다. 다시 말하면, 다중우주는 아마도 목적을 수반할 수 있는 서사적 명료함을 여전히 갖게 하는 세 가지 요소를 가질 수 있다. 우주(또는 다중우주)는 항상 지적인 존재가 출현할 가능성을 갖는다. 결론적으로 대화 입장이 주장하는 것은, 여러분의 정신이 더 깊은 이해와 진리를 향해 나아가는 것처럼, 정신의 분명한 목적성은 실제로 (여러분의 정신을 통해) 이해와 진리를 향해 나아가는 **우주 자체**에 있다는 것이다. 이외의 어떤 다른 결론도 여러분의 정신이 우주의 일부가 아니라는 오래된 이원론적 환상으로 여러분을 데려갈 것이다.

이제 갈등 입장이 우리가 방금 말한 것에 어떻게 반응하는지를 생각해보자. 갈등 입장 지지자들의 정신은 대화 입장의 주장을 반박할 이유들을 찾느라 바쁠 것이다. 하지만 대화 입장을 반박할 이유들을 찾는 과정에서, 그들의 정신은 이해와 진실을 찾는 것을 목표로 한다. 우주적 비관론자들도 이러한 정교한 목표에 도달하기 위해 그들 자신의 정신 능력을 상당히 신뢰한다는 것이 분명히 드러난다. 리처드 도킨스, 대니얼 데닛, 제리 코인 등의 책을 읽다 보면, 그들은 자신들의 인지적 성과에 대해 엄청난 자신감을 갖고 있다는 것을 발견하게 된다. 그럼에도 불구하고 그들의 주장대로 그들의 정신을 출현시킨 우주가 본질적으로 비정신적이라면 (따라서 목적이 없다면), 그들은 이 같은 정신을 신뢰할 만한 합당한 이유가 없는 것이다.

이러한 자기모순에 대한 우리의 반응은, 과학적 회의론자들이나 우주적 비관론자들이 하는 것보다 현대 과학을 더욱 진지하고 일관성 있게 받아들이는 것이다. 우리가 보기에 과학은 이제 물리적인 우주와 인간의 지능이 하나의 우주적 드라마에서 분리될 수 없다는 것을 증명했다. 목표 지향적인 인간의 출현 이전에 우주에서 발생한 그 어느 것도 우리 자신의 분투로부터 분리될 수 없다. 우리 자신의 지적 분투의 드라마와 무생물을 연결하는 데에는 서사적 정합성이 존재한다. 의미와 진리를 향한 우리의 기대를 통해, 온 우주는 영원한 가치들을 향해 암묵적으로 나아가고 있다.

결국 분투하는 것을 제외하면 아무런 목적도 없다. 목표를 향한 분투는 40억 년 전 생명의 출현과 함께 우주에 처음 들어왔다. 다시 말하지만, 살아 있는 것을 살아 있지 않은 것으로부터 구별할 수 있게 하는 것은 목표를 향한 분투에 있다. 신경계가 점차 복잡해지면서, 감정을 드러내고 더욱 활기차게 분투하는 능력인 지각sentience이 등장했다. 감정과 분투의 주체적 중심은 진화 과정을 통해 점점 더 복잡해지기 시작했다. 결국 동물들이 출현했고, 생명은 점점 더 분투하고 투쟁하게 되었다.

결국 인간 지능의 출현은 목표를 향한 분투를 담은 오랜 기간의 이야기 속에서 가능했다. 인간 지능이 출현한 후, 처음으로 우주는 목적을 추구하는 것에 눈이 뜨이게 되었다. 정신이 등장했고, 우주는 의도적으로 목표를 추구하기 시작했다. 어떤 목표였을까? 인간은 쾌락뿐만 아니라 행복을 위해서도 분투한다. 그러나 행복의 추구는 가치 있는 목표의 추구를 필요 조건으로 요구한다. 그렇기에 행복은 쾌락과 같은 것이 아니다. 이 둘이 동시에 갈 수는 있지만, 행복은 심지어 고난 속에서도, 또한 감각적인 만족이 부재한 상황에서도 경험될 수 있다. 쾌락의 추구는 일시적인 만족을 가져올 수는 있지만, 행복은 쾌락보다 오래 지속될 수 있는데, 이는 행복은 다른 모든 것을 잃어도 견딜 수 있는 영원한 가치에 기반을 두기 때문이다. 영원한 가치에 대한 헌신은 인간의 삶에 의미와 행복을 준다. 인간은 의미를 찾을 수 있는지의 여부에 생명력이 달린 동물이다. 우리 삶에 의미나 목적을 주는 가치의 영원성을 보장하는 것은 특히 우리 신앙 전통의 목적이었다. 신앙과 신학은 가치의 영원한 토대를 '하나님'이라고 부른다.

그렇다면 여러분의 삶에 의미를 부여하는 것은 무엇인가? 우주는 이제 독특한 방식으로 스스로를 인식하게 되었는데, 이에 기여한 여러분의 정신을 연구함으로써 이 질문에 대답할 수도 있다. 우주의 신비에 대한 최선의 접근은, 여러분의 의식을 통해, 그리고 의미에 대한 여러분의 분투를 통해 자세히 살펴보는 것이다. 여러분에게 행복을 가져오는 목표 또는 가치를 살펴봄으로써, 이 장의 질문에 대한 답을 찾을 수 있을 것이다. 이러한 목표들은 **의미, 진리, 선함, 아름다움**이다. 지능이 출현하면서, 우주는 진화의 각 단계에서 곧 발생할 듯 맴돌고 있는 가치들을 명백하게 자각했다. 이러한 목표의 추구가 어떻게 여러분의 삶을 생동감 넘치게 하며 빛나게 하는지를 돌이켜봄으로써, 여러분은 또한 우주를 움직이는 것이 무엇인지에 대해 접근할 수 있을 것이다.

여러분과 우주는 일괄 거래package deal와 같다. 과학은 분명히 여러분의 지능이 더 큰 생명의 드라마와 우주 이야기에 매끄럽게 연결되어 있다는 것을 증명했다. 자연은 우주 역사의 첫 순간부터 정신의 출현을 향해 나아갔다. 비록 지구가 생명과 정신이 존재하는 유일한 장소라는 것이 밝혀지더라도, 의식이 출현하고 점점 발달한 것을 특정 지역에서 발생한 우연으로 단정할 수는 없다.[8] 여러분의 의식은 전 우주, 그리고 아마도 다중우주에 뿌리를 두고 있을 것이다. 왜냐하면, 생명체가 있는 하나의 우주가 존재하기 위해서는 어떻게 해서든 통계적으로 무수한 세계들을 필요로 할 수도 있기 때문이다.

우리의 요점은 다중우주 가운데 오직 하나의 지역이나 시대에서 지능이 출현한 것이, 여전히 세계의 더 큰 파노라마에 서사적으로 밀접하게 연관되어 있다는 것이다. 천문학자들이 지금 이 거대함을 이해 가능하도록 하기 위해 자신들의 정신을 다중우주 가설에까지 확장시키고 있다는 사실을 생각해보라. 천체물리학적 정신이 다중우주로 확장되는 것은, 우리가 세상을 무한한 의미, 진리, 선함, 아름다움에 대한 점차적인 깨달음, 즉 때때로 사랑의 반응을 불러일으킬 수 있는 깨달음으로 이해하는 것과 완벽하게 일치한다. 사랑의 능력 안에서, 우주 이야기는 생명의 드라마를 통해 분투해온 무한하고 영원한 선함에 스스로를 전적으로 개방한다.

물론 우주적 비관론자들은 지능이 명백히 늦은 시기에 특정 지역에서 출현했기 때문에, 지적인 분투가 분명 우연에 불과하다고 여길 것이다. 그러나 지능이 지구에만, 그리고 우주 역사의 제한된 기간에만 한정되어 존재한다고 해도, 이것은 지능이 전 세계와 어떤 서사적인 연관성도 없다는 것을 의미하지는 않는다.[9] '사고thought'라는 현상은 천문학적·지역적·생물학적 진화 과정에 복잡하게 연결되어 있기 때문에, 지능은 우주가 실제로 무엇인지를 이해하는 데 중요한 열쇠다.

어떠한 일련의 사건들이 목적이 있으려면, 명백히 가치 있는 무엇인가를 성취하는 방향으로 향해야 한다. 따라서 우주의 진화 과정이 지능을 산출하고, 지능이 의미, 진리, 선함, 아름다움이라는 명백한 가치들에 응답하며 깨어나는 것에서 알 수 있듯이, 우주 전체는 목적이 있는 특성을 보인다. 물론 우주에서의 목적은 의식의 탄생 그 이상을 의미하지만, 지성을 산출할 가능성을 항상 지닌 우주라면 어떤 형태의 우주이든지 마땅히 목적이 있다고 일컬어질 수 있다.

유대교, 기독교, 이슬람교는 모두 우주가 존재하는 데에는 이유가 있다고 생각한다. 분리 입장이 정확히 지적한 것처럼, 이 세 종교는 우주의 존재 이유가 무엇인지를 표현하는 방식이 각각 다르며, 또한 신의 불가해함을 표현하는 데에 신중함을 보인다. 하지만 대화 입장은 신앙과 희망의 능력을 이끌어내는 우주 이야기로부터 우리 각자의 삶을 분리시킬 수 없다. 우리의 삶은 무한한 의미, 진리, 아름다움, 사랑, 새로운 삶, 그리고 영원한 선함과의 교제를 향한 신비로운 움직임이 있는 온 우주에 사로잡힌다. 유대교인들에게 안식일은 피조물이 하나님 안에서 최종적으로 안식하게 될 것을 미리 맛보는 것이다. 기독교인들에게 그리스도와 연합하는 성찬은 온 우주가 하나님과 최종적으로 연합할 것이라는 약속을 내포한다. 이슬람교인들에게 신앙, 기도, 자선, 단식, 순례라는 다섯 기둥을 따르는 것은, 자비롭고 모든 것의 근원이자 운명으로 여겨지는 알라와 이미 함께 사는 것이다.

아브라함 신앙은 우주의 목적에 대한 질문과 함께 서거나 무너진다. 오늘날 우리가 인정하는 것처럼 신앙의 궁극적 의미와 과학의 결실 있는 대화를 위해서는 상당한 신학적 개정이 요구될 수도 있다. 그러한 작업이 결코 완성되지는 않겠지만, 우리는 과학이 여전히 형성 중인 우주의 모습을 우리에게 선물했다는 것을 다시 한번 관찰함으로써 그 일을 시작할 수 있을 것이다. 그러므로 우리의 희망은 단지 개인적인 성취만이 아닌, 전 우주 과정을 위한 것이 될 필요가 있다. 우리는 여기에서 과학과 신앙의 어떤 새로운 융합을 지지하는 것도 아니고, 과학의 데이터를 기존의 어떤 신학적 제도에 강요하기를 바라는 것도 아니다. 우리의 주장은 단순히 미완성 우주에 대한 과학적 의미가, 우리가 아브라함 신앙 전통으로부터 물려받은 **약속**이라는 주제를 이해할 수 있는 무대를 제공한다는 것이다.

최근까지 과학은 자연 '법칙'에 집중했고, 우주의 **드라마적** 특징을 알아차리지 못했다. 이 실수는 우주가 본질적으로 정적이고 이야기가 없는 것으로 간주되는 한, 우주가 목적을 갖고 있다고 간주되기는 어렵기 때문이라는 점에서 중요하다. 하지만 이제 우리는 우주가 진행 중인 이야기라는 것을 깨달았기 때문에, 이 이야기의 의미가 무엇일지 질문하는 것은 무리가 아니다. 앞서 언급했듯이, 자연은 기저에 있는 서사적 우주론적 원리를 암시한다. 우주(또는 다중우주)는 우연, 법칙, 긴 시간으로 구성되어 있어서 여러 단계에서 읽을 만한 가치가 있는 이야기로 만들어진다. 대화 입장에서 보기에, 우주 이야기는 놀라운 결과가 도출될 가능성이 우주의 시작부터 존재해왔던 것이다.

예를 들어, 우리의 공통 조상 아브라함의 이야기에 참여해 형성되는 감수성을 가지고 우주 이야기를 돌아보면, 우리는 전 우주적 이야기를 약속이 계속해서 펼쳐지는 이야기로 바라볼 수밖에 없다. 우주의 첫 순간부터, 물질은 이미 약속을 잉태한 씨앗으로 뿌려졌다. 우주는 처음부터 수소 원자, 은하 성단, 초신성, 탄소, 유기 분자, 생명, 그리고 최종적으로 지능이 출현하는 변화를 겪도록 준비되었다. 만약 여러분이 빅뱅 직후에 우주를 조사할 수 있었다고 상상해보자. 특징 없는 원초적인 플라즈마plasma를 바라보거나 끝없이 펼쳐지는 수소와 헬륨 원자를 조사했을 때, 여러분은 그러한 단조로운 바다 속에서 결국 생명, 정신, 그리고 이타적인 사랑의 능력이 나타날 것이라고 예견할 수 있었을까? 아마 아닐 것이다. 그러나 그러한 결과에 대한 약속은 심지어 상당히 가망 없는 것처럼 보이는 가운데 제시되었다.

알고 보니 자연은 항상 약속을 잉태해왔다. 지금도 그렇다. 바로 지금 우리 중에 누가 우주에는 완전히 목적이 없다고 자신 있게 선언할 수 있는 위치에 있는가? 우주적 비관론은 대화 입장의 주장을, 자연계를 해석하는 독단적이고 비합리적인 방법인 것처럼 여긴다. 새로운 우주 이야기는 갈등 입장과 분리 입장과는 달리, 여러분의 목적 지향적인 정신을 우주로부터 깔끔히 구분 짓는 것을 허용하지 않는다. 여러분 각자의 생명과 정신은 모든 물리적 실재와 우주 이야기와 너무나 복잡하게 얽혀 있어서, 우주에서 무슨 일이 벌어지고 있는지를 물어보지 않은 채, 자신이 누구이고 어떤 존재인지 이해하기를 기대할 수는 없다.

  마지막으로, 우주가 목적을 가지려면, 그 목적이 반드시 영원해야 한다. 우주 이야기의 사건, 에피소드, 시대를 완전한 죽음으로부터 구원할 무언가 반드시 존재할 것이다. 이 영원함은 부분적으로 하나님이라는 단어가 가리키고 있는 것이다. 하나님은 우주에 목적을 부여하는 가치의 근원이지만, 하나님은 또한 우주 이야기에서 벌어지는 모든 것을 기록하고 보관하신다. 신학적으로 말해, 우주 이야기가 언제나 하나님의 영원한 생명에 근간을 두고 있다면 현대 과학은 궁극적으로 목적을 갖는다고 말할 수 있다.

12장

외계인은
존재할까?

갈등

만일 **외계 지성체**extraterrestrial intelligence(이하 ETI)가 발견된다면, 이 것은 아브라함 신앙 전통의 종말을 뜻할 것이다. 유대교, 기독교, 이 슬람교의 좁고 지엽적인 신은 예배할 가치조차 없는 작은 신으로 여 겨질 것이기 때문이다. 만일 ETI가 존재한다면, 인류가 우주에서 특 별히 중요한 존재라는 개념은 무너지고 말 것이다. 신에 의해 특별 히 선택받았다는 유대교인들, 기독교인들, 이슬람교인들의 믿음도 더 이상 받아들여지지 못할 것이다. 우주의 다른 행성에 거주하는 지 적 존재들은 지구의 신학적 용어들을 결코 이해하지 못할 것이다. 외 계인들extraterrestrials은 삶의 의미나 우주의 목적에 대한 인간의 우스 운 질문에 궁금해할 것 같지도 않다. 따라서 종교적 환상들은 더 이 상 필요하지 않을 것이다. **ETI에 대한 과학적 탐색**scientific search for extraterrestrial intelligence(이하 SETI)은 과학적 자연주의를 지지하는 문화 적 분위기 속에서 가장 번창할 수 있다. SETI의 도전 정신과 아브라 함 종교 전통의 자부심 강한 지역주의stay-at-home 문화에는 근본적인 갈등이 존재한다.

분리

갈등 입장 지지자들이 방금 주장한 것과는 상반되게, 신학자들은 외계의 지적 존재들과 외계 '세계들worlds'의 존재에 대한 생각을 오래전부터 흥미진진하게 다뤄왔다. 그러한 영역들은 단지 '하늘heaven(천사의 무리)'뿐만 아니라 '하늘들the heavens'에서도 볼 수 있다.[1] 실제로, 중세의 일부 신학자들은 지적인 존재가 달이나 지구 밖 여러 공간에도 존재한다고 가정하기도 했다. 이미 우리는 하나님께서 인류 외의 다른 영적인 존재들도 창조하셨다고 믿기에, 과학 탐험가들이 결국 물리적 우주 내의 다른 지적 존재들을 발견한다고 해도, 그것이 우리에게 충격적인 사건은 아닐 것이다. 결론적으로, ETI의 발견은 하나님의 창조, 사랑, 섭리에 관한 우리의 이해를 크게 변화시키지 못할 것이다. 솔직히 말해서, SETI가 외계 생명체의 발견에 성공한다 해도, 이미 하나님의 무한하고 창조적인 화려함에 조율된 우리의 신앙과 신학에는 거의 타격이 없을 것이다.

따라서 분리 입장은 절대 ETI의 존재를 배제하지 않는다. 우리의 빅뱅 우주(또는 다중우주)에 다른 '문명들'이 존재하는 것은, 아브라함의 하나님의 무한하고 고갈되지 않는 풍성함에 전적으로 부합한다. 그럼에도 불구하고, 우리와 ETI 간에 실제로 신학적 대화가 가능한지를 추측해보는 것은 아마 시간 낭비일 것이다. 지구와 지적 문명의 가능성을 품고 있는 다른 행성들 간의 어마어마한 거리를 고려한다면, 앞으로 한동안은 접촉이 이루어질 확률이 희박하기 때문이다. 만일 접촉이 이루어진다고 하더라도, 전자기의 스펙트럼을 통한 소통은 엄청나게 느릴 것이다. 우리 은하의 이웃 은하와 첫 인사를 교환하는 것만으로도 우리 생애 전부의 시간이 걸린다. 따라서 우리가 이런 상황을 이해한다면, ETI에 관한 주제가 신학에는 불필요한 논의처럼 보인다.

대화

우리 우주에서 생명체와 지적 존재들이 존재하는 외계 세계가 발견된다면 신학에는 가장 흥미로운 새로운 자극이 될 것이다. 이들과의 접촉이 가능할지의 여부와 상관없이, 우리가 ETI와의 실제 '접촉'을 가장 좁은 차원에서 조망한다고 하더라도, 그것이 신학에 유익하고 광범위한 논의를 제공할 것이다. ETI와의 만남이 신앙과 신학의 종말을 고할 것이라는 갈등 입장의 주장에 대해 우리는 이제 답할 필요가 있다.

이 주제는 아래의 질문들과 관련되어 있다.

1. 만약 우리가 ETI를 마주한다면 하나님이라는 개념에는 무슨 변화가 일어날까?
2. 우리가 우주에서 특별히 중요한 존재라는 생각은 사라질까?
3. 특별하게 선택받아 구별되었다는 세 아브라함 전통의 신념에는

어떤 영향을 미치게 될까?(종교적 독특성에 대한 질문)

4. 우리의 신앙 전통과 신학이 다른 행성의 지적 존재들에게도 적용될 수 있을까?

5. 다른 지적 존재의 발견이 우주의 목적이라는 거대한 질문에 어떤 영향을 미칠 수 있을까?

6. 신앙과 신학은 우리에게 ETI와의 만남을 수용하거나 환영할 수 있는 개념적 틀을 제공할 수 있을까?

위의 질문 중 1-3번에 대해서는 짧게 논하고, 4-6번에 대해서는 조금 더 집중적으로 다뤄보려고 한다.

| 만약 우리가 ETI를 마주한다면 하나님이라는 개념에는 무슨 변화가 일어날까?

다른 지적 세계와의 만남은 신학이 우주론의 발견을 통해 얻을 수 있는 유익일 뿐만 아니라, 하나님과 신적 창조성의 개념을 확장할 수 있는 또 하나의 위대한 사건이 된다. 또한 ETI와의 접촉은 신학이 급진적 유일신론에서 강조하는 연합하는 힘unifying power을 선보일 기회를 제공할 것이다. 지구 밖에 있는 어떤 지적 공동체도, 우리 지구의 유일신론이 '보이는 것들과 보이지 않는' 모든 것들의 근원으로 예배하는 원리와 동일한 창조적 원리에 분명한 기반을 두고 있을 것이기 때문이다. 우리의 유일신론(하나님은 한 분이라는 믿음)은 모든 것, 모든 생명체, 모든 사람, 그리고 모든 세계가 그 모든 존재들을 창조하시고 공정하게 돌보시는 한 분 하나님 안에서 동일한 기원과 운명을 갖는다는 것을 의미한다.

아브라함 전통의 유일신론은 비록 이질적인 첫인상을 품고 있더라도, 여전히 우리에게 창조된 모든 것을 포용할 수 있게 하는 가장 확실한 기반이다.[2] 하나님이 사랑하는 것을 동일하게 사랑하는 법을 배우는 것은, 선지자들이 이미 우리에게 요청했던 우리의 소명이자 우리가 끊임없이 분투해야 하는 것이다. 물론 부족주의, 민족적 혐오, 비인간 생명체를 무시하는 행위가 여전히 이 지구상에 남아 있다는 사실은 비극이다. 그러나 이는 모든 다양성의 기저에 있는 존재론적 통합을 강조하는 유일신론이, 인간의 의식을 파악함에 있어서는 여전히 너무 부족하기 때문이다. 불행히도 이 작은 행성에 있는 많은 사람들은 모든 존재의 궁극적 연합이, 심지어 우리가 살아가는 이 세계에서도 가능하다고 **실제로** 믿지 않는다. 다른 지적 세계들의 발견은 유일신론 신앙을 강화시키고 우주의 근본적 연합을 확증하는 아주 강력한 동기가 될 것이다.

신학적 관점에서, 모든 은하와 우주는 존재의 궁극적인 연합에 뿌리내리고 있다. 따라서 우리의 우주 여행은 결코 우리와 전적으로 동떨어진 존재와의 만남을 가져올 수는 없을 것이다. 신학과 SETI의 연관성은 근본적으로 모든 가능한 세계들이 결국 한 분 하나님 안에서 동일한 기원을 갖고 있다는 신학적 확신에 있다. 그리고 한 분 하나님의 편재성omnipresence에 의해, 우리가 결국 발견할 수도 있는 모든 가능한 세계들은 우리의 집이 확장된 것으로 이해될 수도 있다.[3]

더욱이 분리 입장이 주장하는 것처럼, 우리도 신적 창조성 개념에 내포된 모든 존재의 근본적 연합은 본성상 제한 없는 **다양한** 방식으로 드러나며, 또한 다중우주 개념에 의해 촉발된 다수의 다른 '세계들'로 드러나는 경향이 있다고 주장한다.《신학대전Summa Theologica》에서 토마스 아퀴나스는 "왜 하나님이 상당히 많은 서로 다른 존재들을 창조하셨는가?"와 같은 천진난만한 질문들을 제기한다. 그는 피조물에 끝없는 다양성과 다채로움이 존재하는 이유를 다음과 같이 설명한다. 즉, 하나님의 무한성을 표현하는 데 있어서 한 존재의 부족한 것은 다른 존재에 의해 채워질 수 있고, 이 다른 존재에게서 부족한 것은 또 다른 존재에 의해 채워질 수 있으며, 그렇게 계속 피조물들은 서로를 채워줄 수 있다.[4] 창조의 다양성은 무한하고 풍성한 창조주의 본성에 의해 상당히 적절한 것이 된다. 우리 행성에 있는 무생물과 생물의 풍성한 다양함 안에서 부분적으로 드러난 하나님의 무한성에 대한 우리의 믿음은, 더욱 풍부한 다양성이 드러나도록 하기 위해 (그것이 지금의 우리에게는 완전히 낯선 방식으로 진행되더라도) 우리의 정신과 마음을 이미 준비시켜왔음에 틀림없다. 아마도 신앙인들이 '외계 신학exo-theology'을 대비하는 가장 좋은 방법은 우리 행성에 있는 다양한 생명체의 풍부함을 깊게 감상하는 '생태 신학 eco-theology'을 지금 당장 발전시키는 것일 수 있다.[5]

| 우리가 우주에서 특별히 중요한 존재라는 생각은 사라질까?

더 지능적이고 윤리적으로 발달한 존재들에 대한 지식은, 우리 신앙 전통이 한심할 정도로 국지적이고 지나치게 인간중심적으로 보이게 만들어, 우리의 자존감을 약화시킬 것인가? 지구의 지적 거주민들은 그저 무수한 지적 세계들로 이루어진 우주에서 단지 하나의 '평범한' 거주민일 뿐이라는 확장된 '코페르니쿠스 원리'는 신학에 어떤 영향을 주는가?

첫째로, 우리는 우주 어디든 다른 **인류**가 존재할 수 있다는 예측이 생물학적으로 허용되지 않는다는 것을 확신할 수 있다. 그러므로 하나의 종species으로서의 우리의 독특성은 사실상 보장된다. 진화학자 로런 아이슬리Loren Eiseley는 "인류는 다른 곳이나 저 너머에는 영원히 존재하지 않을 것이다"라고 기술했다. 자연 선택은 생물학적으로 '결코 되돌아갈 수 없는' 독특한 유전적 방식으로 우주에 호모 사피엔스를 출현시켰다.[6]

둘째는 더욱 중요하다. 이슬람교, 유대교, 기독교의 위대한 스승들에 의하면, 우리는 다른 생명체들보다 정신적 또는 윤리적으로 우월하다는 표지를 찾음으로써가 아니라, 모든 곳에 있는 전 생명체들을 향한 봉사와 자기희생의 길을 걸어감으로써 우리 인간의 독특한 위엄과 가치를 드러낼 수 있다. 불교에서도 분명히 말한 것처럼, 우리의 본래적 실존authentic existence은 경쟁을 향한 욕구보다는 공감할 수 있는 능력을 통해 성취된다. 우리 존재의 의미는 우리의 삶과 도덕적 노력을 우리 자신보다 더 거대하고, 중요하며, 지속적인 무언가를 향해 헌신하는 기회를 통해 부분적으로 드러난다. 그러므로 우리보다 어떤 의미에서든 더 우월하다고 할 수 있는 존재들과의 만남이 이러한 설명을 폐기하리라고는 생각할 수 없다.

| 아브라함 전통의 신념에는 어떤 영향을 미치게 될까? (종교적 독특성에 대한 질문)

아마도 ETI와의 접촉은 하나님으로부터 특별하게 선택되었으며 특별한 계시를 받았다고 믿는 신자들에게는 상당한 걱정의 순간이 될 수도 있다. 전혀 다른 형태를 지니고 있는 인격적·자율적·책임적 존재와의 만남은 '선택받은 백성'이라는 지위를 주장하는 신앙 전통의 신뢰성에 상당한 부담을 주지 않겠는가?

특별히 선택받았다는 주장은 ETI와의 '접촉'에 대한 논의가 등장하며 다소 압박을 받을 수도 있다. 물론 외계인을 잠재적 회심의 대상으로 보는 것도 한 가지 반응일 것이다. 이 경우에 ETI와의 접촉은 단순히 선교 활동의 새 장을 제공한 사건이 된다. 메리 러셀Mary Russell은 흥미로운 공상 과학 소설《스패로The Sparrow》에서 이런 식의 접근을, 그것이 지니는 잠재적 위험성과 함께 소개한다.[7]

그러나 아브라함 신앙 전통에서 특별한 선택을 받았다는 사상은 지위와 특권을 암시했던 예전의 이미지로부터 점차 탈피하고 있다. 선택이란 하나님으로부터 특별하게 부름받거나 구별되었음을 뜻하는데, 이는 본질적으로 우리가 온 우주 공동체와 근본적으로 다르다는 우월성을 부여하는 것이 아닌 생명과 정의의 근원을 섬기는 소명으로 이해해야 할 것이다. 예를 들어, 기독교인들은 예수께서 스스로 하나님으로부터 부름받은 존재임을 깨달은 사실이, 종의 형상으로 십자가라는 가장 치욕적인 운명을 짊어진 존재임을 깨달은 사실과 모순되지 않음을 기억할 것이다(빌립보서 2장). 예언자 전통이 지지하는 정의의 하나님은 급진적 포괄성radical inclusiveness, 즉 소외되고 낯선 이들을 향한 온전한 포용의 모습을 보여준다. 이 포괄성은 외계인에 대해 열려 있고, 많은 지적 세계들을 탐구하는 것을 지지한다. 다시 한번 말하지만, ETI와의 접촉은 신앙의 중심적인 가르침과 실천을 포기하는 것이 아니라, 오히려 그것들을 전적으로 활용하도록 이끌어준다.

아브라함 신앙 전통에서 보편적으로 적용 가능한 것처럼 보이는 것은, 외지인을 포용하는 환대의 이상이다. 물론 이것이 얼마나 실천되어 왔는지와는 별개로, 그 이상은 여전히 손짓하고 도전한다. 그 도전에 응답하는 데 있어서 우리 전통의 역사는 기껏해야 모호하다는 정도로 답할 수 있다. 그러나 역사적으로, 신앙인들이 낯선 문화와 행위의 사람들과 접촉했을 때 신앙과 신학의 해체에 직면하기보다는 오히려 더욱 풍성해짐을 경험했다. 결론적으로 먼 미래에 행성 간의 여행이 일어난다면, 외계 '문화'와의 접촉은 우리에게 성장을 위한 신선한 도전과 기회를 제공할 것이다.

| 우리의 신앙 전통과 신학이 다른 행성의 지적 존재들에게도 적용될 수 있을까?

지금까지의 논의는 신학이 ETI와의 접촉을 가설적으로 논할 때 제기되는 상당히 흥미로운 질문이자 네 번째 질문으로 우리를 인도 한다. 그 '타자들Others'(외계인보다는 이 명칭을 사용하자)은 우리의 종교적 삶과 사고의 일부라도 이해할 수 있을까? 우리는 다른 지적 존재들도 우리가 종교라고 부르는 것을 행하고 있다고 기대할 수 있을까? 물론 빛의 속도로 오가는 메시지라고 하더라도 소통하는 이들 간의 엄청난 거리 때문에, 소통이 한 개인의 일생에서는 몇 차례 이루어지지 못할 뿐만 아니라, 그것이 우리의 이웃을 넘어 먼 곳까지 도달하지도 못할 것이다. 예를 들어, 만약 여러분이 우리 은하의 한쪽 끝에서 다른 쪽 끝까지 메시지를 보낸다면, 답을 받기 위해서는 약 20만 년이 걸릴 것이다. 그러나 결국 우리에게 생명력 있고 지적인 다른 존재들과 장기적인 대화를 할 수 있는 기회가 주어졌다고 가정해보자. '하나님' 또는 '구원' 같은 개념을 포함해 우리의 가장 깊은 소망들을 그들과 의미 있는 방식으로 공유할 수 있기 위해서는 그들이 어떤 형태의 생명과 지능을 갖추고 있어야 할까? 우리의 종교적 신념들에 대해 그들과 대화하고, 그들의 종교적 신념들을 (만약 있다면) 우리가 이해할 수 있기 위해서, 우주에 있는 지적 생명체들이 갖춰야 할 특징들은 무엇일까?

이러한 질문들을 숙고하면서 우리는 우리의 종교가 내용과 표현 방식에 있어서 우리 행성의 독특한 자연적 특징으로부터 얼마나 많은 빚을 지고 있는지를 상기하게 된다. 그러니 다른 세계의 종교들은 자신들의 자연 환경에 의해 색다르게 형성되었다고 가정할 수 있다. 우리 자신의 반복적인 종교적 은유들은 다음과 같은 **지구**의 특성들에 대한 경험과 분리될 수 없다. 즉 낮과 밤의 순환, 해와 달의 광

채, 사막, 바다, 강, 시내, 구름, 비, 폭풍우, 회오리바람, 풀과 나무, 혈액과 숨결, 땅과 성(性), 모성, 부성, 형제와 자매의 교제 같은 특성들과 분리될 수 없다. 예를 들어, 나무에 대한 우리의 경험이 얼마나 두드러지게 종교적 이미지를 형성하는지에 대해 한번 생각해보자. 생명 나무, '선악을 알게 하는' 나무, 부처의 깨달음이 있었던 보리수나무, 십자가의 나무, 레바논의 백향목 등을 생각해볼 수 있다. 땅의 표층을 뚫고 생명을 싹 틔우는 씨앗의 모습이 '부활'이라는 상당히 중요한 종교적 은유를 가져왔다. 그리고 '영spirit'이라는 개념은, 지금은 아이러니하게도 초자연적인 것을 뜻하는 단어로 이해되고 있지만, 원래는 라틴어 spiritus(히브리어로는 ruach, 헬라어로는 pneuma)에서 파생된 단어로, '생명의 숨'이라는 뜻을 지니고 있으며, 물리적인 근원으로써 땅의 활력 있는 분위기를 의미한다. 토머스 베리Thomas Berry는 만약 우리가 달과 같은 곳에 살았다면, 어떤 형태의 종교를 가졌을지를 상상해보라고 묻는다.[8] 외계의 생태계는 땅, 생명, 종교적 의미에 대한 서로 다른 독특한 융합을 가져오지 않겠는가? 그리고 우리는 그것들을 서로 연결하느라 상당히 어려운 시간을 보내야 할 것이다.

그렇다고 불가능하지는 않다. 우리가 우주의 타자들과 신학적 대화에 착수할 수 있는지를 살펴보기 위해서는 먼저 우리의 용어들을 명료하게 정의해야 한다. 우리가 말하는 **생명**, **지능**, **종교**는 정확히 무엇을 의미하는가?

첫째로, **생명**에 대해 살펴보자. 앞서 6장에서 살펴본 것처럼, 생물을 '살아 있다'고 인식할 수 있게 해주는 것, 따라서 우리가 생물을 무생물이나 물리 과정으로부터 구분하게 해주는 것은, 생물이 어떤 목적을 이루기 위해 **분투**해 실패나 성공의 가능성을 품고 있다는 특성을 우리 인간과 공유하는 데 있다.[9] 따라서 인간이 우주 다른 곳에 있을 수 있는 생명의 가능성에 대단한 관심을 표하는 이유는, 바로 우리가 분투하고 투쟁하는 모든 다른 존재들과 무언가 특별한 것을 공유한다는 감정을 느끼기 때문이다. 우리는 생명의 드라마에 참여하는 다른 모든 분투하는 존재들에게서 연대감을 느끼는데, 이는 무생물에게서는 느끼지 못하는 감정이다. 그래서 만약 우리가 다른 세계의 생명을 만난다면, (그 생명의 화학적 구조와 상관없이) 그 생명이 우리와 함께 실패의 가능성을 품고 있는 일종의 드라마적인 분투에 참여한다는 것을 인정할 때에만 그것을 살아 있다고 말할 수 있을 것이다. 물론 다른 생명체를 찾는 탐사를 통해, 우리는 지구상의 생명의 유전적 흐름에서 발견할 수 있는, 세대를 망라해 공유되는 정보 같은 특징들을 찾을 수도 있을 것이다. 우리는 개방된 자기조직 시스템self-organizing system을 찾고자 하는데, 자기조직 시스템은 환경으로부터 에너지를 만들어내고, 따라서 열역학적 평형thermodynamic equilibrium과는 거리가 먼, 높은 수준의 복잡성을 유지한다. 그러나 우리는 또한 무기물로 용해되어 사라질 수 있는 지속적 위협에 대응해 자신들의 유기체적 정체성을 유지하기 위해, 어느 정도 '분투할' 필요가 있는 존재들을 찾고 있다. 다른 말로 하면 생명은 어느 곳에서든, 그리고 어떤 방식으로든 마이클 폴라니Michael Polany가 '성취의 논리the logic of achievement'라고 부르는 것에 부합하는 형태로 발견될 것이다. 생명에 대한 이런 이해가 어떻게 외계인이 종교적일 수 있는지에 대한 질문과 연관되는지는 곧 명확해질 것이다.[10]

다음으로, SETI가 찾고 있으며 우리가 우연히 발견하더라도 금방 알아볼 수 있다고 확신하는, 특별한 특성들의 집합인 지적 생명체는 무엇을 의미하는가? 첫째로, 만약 우리가 **지적 생명체**를 발견한다면, 그것은 어떤 의미로든 **분투**에 참여하고 있을 것이다. 둘째로, 만약 그것이 **지적 생명체**라면, 그것은 우리가 **이해하고 알고자 하는 갈망**과 연관된 분투하는 존재임에 틀림없다. 만약 이해와 진리를 향한 갈망이 없다면, 자각이 있고 심지어 의식이 있더라도 지적 생명체라고 할 수는 없다. 특정한 목표를 이루기 위해 어떻게든 분투하지 않는 존재는, 비록 그 목표가 단순한 생존을 뜻한다고 하더라도 살아 있다고 할 수 없다. 그 분투가 이해와 진리를 향한 탐구를 포함하지 않는다면, 그 존재는 지적이라고 할 수 없다. 적어도 우리 인간이 지적이라는 단어를 이해하는 한도 내에서는 그렇다. SETI는 하늘에서 오직 기술적으로 정교하며, 이해를 추구하고 진리를 갈망하는 근원지로부터 출발한 전자기적 신호들electromagnetic signals을 찾고 있다는 점에서 이미 암묵적으로 '지능'이라는 개념을 가정하고 있다.[11]

마지막으로, **종교**는 무엇을 의미하는가? '종교' 역시 일종의 분투로 이해해보자. 종교는 다른 무언가이기 이전에 목표를 향해 분투하는 특정한 종류의 인간 **삶**이 드러나는 방식이다. 그 모든 화려한 상징적, 예전적, 교리적, 윤리적, 제도적 울타리 안에서 종교는 투쟁하고, 탐험하고, 희망하는 지적 삶의 표현 방식이다. 우리가 보기에, 종교는 아마도 가장 강한 단계의 분투를 보여주는 지적 삶의 모습이다.

지구의 모든 종교적 노력은 일종의 '길 찾기', 즉 가장 어려운 삶의 한계들을 통과할 수 있게 우리를 이끌어주는 길에 대한 탐구라고 생각할 수 있다.[12] 그러므로 우리는 지구라는 곳에 머물면서도, 우리를 포함한 **모든** 형태의 지적 생명체가 불가피하게 마주해야 하는 몇몇 심각한 한계들을 인식할 수 있지 않을까? 그리고 그 한계들을 인식하는 데 있어서, 우리는 상당한 생태적 차이에도 불구하고 서로 소통할 수 있게 허용해주는 공통적인 신학적 기반 내에, 우리 자신과 타자들이 함께 머물게 해야 하지 않을까?

만약에 타자들이 우리가 지적 생명체라고 부를 만한 특징을 지니고 있다면, 우리는 합리적으로 외계인들이 적어도 종교적 모험심을 받아들일 수 있는 **능력**이 있다고 기대할 수 있다. 우리가 접촉할 수 있는 어떤 타자라도 결국 우리가 속해 있는 동일한 빅뱅 우주의 거주자일 것이기 때문에, 과학에 의해 알려진 우주의 보편적 특성들은 아마 그들에게도 적용될 수 있을 것이다. 그렇다면 우리는 살아 있고, 지각이 있고, 지적인 존재들은 모두 엔트로피의 법칙을 적용받아 일시적이고 소멸하는 특성을 지녔을 것으로 기대해야 한다. 그들도 우리처럼 모든 유한한 생명체가 맞서야 하는 실패의 위험과 결국에는 소멸nonbeing의 위협에 직면해 있을 것이다.

따라서 모든 살아 있고 지적인 존재들이 우리가 경험하는 것과 같은 물리적 한계를 경험할 것이기 때문에, 그 한계를 극복할 수 있는 종교적 길을 찾고자 하는 시도에 관한 의미 있는 교류도 충분히 일어날 수 있다. 만약 타자들이 진정 분투의 중심에 있다면, 그들은 또한 그들 나름의 특정한 삶의 모습이 지니는 한계를 초월하려고 시도할 것이다. 그리고 만약 그들이 진정으로 지적이라면, 그들은 자신들의 소멸의 가능성을 자각하고 있을 것이다. 다시 말하면, 그들은 신학자 폴 틸리히가 명명한 '실존적 불안existential anxiety'을 경험할 수도 있다. 불안감, 즉 유한성에 대한 자각은 지적 생명체들에게 존재의 소멸이라는 위협을 정복할 수 있는 용기를 발견하도록 이끌 것이다. 우리 인간의 경험에 비추어보면, 소멸의 위협에 직면해서 많은 사람들을 종교적 신앙의 근본으로 이끈 것은 바로 용기 있는 탐구다. 그리고 이것은 때로는 운명, 죽음, 죄책, 무의미성에 직면해서 '하나님'을 삶의 분투를 지속할 수 있는 용기의 근원으로 이해하도록 이끌기도 한다.[13] 만약 '저 밖에' 어떤 타자들이 살아 있고, 그들이 지적이라면, 그들 역시 용기가 필요하다는 사실은 놀라운 일이 아닐 것이다. 만약 그렇다면, 그들이 우리보다 덜 종교적일 이유는 없다.

| 다른 지적 존재의 발견이 우주의 목적이라는 거대한 질문에 어떤 영향을 미칠 수 있을까?

우주에 어떤 '목표point'나 '목적purpose'이 있는지에 대한 질문은 종교들이 다른 어떤 것보다도 가장 주목하는 질문일 것이다. 아브라함 신앙 전통을 포함해, 종교들은 모든 것에 의미가 있다는 전제에 반하지만 않는다면, 모든 종류의 과학적 사고들을 수용할 수 있다. 종교들은 지구가 우주의 중심이 아니라는 사실, 인류가 유인원들의 후손이라는 사실, 그리고 우주가 140억 년이 되었다는 사실을 받아들일 수 있다. 그러나 종교들은 모든 것이 목적이 없다는 의심만큼은 받아들일 수 없다.[14]

그러므로 SETI가 우주의 목적에 관한 질문들과 어떻게 관련될 수 있는지, 나아가 암묵적으로 우리 자신의 삶의 의미와 역할에 어떻게 관련될 수 있는지를 묻는 것은 중요하다. 우주론에 대한 진지한 신학적 고찰은 모두 목적에 대한 질문을 불가피하고 중요하게 받아들인다. 일반적으로 **목적**은 가치를 깨달아가는 과정을 뜻한다. 우주에 목적이 있다고 말하는 것은 우주가 무언가 본질적으로 선하거나 가치 있는 것을 깨닫는 쪽으로 방향이 맞춰져 있다는 것을 암시한다. 우주의 목적이 특정한 목적인目的因, telos이나 목표end를 암시할 필요는 없다. 목적은 매우 답답한 방식으로 미래를 향한 가능성을 닫아버리는 예정된 계획이나 설계 같은 것이 아니다. 우주의 목적을 확언하기 위해 우리에게 필요한 것은, 우주에 거부할 수 없는 중요한 무언가가 계속해서 존재하고, 그것이 우주 전체와 단순히 우연이 아니라 근본적으로 묶여 있다는 것을 깨닫는 것이다.

따라서 지적 생명체가 우주에 풍성하게 분포되어 있는지, 아니면 지구에만 국한되어 있는지를 규명하려고 하는 우리의 시도는, 이 우주가 도대체 무엇인지에 대한 우리의 이해와 연관되어 있다. 분명히 ETI의 존재는 자크 모노, 스티븐 제이 굴드, 리처드 도킨스를 포함해 생명과 지능의 출현이 생명과 정신이 전혀 없는 우주에서 순전히 비현실적이고 무작위적인 통계적 일탈의 결과라고 말하는 진화론자들의 주장을 재고하게 이끈다. 이러한 관점에서 SETI는 신학적 중요성을 갖는다.

결국 지능 그 자체는 우리가 본질적으로 가치 있다는 것에 대한 가장 분명한 예가 된다. 만약 여러분이 우리가 방금 제시한 것에 대해 의심하거나 거부한다면, 그것은 **여러분**이 지금 이 순간 의심하거나 거부하도록 판단한 스스로의 **지능**의 가치를 자연스럽게 인정하고 있을 뿐이다. 스스로 지능의 본질적 중요성을 계속해서 거부하는 것은 불가능하다. 우리가 방금 제시한 주장에 대한 판단을 내림으로써, 여러분은 정신뿐만 아니라 이해하고 비판하고 깨닫는 정신의 역량을 스스로 얼마나 소중하게 여기는지를 이미 보여주었다.

만약 우리가 방금 말한 것이 사실이라면 (이를 거부하려면 먼저 우리의 요점을 반증해야 한다) 이 광대한 우주에서 지능의 단 하나의 사례 또는 하나의 행성 기지의 발견만으로도, 지적 존재의 탄생까지 진행되어온 전체 이야기를 목적이 있는 것으로 받아들일 수 있게 된다. 이는 특히 거대한 우주 이야기가 지적 생명체의 등장과 분리될 수 없기 때문이다. 물리학과 천체물리학의 도움으로, 여러분은 이제 여러분의 지능이 140억 년의 우주 이야기와 우주의 물리적 특성에 복잡하게 연결되어 있다는 사실을 이해할 수 있게 되었다. 그러므로 우주가 본질적으로 목적이 없다는 주장은 기껏해야 자의적 주장에 불과하다. 우주가 궁극적으로 반지성적이라는 주장을 진지하게 제기하는 것은, 또는 심지어 이 명백하게 정신을 품은 우주의 목적성에 의심을 제기하는 것은 우주에 관한 우리의 과학적 이해에 근거해볼 때, 그러한 주장을 가능하게 한, 바로 그 정신의 기반을 파괴하는 듯 보인다. 본질적으로 비정신적 우주는 목적이 없는 우주지만, 지적 생명체가 우연이 아니라 필연적으로 존재하는 우주를 목적이 없다고 지칭하기는 어렵다. 따라서 혹시 미래 어느 시점에, 우주에 지적 존재들이 풍부하게 퍼져 있다는 사실이 발견된다면, 이제 입증의 책임은 정신과 자연 사이의 본질적 연관성을 인정하지 않는 사람들에게 놓이게 된다.

ㅣ 신앙과 신학은 ETI와의 만남을 수용하거나 환영할 수 있는 틀을 제공할 수 있을까?

신학은 일반적으로 예측보다는 반응하는 편이다. 물론 일부 예언자적 목소리들이 시대의 표징을 읽거나 다가올 일들에 대해 적절한 경고를 제기할 수는 있다. 그러나 대체로 신학이 유한하고 근시안적인 인간에 의해 다뤄지다 보니 예측이 정확한 경우는 드물다. 인류 역사에서 전례 없는 사건에 관한 위기나 과학 영역에서의 새로운 발견과 관련해서 일어나는 위기를 해결하는 데에는 별로 도움이 되지 않는다. 정말로 지배적인 신학 전통의 내용들은 대부분 위기에 대한 예측보다는 위기에 대한 반응으로부터 나왔다. 의심할 바 없이 우리가 ETI를 만난다면, 변화될 신학의 모습을 지금 당장 정확히 예측할 수는 없기에 그 사건이 발생할 때까지 기다려야 한다.

그러나 우리는 테야르 드 샤르댕의 우주적 비전과 철학자 알프레드 화이트헤드Alfred Whitehead의 개념에 기반한 과정신학이 이미 모두 본질적으로 '접촉 이후의 신학theology after contact'으로 발전될 여지가 있다고 생각한다. 그 이유 중 중요한 것은 그들이 이미 생명에 대한 다윈의 묘사와 우주 전체가 여전히 생성 중이라는 개념을 열렬하게 포용했다는 점을 들 수 있다. 비록 테야르는 우리 행성 중심으로 생각하기에 아주 가끔 ETI의 가능성을 드러내지만, 그의 선견적인 글들에 나타나는 보편적 요지는 전 우주를 포괄한다. 지구의 생명 역사에 대한 그의 연구에서 분명히 드러나듯이, 테야르는 복잡성이 증가하고 의식의 등장을 향하는 방향성이 우주 전체의 성향일 수도 있을 것이라고 추측했다. 테야르에게 우주의 '목표'나 목적은 '복잡한 의식'이 출현하고 더욱 강화되는 것과 관련되어 있다. 테야르에 의하면, 우주에서 물리적 복잡성이 증가할수록 의식 역시 증가한다. 그러나 그가 또한 인정하듯이, 의식의 우주적 진화는 여전히 완성되려면 한참 멀었다. 여기 지구에서는 그가 '누스페어noosphere'*라고 명명했던 '사고'의 표층이 우리 행성을 '뇌'와 같이 감싸고 있다. 따라서 테야르는 의식이 있는 병행 세계들이 다른 곳에서 진화하고 있을 수도 있다고 생각했다.

그러므로 의식의 복잡성이 증가한다는 테야르의 열린 결말 이야

---

* 누스페어(noosphere)는 정신을 의미하는 '누(noo)'와 시공간계를 의미하는 '스페어(Sphere)'의 합성어로, 테야르 드 샤르댕이 명명한 단어다. 현재는 프랑스 철학자 피에르 레비(Pierre Levy)의 영향으로, 인류가 축적해온 공동의 지적 능력을 바탕으로 사이버 공간에서 이뤄지는 인류 통합, 집단 지성의 세계를 의미하는 용어로 주로 사용된다.

기에, 우리가 발견하거나 아니면 우리를 발견할 다른 지적 생명체의 존재를 접목하기는 어렵지 않다. 신학적으로 말하면 전체 우주는 하나님의 신비 안에서 진행되는 진화의 여정 위에 있고, 하나님은 이 우주에 계속해서 좀 더 참여하고자 하신다. 상상컨대, 우주 곳곳에 있는 여러 행성들이 생명, 의식, 자유, 그리고 결과적으로는 자비의 능력을 갑자기 드러내기 시작할 때, 하나님과 피조물과의 만남은 여러 행성들에서 일어날 수 있다.[15]

마지막으로, 현대의 '과정신학'에서 말하는 우주의 목적에 대한 관점 역시 ETI의 발견을 수용할 수 있을 정도로 포괄적이다. 과정철학자 화이트헤드와 그의 영향을 받은 신학자들에게, 우주의 목적은 아름다움의 강화를 목표로 삼는 것을 포함한다.[16] 왜냐하면 적어도 화이트헤드에게 아름다움이란 본질적인 가치이며, 아름다움을 성취하도록 이끄는 과정은 무엇이든지 느슨한 의미에서라도 '목적론적teleological'이라고 불릴 수 있기 때문이다. 화이트헤드의 개념에 의하면, '아름다움'이란 '대조적인 것들의 조화harmony of contrasts' 또는 '새로움의 질서ordering of novelty', 즉 우주의 진화뿐만 아니라 지구에서의 생명, 정신, 문화의 등장에서 드러난 수많은 다양한 사례들을 의미한다.

그러나 지적 생명체는 우주적 아름다움의 한 예에 지나지 않는다. 우리는 아름다움을 도출하는 우주의 목적이 전 우주에서 얼마나 다양한 방식으로 펼쳐질 수 있을지 상상하기도 어렵다. 어쩌면 SETI가 가진 목표가 신학에는 너무 협소할지도 모른다. 우리가 지적 생명체라고 부르는 존재는 이미 '거기 밖에' 존재하는 것을 포함하거나, 아직 끝나지 않은 우주(또는 다중우주)에서 앞으로 발생할 그 헤아릴 수 없는 우주적 결과들을 포함하기에는 지극히 사소한 개념으로 밝혀질 수도 있다. '아름다움'이라는 개념은 우주적 진화의 결과들이 산출할 매우 다양한 모습을 기대하기에 충분할 만큼 포괄적이다. 우주를 탐사하면서 우리는 지능의 의미에 대해서만이 아니라 아름다움의 존재가 온 우주의 본질적인 특징에 대해 무엇을 함축하고 있는지에 대해서도 물어야 한다. 우주가 항상 현상 유지의 단조로움에 만족하지 못했다는 점은 분명하다. 그래서 우주는 무수히 많은 질서 정연한 새로움ordered novelty을 생산해냈다. 아마도 아름다움을 향한 목표가 우주에 목적을 선사하기에 충분한 요소일 수도 있다. 물론 그 아름다움을 즐거워할 수 있는 지적 주체들이 없다면, 그러한 결론에 도달하지 못할 것이라는 점은 분명한 사실이다.

후주

서론 우주 역사 이야기

1. 이 책의 독자들에게 새로운 우주 이야기에 대한 훌륭하고, 읽기 쉽고, 강력히 추천할 만한 책은 브라이언 토마스 스윔(Brian Thomas Swimme)과 메리 에블린 터커(Mary Evelyn Tucker)가 공저한《우주 속으로 걷다(Journey of the Universe)》(조상호 옮김, 내인생의책, 2013)이다. 유익한 DVD도 첨부되어 있다.

1장 신앙은 과학과 대립하는가?

1. Jerry A. Coyne, *Why Evolution Is True* (New York: Viking, 2009); Richard Dawkins, *The God Delusion* (New York: Houghton Mifflin, 2006); Sam Harris, *The End of Faith: Religion, Terror, and the Future of Reason* (New York: Norton, 2004); and Letter to a Christian Nation (New York: Knopf, 2007); Christopher Hitchens, *God Is Not Great: How Religion Poisons Everything* (New York: Hachette Book Group USA, 2007); Victor J. Stenger, God: The Failed Hypothesis: *How Science Shows That God Does Not Exist* (Amherst, NY: Prometheus, 2007); Carl Sagan, *The Demon-Haunted World: Science as a Candle in the Dark* (New York: Ballantine Books, 1997); Steven Weinberg, *Dreams of a Final Theory* (New York: Pantheon, 1992); Michael Shermer, *How We Believe: The Search for God in an Age of Science* (New York: W. H. Freeman, 2000); Owen Flanagan, *The Problem of the Soul: Two Visions of Mind and How to Reconcile Them* (New York: Basic Books, 2002).

2. Dawkins, *The God Delusion*.

3. Ian Barbour, *Religion in an Age of Science* (San Francisco: HarperCollins, 1997), pp. 10 – 16 참고.

4. Ibid., p. 15.

5. 특히 Teilhard de Chardin, *The Human Phenomenon*, Sarah Appleton-Weber, trans. Portland, OR: Sussex Academic Press, 1999) 참고하라.

6. Albert Einstein, *Ideas and Opinions* (New York: Modern Library, 1994), p. 46.

2장 과학은 인격적 신을 배제하는가?

1. 이 책의 서론과 1장에서 정의한 대로, '갈등' 입장은 과학주의와 과학적 자연주의와 관련이 있다.

2. 갈등 입장의 예시들은 1장을 참고하라.

3. Charley Hardwick, *Events of Grace: Naturalism, Existentialism, and Theology* (Cambridge, UK: Cambridge University Press, 1996)를 참고하라.

4. Steven Weinberg, *Dreams of a Final Theory* (New York: Pantheon, 1992), pp. 241 – 61.

5. Stephen Hawking and Leonard Modinow, *The Grand Design* (New York: Bantam, 2010).

6. Daniel C. Dennett, *Consciousness Explained* (New York: Little, Brown, 1991)를 참고하라.

7. Albert Einstein, *Ideas and Opinions* (New York: Bonanza Books, 1954), p. 11.

8. 예를 들면, 《만들어진 신(The God Delusion)》의 거의 모든 쪽에서 도킨스는 독자들에게 전혀 고지하지도 않은 채 과학과 과학주의 사이를 오간다.

9. Richard Dawkins, "Tanner Lecture on Human Values" at Harvard University,

2003, cited by Science and Theology News online: http://www.stnews.org/ archives/2004_february/web_x_richard.html.

10. Alex Rosenberg, "Why I Am a Naturalist," New York Times, September 17, 2011, http://opinionator.blogs.nytimes.com/ 2011/09/17 /why-i-am-a-naturalist/.

11. Paul K. Moser, *The Elusive God: Reorienting Religious Epistem*ology (New York: Cambridge University Press, 2008), pp. 53 - 54.

12. Sam Harris, *Letter to a Christian Nation* (New York: Knopf, 2007), pp. 60 - 61.

13. Pierre Teilhard de Chardin, *How I Believe*, René Hague, trans. (New York: Harper & Row, 1969), p. 42.

14. Wolfhart Pannenberg, *Faith and Reality*, John Maxwell, trans. (Philadelphia: Westminster, 1977); Wolfhart Pannenberg, *Toward a Theology of Nature*, Ted Peters, ed. (Louisville: Westminster/ John Knox, 1993); and Ted Peters, *God - The World's Future: Systematic Theology for a New Era*, 2nd ed. (Minneapolis: Fortress, 2000)를 참고하라.

3장 신앙은 진화와 양립할 수 있는가?

1. 갈등 입장의 대표적 예는 다음과 같다. Jerry A. Coyne, *Why Evolution Is True* (New York: Viking, 2009); and Richard Dawkins, *The God Delusion* (New York: Houghton Mifflin, 2006).

2. John C. Greene, *Darwin and the Modern World View* (New York: Mentor Books, 1963), p. 44를 참고하라.

3. Coyne, *Why Evolution Is True*, p. 22를 참고하라.

4. Richard Dawkins, *The Blind Watchmaker* (New York: Norton., 1986), p. 6.

5. Ibid.

6. 진화과학자들이 종종 '종교'와 대화하면서, '창조' 개념이 대부분의 신학에서 상당히 미묘한 개념임을 인지하지 못한 채, 모든 신학자들이 '창조론자들(creationists)'이라고 가정한다. 이런 실수의 한 예는 다음을 참고하라. Niles Eldredge, *The Monkey Business* (New York: Washington Square Press, 1982), pp. 132 – 35.

7. 지적 설계의 대표자들은 다음과 같다. Michael J. Behe, *Darwin's Black Box: The Biochemical Challenge to Evolution* (New York: Free Press, 1996); William Dembski, *Intelligent Design: The Bridge between Science and Theology* (Downers Grove, IL: InterVarsity, 1999); William A. Dembski, *The Design Inference: Eliminating Chance through Small Probabilities* (New York: Cambridge University Press, 1998); Phillip E. Johnson, *Darwin on Trial* (Downers Grove, IL: InterVarsity, 1991); James Porter Moreland, ed., *The Creation Hypothesis: Scientific Evidence for an Intelligent Designer* (Downers Grove, IL: InterVarsity, 1994); Jonathan Wells, *Icons of Evolution: Science or Myth?* (Washington, DC: Regnery, 2000). 지적 설계에 대한 비판에 대해서는 다음을 참고하라. Robert T. Pennock, *Tower of Babel: The Evidence against the New Creationism* (Cambridge, MA: MIT Press, 1999).

8. L. Charles Birch, *Nature and God* (Philadelphia: Westminster, 1965), p. 103를 참고하라.

9. 이에 대한 발전된 논의는 다음을 참고하라. John F. Haught, *The Cosmic Adventure* (New York: Paulist Press, 1984); *The Promise of Nature* (New York: Paulist Press, 1993); *God after Darwin: A Theology of Evolution* (Boulder, CO: Westview, 1999); *Making Sense of Evolution* (Louisville: Westminster/John Knox, 2010).

4장 기적은 실제로 일어나는가?

1. Christopher Hitchens, *God Is Not Great: How Religion Poisons Everything* (New York: Hachette Book Group USA, 2007), p. 111.

2. Sam Harris, *Letter to a Christian Nation* (New York: Knopf, 2007), pp. 60–61.

3. 분리 입장의 대표자 중 한 사람이 루돌프 불트만이다. Rudolf Bultmann, "The New Testament and Mythology," in Kerygma and Myth, Hans Werner Bartsch, ed., Reginald Fuller, trans. (New York: Harper Torchbooks, 1961), pp. 1–44.

4. Peter W. Atkins, *The 2nd Law: Energy, Chaos, and Form* (New York: Scientific American Books, 1994), p. 200.

5. 문법에 대한 유비의 사용은 일정 부분 과학자이자 철학자인 마이클 폴라니의 영향을 받았다. Michael Polanyi, *Knowing and Being*, Marjorie Grene, ed. (Chicago: University of Chicago Press, 1969); and Michael Polanyi, *The Tacit Dimension* (Garden City, NY: Doubleday Anchor, 1967), pp. 31–34.

5장 우주는 창조되었는가?

1. 특정한 은하 성단 내에서 은하들이 서로를 향해 가까이 갈 수도 있지만, 전반적으로 은하들은 우주의 일반적 팽창으로 인해 서로에게서 멀어진다.

2. 이 주장에 대한 가장 최근의 예는 다음을 참고하라. Lawrence Krauss, *A Universe from Nothing: Why There Is Something Rather Than Nothing* (New York: Free Press, 2012).

3. Douglas Lackey, "The Big Bang and the Cosmological Argument," in *Religion and the Natural Sciences*, James Huchingson, ed. (New York: Harcourt Brace Jovanovich, 1993), p. 194.

4. Stephen Hawking, *A Brief History of Time* (New York: Bantam Books, 1988) pp. 140–41; see also Paul Davies, *The Mind of God: The Scientific Basis for a Rational World* (New York: Simon & Schuster, 1992), p. 66; Stephen Hawking and Leonard Mlodinow, *The Grand Design* (New York: Bantam Books, 2010).

5. 후주 2번에서 인용된 로런스 크라우스는 무로부터의 창조(creatio ex nihilo)라는 고전적인 신학 교리를 부인하며, 과학이 '무(nothing)'의 의미에 대해 말할 수 있다고 순진하게 가정하는 여러 동시대 우주론자들 중 한 명이다. 사실 분리 입장에서, '무'에 대한 신학적 의미는 클라우스와 같은 과학자들이 의미하는 '무'와는 전혀 상관이 없다.

6. Paul Tillich, *Systematic Theology*, 3 vols. (Chicago: University of Chicago Press, 1967), Vol. I, p. 209. 틸리히에게 있어서 하나님은 '원인(cause)'도 아니고 제1원인도 아니다. 오히려 하나님은 모든 원인들의 근원(the Ground of All Causes)이다.

7. 후주 2번에서 언급된 크라우스의 새로운 책 서문에 등장하는 사람들 대부분이 새로운 무신론과 밀접하게 연관된 학자들이라는 사실은 우연이 아니다. 아무리 복잡하다 하더라도, 이 학자들이 관심을 갖는 주제는 과학적이 아니라 신학적이다.

8. Ted Peters, "On Creating the Cosmos," in *Physics, Philosophy and Theology: A Common Quest for Understanding*, Robert J. Russell, William R. Stoeger, SJ, and George V. Coyne, SJ, eds. (Notre Dame, IN: University of Notre Dame Press, 1988), pp. 273–96를 참고하라.

9. Stanley Jaki, *Universe and Creed* (Milwaukee, WI: Marquette University Press), p. 27.

10. Teilhard de Chardin, *The Prayer of the Universe*, René Hague, trans. (New York: Harper & Row, 1973), pp. 120–21.

11. 이 사상은 다음의 책에서 종종 등장한다. Pierre Teilhard de Chardin, *Christianity and Evolution*, René Hague, trans. (New York: Harcourt Brace Jovanovich, 1969).

12. Michael Foster, "The Christian Doctrine of Creation and the Rise of Modern Science," *Mind* (1934): 446–68를 참고하라.

6장 화학만으로 생명을 설명할 수 있는가?

1. Francis H. C. Crick, *The Astonishing Hypothesis: The Scientific Search for the Soul* (New York: Charles Scribner's Sons, 1994), p. 3.

2. Francis H. C. Crick, *Of Molecules and Men* (Seattle: University of Washington Press, 1966), p. 10; see also J. D. Watson, *The Molecular Biology of the Gene* (New York: W. A. Benjamin, 1965), p. 67.

3. Jacques Monod, *Chance and Necessity*, Austryn Wainhouse, trans. (New York: Vintage Books, 1972), p. 123을 참고하라.

4. Michael Polanyi, *Personal Knowledge* (New York: Harper Torchbooks, 1964)와 *The Tacit Dimension* (Garden City, NY: Doubleday Anchor, 1967)를 참고하라.

5. Hans Jonas, *Mortality and Morality* (Evanston, IL: Northwestern University Press, 1996), pp. 60, 165 – 97.

6. Stuart A. Kauffmann, *The Origins of Order: Self-Organization and Selection in Evolution* (New York: Oxford University Press, 1993)를 참고하라.

7. 그러나 사실 정보는 우리가 여기에서 사용하는 것과는 다른 의미로, 물리적 단계에서의 요인(factor)을 의미하기도 한다.

8. Michael Polanyi, *Knowing and Being*, Marjorie Grene, ed. (Chicago: University of Chicago Press, 1969), pp. 225 – 39를 참고하라.

7장 과학은 지능을 설명할 수 있는가?

1. 예를 들면, Paul M. Churchland, *The Engine of Reason, The Seat of the Soul: A Philosophical Journey into the Brain* (Cambridge, MA: MIT Press, 1995)를 참고하라.

2. Daniel C. Dennett, *Consciousness Explained* (New York: Little, Brown, 1991),

p. 33.

3. Francis Crick, *The Astonishing Hypothesis: The Scientific Search for the Soul* (New York: Charles Scribner's Sons, 1994), p. 3.

4. Ibid., p. 257.

5. 예를 들면, E. F. Schumacher, *A Guide for the Perplexed* (New York: Harper Colophon Books, 1978)를 참고하라.

6. Crick, *The Astonishing Hypothesis*, p. 6.

7. Owen Flanagan, *The Problem of the Soul: Two Visions of Mind and How to Reconcile Them* (New York: Basic Books, 2002), p. 11.

8. Daniel Dennett, "Intelligent Thought," in *The Third Culture*, John Brockman, ed. (New York: Touchstone, 2006), p. 87.

9. Charles Darwin, "Letter to W. Graham, July 3rd, 1881," in The Life and Letters of *Charles Darwin*, Francis Darwin, ed. (New York: Basic Books, 1959), p. 285.

10. Richard Rorty, "Untruth and Consequences," *New Republic*, July 31, 1995, 32 – 36. 다윈과 로티 모두에 대한 참고 자료로는 앨빈 플란팅가의 온라인 자료 "Darwin, Mind and Meaning"(1996)을 참고하라: http://idwww.ucsb.edu/fscf/library/plantinga/dennett.html.

11. 이 질문에 답변하는 책을 찾는다면, John F. Haught, *Is Nature Enough? Meaning and Truth in the Age of Science* (Cambridge, UK: Cambridge University Press, 2006)를 참고하라.

12. Ibid., pp. 209 – 15를 참고하라.

13. Peter W. Atkins, *The 2nd Law: Energy, Chaos, and Form* (New York: Scientific American Books, 1994), p. 200; Alex Rosenberg, "Why I Am a Naturalist," *New York Times*, September 17, 2011; Jerry A. Coyne, Why Evolution Is True (New York: Viking, 2009); Steven Weinberg, *Dreams of a Final Theory* (New York: Pantheon Books, 1992), pp. 241 – 61.

14. 일반화시키는 전문가들에 대한 주제는 정신과 의사 빅터 프랭클의 주제이기
도 하다. http://www.archive.org/stream/godandtheunconsc027883mbp/
godandtheunconsc027883mbp_djvu.txt.

15. 모든 인간의 지식을 과학 전문가의 유물론적 형이상학의 용어로 '통합'하려는 건전
한 시도 중의 하나는 E. O. Wilson's, *Consilience: The Unity of Knowledge* (New
York: Knopf, 1998)를 참고하라.

16. 이 사상은 테야르 드 샤르댕에게 많은 영향을 받았다. Pierre Teilhard de Chardin,
The Human Phenomenon, Sarah Appleton-Weber, trans. (Portland, OR: Sussex
Academic Press, 1999).

8장 우리는 신 없이 선해질 수 있는가?

1. 도덕성에 대해 좀 더 신경학적이면서, 덜 진화적인, 그러나 여전히 자연주의적인 설
명을 위해서는, Sam Harris, *The Moral Landscape: How Science Can Determine
Human Values* (New York: Free Press, 2010)를 참고하라.

2. 예를 들면, Matt Ridley, *The Origins of Virtue: Human Instincts and the
Evolution of Cooperation* (New York: Penguin Books, 1998)를 참고하라.

3. Robert Wright, The Moral Animal: Evolutionary Psychology and Everyday Life
(New York: Pantheon, 1994)를 참고하라.

4. Ridley, *The Origins of Virtue*, p. 12.

5. 더 자세한 논의를 위해서는, For details see George C. Williams, *Adaptation and
Natural Selection: A Critique of Some Current Evolutionary Thought* (Princeton,
NJ: Princeton University Press, 1996); William D. Hamilton, "The Genetical
Evolution of Social Behavior," *Journal of Theoretical Biology* 7 (1964): 1-52;
John Maynard Smith, *The Evolution of Sex* (New York: Cambridge University

Press, 1978); Robert L. Trivers, *Social Evolution* (Menlo Park, CA: Benjamin Cummings, 1985); Richard D. Alexander, *Darwinism and Human Affairs* (Seattle: University of Washington Press, 1979); see also Jerome H. Barkow, *Leda Cosmides*, and John Tooby, eds., *The Adapted Mind: Evolutionary Psychology and the Generation of Culture* (New York: Oxford University Press, 1992). 이번 장의 주제에 대한 보다 자세한 토론을 위해서는 다음을 참고하라. John F. Haught, *Is Nature Enough: Meaning and Truth in the Age of Science* (Cambridge, UK: Cambridge University Press, 2006), and *Deeper Than Darwin: The Prospect for Religion in the Age of Evolution* (Boulder, CO: Westview, 2003).

6. 이 예에 대한 토론을 위해서는, John Hoogland, *The Black-Tailed Prairie Dog: Social Life of a Burrowing Mammal* (Chicago: University of Chicago Press, 1995)를 참고하라.

7. 특히, Christopher Hitchens, *God Is Not Great: How Religion Poisons Everything* (New York: Hachette Book Group USA, 2007)를 참고하라.

8. Jacques Monod, *Chance and Necessity*, Austryn Wainhouse, trans. (New York: Vintage Books, 1972), pp. 175 – 80.

9. William James in "The Will to Believe," in The Will to Believe, and Other Essays in *Popular Philosophy* (New York: Longmans, Green, and Co., 1931)에서 재인용.

10. 그의 주장은 《God Is Not Great》라는 책 제목만 봐도 잘 알 수 있다.

11. 예를 들면, Richard Dawkins, *The God Delusion* (New York: Houghton Mifflin, 2006), pp. 220ff를 참고하라.

12. James W. Fowler, *Stages of Faith: The Psychology of Human Development and the Quest for Meaning* (San Francisco: Harper & Row, 1981); and Michael Barnes, *Stages of Thought: The Co-evolution of Religious Thought and Science* (New York: Oxford University Press, 2000)를 참고하라.

13. 예를 들면, Barbara King, *Evolving God: A Provocative View on the Origins of Religion* (New York: Doubleday, 2007)를 참고하라.

14. 또 다시, Barnes, *Stages of Thought* 를 참고하라

15. 이 유비에 대해서는, Holmes Rolston III, *Science and Religion: A Critical Survey* (Philadelphia: Templeton Foundation Press, 2006), p. 108를 참고하라.

16. Pierre Teilhard de Chardin, *Activation of Energy*, René Hague, trans. (New York: Harcourt Brace Jovanovich, 1970), pp. 229 – 44.

17. Pierre Teilhard de Chardin, *Human Energy*, J. M. Cohen, trans. (New York: Harvest Books/Harcourt Brace Jovanovich, 1962), p. 29.

18. 후주 17번을 참고하라. 도덕성에 대한 이런 해석을 위해, 대화 입장은 수많은 저술을 남긴 테야르 드 샤르댕의 사상에 상당히 빚지고 있다.

9장 우리는 특별한 존재인가?

1. Freeman Dyson, *Disturbing the Universe* (New York: Harper & Row, 1979), p. 250.

2. 인류 원리에 대한 최고의 토론은 다음을 참고하라. John Barrow and Frank Tipler, *The Anthropic Cosmological Principle* (Oxford, UK: Clarendon Press, 1986).

3. Martin Rees, Just Six Numbers: The Deep Forces That Shape the Universe (New York: Basic Books, 2000); and Martin Rees, *Our Cosmic Habitat* (Princeton, NJ: Princeton University Press, 2001).

4. 유사한 논의는 다음을 참고하라. Nicholas Lash, "Observation, Revelation, and the Posterity of Noah," in *Physics, Philosophy and Theology*, Robert J. Russell, William Stoeger, SJ, and George Coyne, SJ, eds. (Notre Dame, IN: University of Notre Dame Press, 1988), p. 211.

5. 예를 들면, Rees, *Our Cosmic Habitat*.

6. 엄격히 말해서, 이것은 '서사적 우주 원리(Narrative Cosmological Principle)'라고 불릴 수 있지만, 우리는 신학적 인류 원리와 서사적 인류 원리를 병치시키기 위해 다소 부정확하더라도 서사적 인류 원리라고 부를 것이다.

7. 이것은 Bernard Lonergan이 *Insight: A Study of Human Understanding*, 3rd ed. (New York: Philosophical Library, 1970)에서 'Emergent Probability'라고 부른 세계관을 아주 간략히 요약한 것이다.

10장 사후 세계는 존재하는가?

1. Owen Flanagan, *The Problem of the Soul: Two Visions of Mind and How to Reconcile Them* (New York: Basic Books, 2002), pp. 167 – 68.

2. Ibid., pp. ix – x.

3. 이런 관대한 진화적 관점의 예들은 다음을 참고하라. Pascal Boyer, *Religion Explained: The Evolutionary Origins of Religious Thought* (New York: Basic Books, 2001); Walter Burkert, *Creation of the Sacred: Tracks of Biology in Early Religions* (Cambridge, MA: Harvard University Press, 1996); Scott Atran, *In Gods We Trust: The Evolutionary Landscape of Religion* (New York: Oxford University Press, 2002); and Loyal Rue, *By the Grace of Guile: The Role of Deception in Natural History and Human Affairs* (New York: Oxford University Press, 1994).

4. William James, *Pragmatism* (Cleveland: Meridian, 1964), p. 76.

5. 더 발전된 논의를 위해서는 다음을 참고하라. John Hick, *The Fifth Dimension: An Exploration of the Spiritual Realm* (Oxford, UK: Oneworld, 1999); and John F. Haught, *Is Nature Enough: Meaning and Truth in the Age of Science* (Cambridge, UK: Cambridge University Press, 2006.)

6. Albert Camus, *The Myth of Sisyphus, and Other Essays*, Justin O'Brien, trans.

(New York: Knopf, 1955), pp. 21, 88 – 91.

7. Steven Weinberg, *Dreams of a Final Theory* (New York: Pantheon, 1992), p. 256.

8. Ibid., pp. 255, 260.

9. Hick, *The Fifth Dimension*, p. 22.

10. Ibid., p. 24.

11. Alfred North Whitehead, *Science and the Modern World* (New York: Free Press, 1967), pp. 191 – 92.

12. 더 발전된 논의를 위해서는 다음을 참고하라. Alfred North Whitehead, *Process and Reality*, corr. ed., David Ray Griffin and Donald W. Sherburne, eds. (New York: Free Press, 1968), pp. 29, 34 – 51, 60, 81 – 82, 86 – 104, 340 – 51; Alfred North Whitehead, "Immortality," in *The Philosophy of Alfred North Whitehead*, Paul A. Schillp, ed. (Evanston and Chicago: Northwestern University Press, 1941), pp. 682 – 700; and Charles Hartshorne, *The Logic of Perfection* (Lasalle, IL: Open Court, 1962), pp. 250; 24 – 62.

13. Reinhold Niebuhr, "Introduction" to William James, *The Varieties of Religious Experience* (New York: Collier, 1961), p. 7.

14. 후주 12번을 참고하라.

11장 우주는 목적을 갖고 있는가?

1. Richard Lewontin, "Billions and Billions of Demons," *New York Review of Books*, January 9, 1997, 31.

2. Steven Weinberg, *The First Three Minutes* (New York: Basic Books, 1977), pp. 144.

3. John Polkinghorne, "Creation and the Structure of the Physical World," *Theology Today*, 44 (April 1987), 53 – 68; Freeman Dyson, *Disturbing the*

Universe (New York: Harper & Row, 1979); Paul Davies, *The Mind of God: The Scientific Basis for a Rational World* (New York: Simon & Schuster, 1992).

4. "Evolution and the Foundation of Ethics," in *Science, Technology and Social Progress*, Steven L. Goldman, ed. (Bethlehem, PA: Lehigh University Press, 1989), p. 261.

5. James Jeans, *The Mysterious Universe*, rev. ed. (New York: Macmillan, 1948), pp. 15 - 16 (first published in 1930).

6. Stephen Jay Gould, *Ever Since Darwin* (New York: Norton), p. 13.

7. E. D. Klemke, "Living without Appeal," in *The Meaning of Life* (New York: Oxford University Press, 1981), pp. 169 - 72.

8. 이 사상에 접근하기 가장 쉬운 소개는 Pierre Teilhard de Chardin, *The Future of Man*, Norman Denny, trans. (New York: Harper & Row, 1964)를 참고하라.

9. Pierre Teilhard de Chardin, *Human Energy*, J. M. Cohen, trans. (New York: Harcourt Brace Jovanovich, 1969), p. 25를 참고하라.

12장 외계인은 존재할까?

* 이 장은 John F. Haught, "Theology after Contact: Religion and Extra-Terrestrial Intelligent Life," *Cosmic Questions* (New York: New York Academy of Sciences Press, 2001), pp. 296 - 308에 수록된 내용이다.

1. Michael J. Crowe, *The Extraterrestrial Life Debate 1750 - 1900* (Cambridge, UK: Cambridge University Press, 1986); Stephen J. Dick, *Plurality of Worlds: The Origins of the Extraterrestrial Life Debate from Democritus to Kant* (Cambridge, UK: Cambridge University Press, 1982); Ted Peters, "Exo-Theology: Speculations on Extraterrestrial Life," in *The Gods Have Landed: New Religions from Other*

Worlds, James R. Lewis, ed. (Albany: State University of New York Press, 1995), pp. 187 - 206를 참고하라.

2. H. Richard Niebuhr, *Radical Monotheism and Western* Culture (London: Faber and Faber, 1943)를 참고하라.

3. Roch Kereszty, as quoted by Thomas F. O'Meara, "Extraterrestrial Intelligent Life," *Theological Studies 60* (March 1999): 29.

4. *Summa Theologica* I, 48, ad 2.

5. 우리 행성 밖의 생명의 가능성을 연구하는 'exo-biology'라는 용어는 피터스가 사용한 용어다 (Peters, "Exo-Theology," p. 188).

6. Stephen J. Dick, *Life on Other Worlds: The 20th-Century Extraterrestrial Life Debate* (Cambridge, UK: Cambridge University Press, 1998), p. 194에서 인용.

7. Mary Russell, *The Sparrow* (New York: Fawcett Columbine, 1996).

8. 이 질문은 토머스 베리에 의해 종종 제기되었다. Thomas Berry, *Dream of the Earth* (San Francisco: Sierra Club Books), p.11을 참고하라.

9. Michael Polanyi, *Personal Knowledge: Towards a Post-Critical Philosophy* (New York and Evanston: Harper & Row, 1958), pp. 327, 344를 참고하라.

10. Ibid., pp. 327 - 46.

11. "intelligent"가 의미하는 것을 더욱 자세히 연구하려면, Bernard Lonergan, *Insight: A Study of Human Understanding*, 3rd ed. (New York: Philosophical Library, 1970)를 참고하라.

12. John Bowker, Is *Anybody Out There?* (Westminster, MD: Christian Classics, 1988), pp. 9 - 18, 112 - 43.

13. Paul Tillich, *The Courage to Be* (New Haven: Yale University Press, 1952), pp. 40 - 45.

14. W. T. Stace, "Man against Darkness," Atlantic Monthly, September 1948, 54를 참고하라.

15. Pierre Teilhard de Chardin, *Activation of Energy*, René Hague, trans. (New York: Harcourt Brace Jovanovich, 1970), pp. 99 - 127를 참고하라. 1944년에 테야르는 지적 존재들이 다른 행성들에 거주할 것이라는 추측이 "그럴 듯하며", 이 경우, "생명 현상과 좀 더 독특한 인간 현상은 더 이상 외롭지 않게 될 것"이라고 말했다(p. 127). 수많은 '누스페어(noospheres)' 또는 '사고하는 행성들(thinking planets)'이 존재할 것으로 본 것이다. 테야르에 의하면, "직면하게 되는 것은 거의 우리의 정신 그 이상이다." 진화는 목표를 향해 나아가고 복잡성이 증가하는 경향을 지니며, '우주적' 범위를 갖는다. 그러나 '여전히 유일한 오메가', 즉 단일한 전 우주를 펼치고 끌어당기는 유일한 초월적 실재가 존재할 수 있다고 본다(p. 127).

16. Alfred North Whitehead, *Adventures of Ideas* (New York: Free Press, 1967), esp. p. 265를 참고하라.

첨단과학 사회에서 신앙인이
고민해야 할 12가지 질문

과학 시대의 신앙

1판 1쇄 인쇄 2021년 11월 5일
1판 1쇄 발행 2021년 11월 12일

지은이 존 호트
옮긴이 장재호

발행인 이성현
책임 편집 전상수

펴낸 곳 도서출판 두리반
주소 서울특별시 종로구 사직로 8길 34(내수동 72번지) 1104호
편집부 전화 (02)737-4742 **| 팩스** (02)462-4742
이메일 duriban94@gmail.com

등록 2012. 07. 04 / 제 300-2012-133호
ISBN 979-11-88719-15-0 03230

※ 값은 뒤표지에 있습니다.